Hans Krawarik

Von der Bergbauernregion zur Tourismuslandschaft

Austria: Forschung und Wissenschaft

GESCHICHTE

Band 8

LIT

Hans Krawarik

Von der Bergbauernregion zur Tourismuslandschaft

Das Fallbeispiel Stoder

LIT

Umschlag:

Oben: Beim Großgruber am Gaisriegl
(Aquarellstudie Olga Krawarik 1968)
Unten: Hutterer Böden vom Höss
(Rainer Kletzmair, Berghof Sturm, um 2008)

Gedruckt mit Unterstützung des Tourismusverbandes Pyhrn-Priel, der Gemeinde Hinterstoder, der Gemeinde Vorderstoder und des Landes Oberösterreich.

pyhrn-priel

LAND OBERÖSTERREICH

Bibliografische Information der Deutschen Nationalbibliothek
Die Deutsche Nationalbibliothek verzeichnet diese Publikation in der Deutschen Nationalbibliografie; detaillierte bibliografische Daten sind im Internet über http://dnb.d-nb.de abrufbar.

ISBN 978-3-643-50408-1

Wien 2012
Krotenthallergasse 10/8
A-1080 Wien
Tel. +43 (0) 1-409 56 61
Fax +43 (0) 1-409 56 97
e-Mail: wien@lit-verlag.at
http://www.lit-verlag.at

LIT VERLAG Dr. W. Hopf
Berlin 2012
Verlagskontakt:
Fresnostr. 2
D-48159 Münster
Tel. +49 (0) 2 51-620 320
Fax +49 (0) 2 51-23 19 72
e-Mail: lit@lit-verlag.de
http://www.lit-verlag.de

Auslieferung:
Deutschland: LIT Verlag Fresnostr. 2, D-48159 Münster
Tel. +49 (0) 2 51-620 32 22, Fax +49 (0) 2 51-922 60 99, e-Mail: vertrieb@lit-verlag.de
Österreich: Medienlogistik Pichler-ÖBZ, e-Mail: mlo@medien-logistik.at
Schweiz: B + M Buch- und Medienvertrieb, e-Mail: order@buch-medien.ch

Inhalt

Vorwort

Ein Dorf in den Bergen, wo alles so ist, wie es ist – ganz und gar authentisch. So beschreibt Hinterstoder sein einzigartiges Flair, das sich aus einer Mischung von modernem Urlaubsort, ruhigem Seitental und ländlich-alpinem Charme der Menschen zusammensetzt. Die lokale Werbung Hinterstoders verweist in solcher Weise auf das Anliegen verantwortlicher Bewohner.

Das Gebiet um Vorderstoder bietet landschaftlich reizvolle Touren für Ihren Wanderurlaub ... Ein „Märchenrubbelwanderweg" für Kinder und viele kinderwagengerechte Spazierwege macht unsere Region zum idealen Ziel für Ihren Wanderurlaub in Österreich. So lautet eine lokale Werbestrategie der in Oberösterreich höchstgelegenen Nachbargemeinde Hinterstoders.

Bei der wahren Flut von Tourismen in Österreich wird es zur spannenden historisch-geografischen Forschungsaufgabe, in welcher Art Orte, Täler oder Regionen den Weg von traditionellen Strukturen zu modernen Tourismusgebieten gefunden haben. Einfach war dieser Weg nicht und angesichts vieler Rückschläge und Enttäuschungen auch mühevoll. Die interessante geografische Frage ist dabei, warum manche Regionen anderen enteilten und sich besser verkaufen konnten. In welcher Form verband sich überkommene Wirtschaftsstruktur und Rücksicht auf Natur und Umwelt mit modernem touristischen Design? „Der Stoder" ist eine gut abgrenzbare Raumeinheit und birgt in sich doch interessante Unterschiede. Diese Landschaft und ihre Gesellschaft kann beispielhaft Antworten auf solche Fragen geben.

In der Frühen Neuzeit verloren alpine Gebiete ihre Gunstlagen durch Intensivierung der Landwirtschaft und Ausbreitung des Gewerbes im Flachland. Die nächste Zäsur war die industrielle Revolution, durch die Verzögerung der Bahnvernetzung im 19. Jh. drang sie verspätet in den inneralpinen Gebieten vor. Die dezentralen Tourismusstrukturen in den östlichen Alpen die sich entwickelten, waren wertschöpfungsschwach und konnten demografisch nicht mithalten.

Die beiden Weltkriege und die Weltwirtschaftskrise verzögerten eine touristische Aufwärtsentwicklung. Die Zeit 1955–1980 gilt als Übergangsphase von der Industrie- zur Dienstleistungsgesellschaft, erst danach war in den meisten alpinen Gebieten der Weg zu einer dominanten Tourismusstruktur frei, weil die Alpen stärker von globalen Rahmenbedingungen geprägt wurden. Am Fallbeispiel Stoder soll nicht nur diese Entwicklung nachgezeichnet werden, sondern auch die vielschichtigen Anfänge des Fremdenverkehrs und die Strategien jüngster Zeit.

Fremdenverkehr betrifft Reisen und vorübergehenden Aufenthalt ortsfremder Personen, sofern diese nicht erwerbsorientiert erfolgen und der Erholung, allenfalls auch Förderung geschäftlicher Verbindungen dienen. Diese Art des Verkehrs hat mit Mobilität zu tun, die sich weitgehend als Freizeitvergnügen im Zeitalter der Industrialisierung und der geregelten Arbeit entfaltete. Alpen und Meer sprachen diese Menschen besonders an, die aus dem Adel und wohlhabenden Bürgertum stammten. Naturnahes Schwärmen und alpiner Tourismus gingen dabei Hand in Hand. Man möchte meinen, mit dem Grad der Verbreitung solcher Erlebnisse hätte sich der massenhafte Fremdenverkehr weiter Bürgerkreise entwickelt: Automatik war das keine, weil dieser Umstand auch mit der zeitspezifischen Verdichtung des Eisenbahnnetzes zusammen hing; manchmal, wie im vorliegenden Fall setzten sich angesichts der außergewöhnlichen Landschaft die Touristen des 19. Jh. über diese Hürde hinweg. Auf der anderen Seite entfaltete sich nach der „Bauernbefreiung" im Anblick des Niedergangs nur bei einer schmalen Schichte die Aufnahmebereitschaft für neue wirtschaftliche Chancen. Erst ein langer Prozess führte in manchen Bergbauernregionen zu einem unumkehrbaren Strukturwandel, der Reste bäuerlichen Lebens in die neuen Herausforderungen des Fremdenverkehrs integrierte. Diese Fallstudie möchte den Weg einer Region dorthin erzählen und dokumentieren.

Genau genommen gehören Landschaften östlich vom „Hohenegg" (Walchegg, Retschitztal) – dem Passübergang in das Pießlingtal, nicht mehr zu „Stoder", wenn man darunter den Talkessel zwischen Prielgruppe, Warscheneck und Tamberg versteht. Indessen haben sowohl Urbartraditionen des Mittelalters, als auch die Gemeindebildungen 1785/1850 über diese Passregion hinaus gegriffen. Deshalb soll unter diesem Begriff das Gebiet der Gemeinden Hinterstoder und Vorderstoder (186,6 qkm) verstanden werden. Der Stoder oder vereinfacht „Stodertal" gilt oberflächlich als Einheit. Für die vorliegende Abhandlung wird allerdings immer wieder das eigentliche Stodertal = Hinterstoder dem höher gelegenen Gelände des Stoderpasslandes mit oberem Loigistal, Retschitztal und Vordertambergau (= Vorderstoder) gegenüber gestellt – auch, um Parallelen und Gegensätze zu erkennen. Geomorphologisch gibt es einprägsame Unterschiede: Das Stodertal ist ein Trogtal mit südwärts ausgeprägtem voreiszeitlichen Talboden und anschließendem Durchbruchstal zur Tambergau. Im Passland wechseln kuppige Hügelformen und Verebnungsflächen mit steileren Hanglagen, wobei weichere Ablagerungsschichten vorherrschen. Die Kulturlandschaft ist zum Unterschied des ausgerodeten Windischgarstner Beckens bucht- und inselartig und deutet darin auf Anfänge der Einödhof-Besiedlung im Waldland hin, das sich im Mittelalter zunächst wohl aus einem Buchen-Tannen-Fichten-Mischwald zusammensetzte. Der Lebensraum war später stockwerksartig gegliedert: Steyrtal/unteres Loigistal – Terrassen/Passland/Kuppenland – Reitzone – Einzelalmen – Hochalmen.

Fremdenverkehr setzt landschaftliches und gesellschaftliches Kapital voraus; aber es sind auch entsprechende Zugänge und Verkehrswege notwendig, sowie eine zeitentsprechende Infrastruktur. Gerade das bedeutet aber, dass sich eine Fremdenverkehrsregion mit den Ansprüchen der Gesellschaft verändert und wandeln muss.

Sinngemäß ist nicht nur die eigentliche touristische Infrastruktur und ihr Wandel von Bedeutung. Besiedlung, Siedlungsstruktur und Siedlungsdynamik, einschließlich der Energielieferanten, Straßen und Verkehrsentwicklung müssen ein wichtiger Bestandteil der Erörterung sein. In jüngerer Zeit werden auch die Ergebnisse der Statistik und das kulturelle Ambiente hinterfragt. Ziel ist es allerdings, über wirtschaftsstatistische Daten hinaus, die Facetten und Hintergründe der Veränderung aufzuspüren. Dafür war es auch notwendig, mit Hilfe von Prospekten, systematischen Umfragen bei Tourismusbetrieben und von interviewten Gästen des Stodergebietes eine größere Tiefenschärfe der Spurensuche zu erreichen. Dieses Mosaik von Informationen ermöglicht erst die breite Darstellung und auch eine neue Qualität von „Tourismusgeschichte". Hierbei überraschen die spezifischen Anfänge und Grundzüge des Fremdenverkehrs. Der Stoder kann aber in der weiteren Entwicklung auch als Prototyp touristischer Phasen gelten, die in abgewandelter Form mehrfach in den Ostalpen wiederkehren.

Methodisch wird das Buch für eine neue Sicht des Themas beitragen: zum einen im sozialgeschichtlichen Zusammenhang – nicht alles ist eben durch Theorien und ihre Bestätigung erhellbar; zum anderen im geographischen Zusammenhang – mathematische und wirtschaftstheoretische Modelle ersetzen nicht Interview, strukturierte Umfrage oder archivalische Analyse. In diesem Zusammenhang soll angemerkt werden, dass das Stodergebiet durch drei Jahrzehnte (ca. 1970–2000) von verschiedenen Disziplinen universitärer Wissenschaft beobachtet wurde. Ihre Ergebnisse sind in dieser Studie verarbeitet worden.

Die Quellenlage erwies sich als komplex, weil die Quellen sehr verstreut sind. Viele Interviews waren strukturierte Telefoninterviews, bei der Betriebsumfrage 2005 antworteten zunächst nur ca. 15 %; deshalb wurde 2010/2011 durch Telefoninterviews ergänzt. Mit ganz wenigen Ausnahmen waren befragte Personen auskunftsfreudig. An dieser Stelle möchte ich mich bei Angelika Diesenreiter und Renate Lang (Hinterstoder), Wilhelm Zauner und Hilde Lindner (Vorderstoder) sowie Gottfried Ramsebner (Stockerwirt), Werner Hackl (Schmalzerhof) und Rainer Kletzmair (Hinterstoder), ferner bei Dr. Eberhard Fritz (Archiv Württemberg, Schloss Altshausen) und bei Siegwart Graf von Eulenburg und Hertefeld für die Hilfe bedanken. Allen übrigen Leihgebern von Fotos ist ebenfalls zu danken, wie auch Univ. Prof. Dr. Roland Girtler, Wien, für die Bereitstellung seines Ansichtskartenarchivs. Besonderer Dank gebührt dem Tourismusverband Pyhrn-Priel, den Gemeinden Hinterstoder und Vorderstoder sowie dem Land Oberösterreich für die finanzielle Unterstützung.

Werden und Wachsen der Siedlungslandschaft

Höfe, Huben und Schwaigen

In der Bevölkerung ist auch heute noch die Bezeichnung *der Stoder* gebräuchlich. Dieses Gebiet der obersten Steyr war lange durch den südwärts liegenden Talschluss der Steyr, Talengen im Norden und einen Sattel gegen Osten (800 m) weitgehend abgeschieden. Es ist bezeichnend, dass der Name erstmals als „Orientierungsname" auftritt; anlässlich der Raubritteraktionen des Meinhard Tröstl von Zierberg, der von der Feste Klaus aus agierte, wird 1242 die von ihm heimgesuchte Landschaft *circa montes, qui dicuntur Stader* (~ in der Berglandschaft von Stoder) genannt.[1] Es gab also dort bereits einiges zu holen.

Der altslawische Name „Stoder" bedeutet wohl *steiniger Boden* oder *Felsengrund*, ob aber die Alpenslawen in Stoder schon dauerhaft siedelten, ist zweifelhaft; die wenigen slawischen topographischen Bezeichnungen im Gebiet sind dafür nicht überzeugend.[2] Die siedlungsgeschichtliche Aufarbeitung hat im wesentlichen die Erschließung Stoders vom Osten her, also vom Windischgarstner Raum, ergeben. Da *in der Retschitz* östlich des Sattels von Vorderstoder ein alter ursprünglich wohl slawischer Hof bestand, der zumindest auf das 11. Jh. zurückgeht, ist die Kenntnis Stoders als Waldweidegebiet und Almengrund der Alpenslawen zu vermuten (*K 1, S. 209*). In diesem Zusammenhang ist auch die Bezeichnung Huterer Böden/Höss von Bedeutung, heute fälschlicherweise „Hutterer" geschrieben. Während der Höss herrschaftliches Jagdgebiet war, kennzeichnen die „Böden" ursprünglich die Almen der Bauern unterm Hut (1191 m), dem markanten Berg südlich des Ortes Vorderstoder.

Über die frühe mittelalterliche Besiedlung gab es zwar divergierende Ansätze – Josefa Enichlmayr vereinnahmte zu Unrecht das ehemalige Bauerngut Oberwartegg an der Grenze Mitterstoders als Zehenthof Kremsmünsters – die aber schon länger überwunden sind.[3] In der Geschichte Vorderstoders wurden Erkenntnisse

---

1 Willibrord Neumüller-Kurt Holter, Kremsmünsterer Briefe aus der Zeit des Interregnums. MÖSTA, Erg.-Bd II/1 (1949) 419.

2 ONBOE Bd. 7, 1.1.8 Stoder. Der Bergname „Ostrawitz" (= scharfe Spitze") ist vermutlich vom Sattel von Vorderstoder aus gegeben worden; daneben nur „Göritz" (Bachname) von der Prielseite. Siehe dazu auch: K. Finsterwalder, Um Tauplitz und Mölbing. JbÖAV 93 (1971) 26; Krawarik, Der Stoder, 32–37.

3 Josefa Enichlmayr, Chronik Hinterstoder, 74f.

Abb. 1: Rodungssystematik im Stoderpassland (Aufnahme um 1960), Blick auf die „Hutererseite"

neuer siedlungsgeschichtlicher Methoden verwertet und dargebracht.[4] Eine Frage aber blieb offen: Seit wann erfolgte die Besiedlung an der Westseite der Steyr, die herrschaftlich zur landesfürstlichen Burg Klaus gehörte? Es empfiehlt sich dabei, die bei Vorderstoder erprobte analytische Vorgangsweise der Kulturflächenmethode beizubehalten. Auffällig waren in der Stoderpasslandschaft einerseits größere „Starteinheiten", die Generationen später in mehrere Bauerngüter zerfielen; ähnlich günstige Lagen gibt es im hinteren Stoder kaum, sie befinden sich am voreiszeitlichen Talboden der Farnau, allerdings auf der „Schattseite". Die Besiedlung um Vorderstoder begann auf Kuppen und höher gelegenen sanften Hängen mit bodengünstigen Ablagerungen (Gosau, Kalksteinbraunlehm), um erst später in die vergleyten und orografisch ungünstigen Talniederungen vorzustoßen. Und dieses Szenario finden wir ebenso bei der Steyr. Das hing sicher auch mit klimatischen Vorzügen höherer (nebelfreier und wärmerer) Lagen zusammen. Der Sommerniederschlag im Lee der Prielgruppe war nicht ungünstig.

Im Stoder herrschte in vorindustrieller Zeit die Egartenwirtschaft vor, d.h. Acker und Wechselwiesen und zwar in typischer Ausprägung: Hafer – Sommerweizen – Winterkorn – Brache auf drei/sieben Jahre.[5] *Egarten* kennzeichneten das „Ackerland", dessen Ausmaß bei Hubengründungen im Alpenland Leitmotiv war. Das mit Abstand größte Bauerngut auf der „Klauser Seite" war der höher gelegene *Prieler* (52,5 Joch Äcker/Wiesen/Gärten), dort wo weichere Gosauschichten den Untergrund überlagern (*K 2, S. 209*). Sicher wäre anzumerken, dass das Bauerngut später offenbar zu den Schwaigen gehörte, was eine bessere Ausstattung mit Wiesen- und Weideland bedeutete; deshalb ist es angezeigt, das Ausmaß der Egarten heranzuziehen – nach bisheriger Erkenntnis wurden nämlich Huben der Region

4 Krawarik, Vorderstoder, 28–32.

5 Fassionsbuch der Steuergemeinde Vorderstoder (Josefinisches Lagebuch) 403.

Abb. 2: Rodungsebenen im Stodertal (Aufnahme 1927)

erst um 1240 in Schwaigen umgewandelt. Und siehe da: Mit über 18 Joch Egarten erreicht der Prieler eine Hubengröße, die im Flachland etwa der Zeit 1150/1160 entsprechen würde; die abseitige Höhenlage könnte das Zeitsegment um vielleicht ein Jahrzehnt verschieben. Vergleichsweise hatte das *Dietlgut* (17, 5 Joch Kfl.) 12 Joch Egarten ausgereizt, was die Gründungszeit des früheren 13. Jh. nahelegen würde.[6] In diesen Jahren muss also die Steyr bereits als grundherrschaftliche Grenze bestanden haben; freilich war das Hospital am Pyhrn politisch noch weit entlegen, denn das 1128 gegründete Pilgerhospiz (Altspital) hatte kaum grundherrschaftliches Hinterland. Das änderte sich erst mit der Neugründung des Hospitals 1190 in Spital am Pyhrn. Westlich von der Gleinkerau herrschten damals allerdings andere Gesetze: Die Herren von Ort kolonisierten offensichtlich vom *Mayerhof zwischen Retschitz* aus das Stoderpassland (= Region um Vorderstoder) und zwar als Vasallen der Bischöfe von Bamberg. Zumindest ein zweiter großer Hof stand in der Tambergau, wo ebenfalls die Erschließung einsetzte und der im 13. Jh. in drei Güter (Gausrab, Peterhof, Hofbauer) zerfiel. Die *Hartnide von Ort* stammten von den edelfreien Herren von der Traisen und befanden sich schon seit 1141 im Gefolge des Markgrafen Otakar der Steiermark. Wie sie zu den bambergischen Lehen kamen, ist nicht überliefert; erste Beziehungen zur Pyhrnlinie, wo die Orter kurze Zeit auch das Landgericht Kirchdorf innehatten, gehen auf Hartnid II. in den 1180er Jahren zurück. Und damals beanspruchten die Traungauer

6 FK Hinterstoder 352, Grundparzellenprotokoll.

Otakare auch die Hoheit über den festen Sitz des Udalschalk von Klaus, zu dem noch der Hof von St. Pankraz gehörte (*villa Swente*), bevor er an das neue Hospital am Pyhrn überging; dieser Hof teilte sich dann in vier Bauerngüter bei der Kirche St. Pankraz.[7] Diese verflochtene Adelslandschaft spricht für Kooperation in der Besiedlung und nicht für „feindliche" Grenzen. Vermutlich war es so, dass Bischof Otto II. von Bamberg oder sein Vorgänger ähnlich wie im Wenger Hügelland auch im Stoder hohen Adel belehnte, um die bäuerliche Besiedlung voranzutreiben. Auf diese Weise dürften westlich der Pießling bis in die Tambergau etwa um 1200 bereits 20 große *Hufen* bestanden haben, wie man bäuerliche Ernährungseinheiten nennt; diese zerfielen mehr oder weniger rasch in mehrere Bauerngüter, wodurch in wenigen Generationen bis zum Ende des 13. Jh. die bäuerliche Siedlungslandschaft vollendet war.[8] Als Hartnid V. von Ort 1239 fast alle bambergischen Lehen dem Hospital vermachte, war die Besiedlung des Stodertales und der steilen Hänge der sonnigen Tambergau schon fortgeschritten.[9]

Das spätere einheitliche Spitaler Zehentgebiet im inneren Stoder rechts der Steyr spräche dafür, dass dort erst nach 1190 (Gründung des Hospitals) Huben besiedelt wurden; ob aber diese Zeitgrenze so exakt umgesetzt wurde, ist wenig wahrscheinlich. Ziehen wir auch in diesem Fall das Ausmaß der Egarten zu Rate: Die ersten Siedlungsansätze (außer dem Prieler) nach dieser Analyse wären auf den Hochflächen der *Farnau* (Prettereben = Sturm, Fröstl) bzw. beim *Griesser* und in *Groß Weissenbach* mit etwa 15–16 Joch Egarten zu orten. Nur die Kolonisation der Stadelhueb (= *Popp*, >20 J^E) und vom *Jaidhaus* (18 ½ J^E) dürften etwas früher erfolgt sein, *Gressenbauer*, *Schmalzer* und *Schelchenbauer*, der *Öttl* sowie das *Nickergut* oder die *Karlhueb* scheinen in rascher Folge errichtet worden zu sein. Die Aufschließung unter dem Grundherren Udalschalk von Klaus und seines Nachbarn jenseits der Steyr erfolgte wohl topographisch überlegt und vollzog sich noch über weite Strecken im 13. Jh.; *Trinkl* oder *Stegbauer*, *Goyer* oder *Rinner* scheinen erst nach den Übergriffen des Tröstel von Zierberg gegründet worden zu sein; am „großen Stein" = *Antenstein* (i.e. Klinz) siedelte sich ein Bauer sicher erst nach 1300 an. Die typische Form des Ausrodens war – wie wir noch später aus Urbarvermerken schließen können – das „Reut" (Reith); dabei wurden Bäume und Sträucher mitsamt ihren Wurzeln dauerhaft entfernt. Beispiele dafür finden wir noch, außer bei den Reitern im hinteren Stoder, in den alten Bezeichnungen der Bauerngüter 1325–1492, wie *Voglhaus am Reutt* (= Hochhaus), *Losskogel, ain reutt* (= Loskogel), *Schelchengut, ain reutt* (= Schelchenbauer), *Goyengut, ain reutt* (= Goier) oder *Öttlreutt* (= Öttl) am Kienberg (= Berg der Fichten) und Nikh am Golsenreutt (Nicker).[10] Vereinzelt kam auch die Schlagrodung (z. B. Baumschlag) vor und *am Prent* (Immerl, Löger, Salmer) nutzte man die Brandrodung.

7 Krawarik, Villa Swente, 281f.

8 Krawarik, Vorderstoder, 33f.

9 Einige Güter der Tambergau (z. B. der *Immerl*) und am Steyrsberg sind erst aus Güterteilungen im 13. Jh. hervorgegangen.

10 Schiffmann, Stiftsurbare, 564–568.

Abb. 3a: Pernalm um 1900, eine der typischen Almen im hinteren Stoder

Abb. 3b: „Maurerreit" vis a vis der Dietlhölle (Compton), im Mittelalter die Schwaige „Diethartsberg"

So gesehen war das Bauerntum Stoders bereits im 14. Jh. sozial gestaffelt und nicht einheitlich. Inzwischen hatten nämlich zudem herrschaftliche Eingriffe bäuerliches Wirtschaften erheblich verändert. Ausgewählten Gütern wurde vom Grundherren Vieh (= Schafe) zur Verfügung gestellt, diese *Schwaigen* zinsten dafür in Käseleibern. Zwei Drittel der 17 Viehhöfe der Region lagen im Passland Stoders oder der Tambergau, von wo die Nutzung hochgelegener schütter bewaldeter Almen (Wildalm, Höss, Pernalm) früher eingesetzt hatte (*K 3, S. 209*). *Für eine funktionierende Schwaigwirtschaft waren eine Zuweisung von ausreichender Weide und ein größerer Viehbestand notwendig. Um am Hof die nötige Menge an Winterfutter zu erzeugen, wurde das Vieh, um es modern auszudrücken, „ausgelagert".*[11]

Mit Schwaigprodukten konnte man recht gut verdienen und so verwundert es nicht, dass wohlhabende Patrizier, niederer Adel oder Herrschaftsbeamte im Einvernehmen mit dem Hospital am Pyhrn versuchten, daraus Profit zu schlagen. Als Beispiel kann die „Schwaige in der Tambergau" dienen, bestehend aus sieben Viehhöfen, die um 1300 dem Landrichter Conrad von Volkensdorf zur Nutzung übergeben wurden. *Diese Bauernhöfe, die nachweislich seit 700 Jahren bestehen, sind Georg am Painschlag, Steffl Snabl uunderm Prannt von der Salmeigut, Fritz vom Krattauerrgut, Gabriel vom Bruderhof, Panngretz Tennkh vom Peterhof zu Tampergau, Egkhatzhof zu Tampergau und als Verwaltungszentrum dieser „Swaigengüter" Peter am Gausrabenhof zu Tompergau.* Noch um 1500, als die Schwaigwirtschaft im Abklingen war, zinsten diese Liegenschaften insgesamt über 1000 Stück Käse.[12]

Als diese Welle hochmittelalterlicher Erschließung verebbte, zählte man im Stodergebiet an die 110 unterschiedlichste bäuerliche Liegenschaften. Der spätmittelalterliche Wandel, verursacht durch wirtschaftliche Probleme, klimatische Änderungen, urbane Einflussnahme und sozial auseinander klaffende Entwicklung,

11 Werner Hackl, Stoderer Almen, in: pur. Hinterstoder Magazin (2011) 50.

12 Siehe dazu hinterstoder pur, Urbar unter: www.hinterstoder.at/detail/dorfundtal. Schiffmann, Stiftsurbare, 578f.

brachte die Umstellung der Schafhöfe zum Großvieh, Abwirtschaftung, Verödung, Konzentration und Verkauf von Bauerngütern. *Im hintersten Steyrtal deutet die Größe einiger „Reithgebäude" darauf hin, dass in früherer Zeit die Dauersiedlungsgrenze bis ca. 1100 m (z. B. Schafferreith) gereicht haben dürfte.*[13] Diese Analyse eines sozialgeografischen Forschers – so hatte auch das Baumschlagerreit noch im 19. Jh. ein sehr großes Wirtschaftsgebäude – legt die „Restbestände" mittelalterlicher Bauernhöfe frei (auch in Vorderstoder reichte die Siedlungsgrenze bis 1100 m), die in dieser Zeit in saisonal bewohnte Futterhöfe umgewandelt wurden. Aus dem Hospital entwickelte sich damals eine straff geführte Stiftsherrschaft. Aber nachhaltiger spürbar war wohl der zunächst allmähliche, ab dem 16. Jh. sprunghafte Anstieg der Häuserzahlen. Die wirtschaftliche Notwendigkeit, Realteilung aufzugeben und die wachsende Arbeitsteilung in Märkten verstärkten den Trend zum Bau söldenhafter Kleinhäuser und Häuseln auf der „Stör", wo sich zunehmend Handwerker niederließen. Der Zuverdienst, in Flachsdörren (= Haarstuben) gebrechelten „Haar" über die Selbstversorgung hinaus für den Leinenhandel (vor allem in Vorderstoder) bereitzustellen, war willkommen. In der Frühen Neuzeit wuchs dann die Zahl der Bauernmühlen rasch an und man gewöhnte sich im Stoder daran, Agrarprodukte nicht ins ferne Windischgarsten zu transportieren, sondern lieber den gut zahlenden Hammerherren der Region direkt auszufolgen, die ja auch Holzkohle für ihre Schmieden begehrten; natürlich war die Arbeit im Holzberg, Flösserei und Köhlerei ein wichtiger Verdienst für weichende Bauernsöhne; weichende Töchter waren meist im Schwaigdienst beschäftigt. Sicher spielte Holz schon lange eine bedeutsame Rolle, hatten doch Bauern Stoders schon um 1500 dem Grundherren selbst hergestellte Holzschüsseln für die Saline in Aussee abzuliefern.[14] Aus angeführten Motiven kamen bis 1600 ungefähr 30 Kleinhäuser dazu, jeweils die Hälfte im vorderen und hinteren Stoder; dort wurden zum Unterschied vom Stoderpassland auch im 17. Jh. etliche Kleinhäuser errichtet. Nicht zuletzt diese Tatsache ist ein Hinweis auf den eher großbäuerlichen Zuschnitt Vorderstoders. Bis 1785 wuchs die Häuserzahl im Stoder nochmals um 40 Häuseln an; dabei sind aber zahlreiche Haarstuben nicht mit gerechnet, die zwar schon bestanden, aber erst im Zuge der Übervölkerung zur Napoleonzeit eigene Hausnummern bekamen.

Ländlicher Siedlungsraum der Frühen Neuzeit

Die Siedlungslandschaft Stoders hatte sich also seit dem Mittelalter grundlegend gewandelt. Fast die Hälfte aller Wohnhäuser um 1800 beherbergten unterbäuerliche Gruppen, die in Abhängigkeitsverhältnissen zu wohlhabenden Bauern und Hammerherren standen. Die Abstufungen waren in der Siedlungslandschaft gut zu erkennen: Großbauern standen Haufenhöfen vor (Kuh-, Sau-, Schafstall, Getreidekasten, Haarstube, Presshaus, Holzhütte, Ladenstadel, Wohnhaus), Kleinbauern wirtschafteten in Gütern den „Paarhöfen" ähnlich, Häusler lebten in streckhofar-

13 Miglbauer, Strukturwandel, 107.

14 Schiffmann, Stiftsurbare, 577–579.

Abb. 4a und 4b: Großbauern im Stoder (links Schafferhof 2011, rechts Zansegg 2011)

Abb. 5a: Kleinbauer Klampfleithen

Abb. 5b: Häusler Derflinger (abgerissen)

tigen Hütten längs der Straßen. Zudem unterschied man auch in der Bauweise: Bei Gehöften ruhten auf schlecht verkitteten Steingrundfesten mächtige Rundstämme, erst seit dem 19. Jh. wuchs die Zahl gänzlich aufgemauerter Gebäude; am längsten blieb dieses Erscheinungsbild bei den „Häuseln" bestehen, die ursprünglich ganz aus Holz gewesen waren. Die Schindeldächer aus Lärchenschindeln sprangen zumeist weit vor. Eine besondere Funktion besaßen zumindest auf stattlichen Gütern die „Austraghäusel'n". *Lose in die größeren Streuhöfe eingebunden, stehen sie oft ein wenig abseits, die meist nur zwei- oder dreizimmerigen Häuser mit den kleinen Fenstern. Sie sind den Alten zugeteilt, wenn der Hof an die Jungen übergeben ist.*[15]

Dazu kam die Dienstbotenschicht, waren doch an manchen Höfen bis zu 15 Knechte und Mägde verdingt. Dort mussten manchmal mehr als 150 Stück Vieh

15 Steinwendtner, Rote Lackn, 10. Zur Erscheinungsform eines haufenhofartig angeordneten Bauerngutes im Stoder siehe: Zauner-Götting, Schmiedleithen, 157–159.

versorgt werden, als es im 17. Jh. kurzfristig eine Blüte der Vieh- und Almwirtschaft gab. Freilich waren schon damals große Höfe auch hoch verschuldet. Dazu Beispiele: Der Eckhart unterm Hut (mit seiner Alm) führte bei der Verlassenschaft 1643 insgesamt 2 Rösser, 67 Stück Rindvieh (= Ennstaler Fleckvieh !), 47 Schafe, 55 Ziegen und 10 Schweine an. Etwas kleiner und doch auch Großbauern mit einer Schätzung von etwa 1000 Gulden waren der Gausrab bzw. die Stadlhueb des Abraham Popp. Die Inventur des Gausrab führt 1637 41 Stück Rindvieh, 43 Ziegen, 53 Schafe und 12 Schweine an, Popp besaß 1633 ein Ross, 31 Stück Rindvieh, 44 Ziegen, 36 Schafe und 5 Schweine. Den Aktiva von 1340 fl standen Passiva von 1270 fl gegenüber, den neun Kindern verblieben somit ganze 70 Gulden – fürwahr kein großes Erbe. Gleichzeitig hatten über 50 Bauern Stoders horrende Ausstände gegenüber dem Ratsbürger Karl Perger in Windischgarsten. Auch Hammerherren zählten bald zu den Gläubigern.[16] Einer davon saß im Stoder; schon 1550 bestand das Sensenwerk Paderau, das das Gefälle der Loigis nutzte. Wie damals üblich wurde der Erlös in einer kleinen Landwirtschaft angelegt. Auf diese Weise gehörte bis 1645 zum Gewerbebetrieb das Bauerngut Gaislitzkogel, die Paderau war zuletzt aber nur ein „Nebenwerk" eines Hammerherren an der Piessling, bis 1658 das Hammerrecht an einen anderen Ort transferiert wurde.[17] Mit der Zeit des Großen Krieges setzten stärker e.o. Verkäufe der Herrschaft ein: Auch große Betriebe wie Popp, Sturm, Groß Weissenbach oder Stoderegg waren davon betroffen; von manchen Verlassenschaften blieb wenig übrig und es brachte auch wenig, Schulden mit „Holzgeld" zu begleichen.[18] Überländbewirtschaftung, rasche Besitzwechsel und das Wiederaufleben der gemischten Landwirtschaft zur Barockzeit deuten neuerlichen Strukturwandel und soziale Probleme an. Das Sagen hatten zunächst die Großbauern Vorderstoders, die ja im hinteren Stoder schon lange Almen, Reiter und Zuhuben besaßen. Noch 1826 gehörte 14% der Katasterfläche Hinterstoders 31 Bauern aus Vorderstoder und der Tambergau. Von den ca. 40 Almen und Reitern zwischen Wildalm und Kleinen Priel waren um 1760 10% nicht mehr bestoßen.[19]

Wenn die Klauser Bauern im Stoder wirtschaftlich besser über die Runden kamen, hing das mit dem Holzschlag und der Flösserei bzw. Holzdrift zusammen. Sie durften jährlich zwei Fuder Kohle unentgeltlich brennen und zur Zeit der Schmelzwässer wurde das im Winter am Fluss gestapelte Holz gedriftet. Deshalb wurde ja auch nach Hochwässern die „Wuhrschlacht" am Strumboding immer penibel ausgebessert. Julius von der Traun hat ihre Arbeit im frühen 19. Jh. geschildert: *Die Holzknechte, welche aus dem Hinterstoder die Holzstämme flößen, müssen immer am Rande des Flusses fortgehen, um die gehemmten Stücke wieder loszumachen. Bei der Strumboding sind einige Leitern angebracht, auf denen sie diesen schreckenerre-*

16 StASpP Hs 89 Inventarprotokolle.

17 Schröckenfux, Hierzenbergerwerk.

18 Enichlmayr, Chronik, 214ff.

19 StASpP, Bd. 358, fol 306–362. Miglbauer, Strukturwandel, 154.

Abb. 6a: Getreidekasten beim Gressenbauer 1965

Abb. 6b: Lafthütten der Holzknechte 1900

genden Ort mit ihrer gewöhnlichen Kaltblütigkeit passieren.[20] Im hinteren Stoder gab es etwa 400 Joch Äcker aber über 7600 Joch Wald, wobei etwa die Hälfte Bauernwald war. Und 1788 wird in der Josefinischen Fassion angemerkt: *Dieses (i.e. Holz) wird auf dem Steyrflusse geschwemmt oder in Kohle umgestaltet, zu den Sensengewerken in Pichl und Roßleithen auf der Axe geschafft.*[21] Es war also durchaus üblich, mit den Fuhrkarren (mit Ochsen) die Holzkohle auf zwei Wegen in das Pießlingtal zu bringen, über das Hohenegg und über die Tambergau, wo der Fuhrweg noch rechts der Steyr nach Steyrbruck und weiter über St. Pankraz ging. In diesem Zeitzusammenhang ist auch das selbstbewusste Auftreten und die führende Rolle von Großbauern aus dem vorderen Stoder anzumerken; schon während der Gegenreformation und dann zuletzt bei der „Revolte" 1846, wo Bauern in Windischgarsten wegen Steuerrückstandes gepfändet wurden, gaben u.a. Bauern Vorderstoders den Ton an.[22] Dort befand sich ja seit 1507 auch die Kirche (St. Leopold), seit 1648 die einfache Schule (Stockerhütte) und der hintere Stoder war bis 1760, als die Herrschaft Klaus unter Spitaler Verwaltung kam, durch die grundherrschaftliche Grenzziehung beeinträchtigt. Freilich lässt sich auch belegen, dass seit dem 17. Jh. die Belagsdichte der Güter im hinteren Stodertal höher war. Soziale Probleme und Spannungen äußerten sich nicht zuletzt in der bestraften Wilderei von Kleinhäuslern, während Großbauern ihre patriarchalische Allmacht übten. Die Ausreizung von Überländhäusern und Haarstuben für Wohnzwecke war nur ein Symptom für die wachsende soziale Enge, die durch hohe Wohndichten *(Ø 10 Personen Haushalte)* gekennzeichnet war.[23]

---

20 Schindler (Julius von der Traun), Oberösterreich. Ein Skizzenbuch (1848) 18.

21 Fassionsbuch der Gemeinde Hinterstoder (Josefinisches Lagebuch) 1788, 126.

22 Grüll, Bauer, Herr und Landesfürst, 355f und 600f.

23 Siehe dazu: Vorderstoder, 53, Karte: Bevölkerung und Siedlung Stoders 1785.

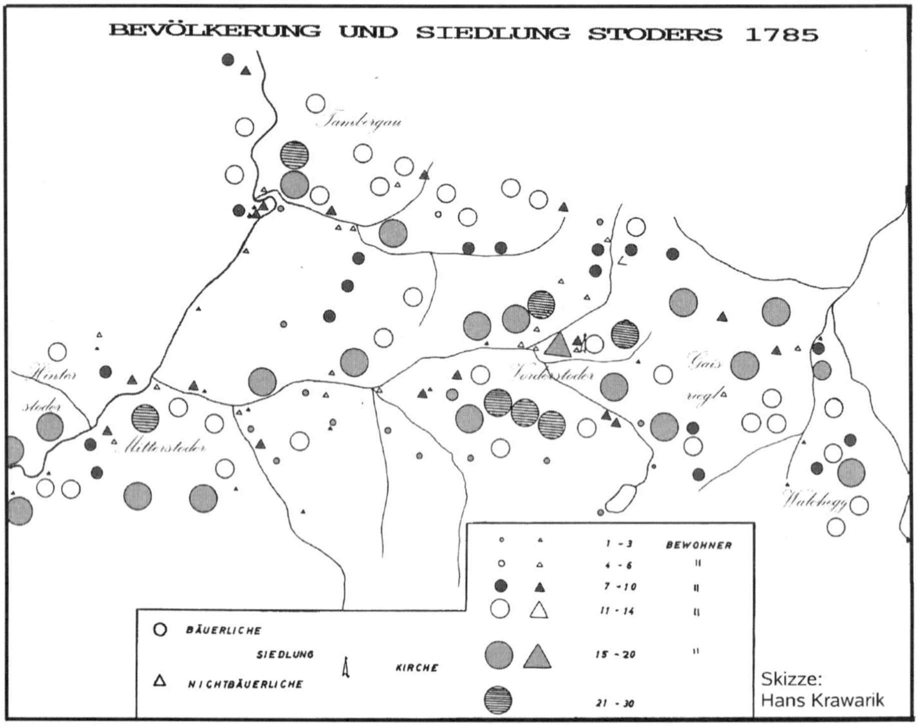

K 4: Soziale Unterschiede und Wohndichte im späten 18. Jahrhundert

Dies alles entfaltete sich im Hintergrund zahlreicher staatlicher und kirchlicher Reformen 1770–1790, die Hausnummerierung und Ortschaften, Steuergemeinden (= Katastralgemeinden) und kirchliche Zuständigkeit festlegten. Sicher hat das Stift Spital durch Stipendien und Stiftungen das kirchlich-schulische Leben ausgestaltet; aber erst das josefinische Muss ließ innerhalb weniger Jahre keinen Stein auf dem anderen. Die alten Hausnamen hatten als Orientierung bald ausgedient und eine neue Zeit, die „staatsbürgerliche“ Akzente setzte, brach an. Auch kirchliche Betreuung sollte „genormt“ werden; dies war gerade im Stoder verständlich, hatten doch die inzwischen im katholischen Sinn gottesfürchtig gewordenen Landleute, mehrere Stunden zum Benefiziaten bis nach St. Leopold im Stoder zu gehen gehabt. Die gleichzeitige Einrichtung der Pfarren St. Pankraz (506 Seelen), Mitterstoder (dann *Innerstoder*, 760) und Vorderstoder (1079) im Jahre 1785 war ein sorgfältig seit 1784 vorbereiteter Akt. Im Sommer dieses Jahres erging die Bitte, als Standort nicht die Ortschaft Hinterstoder, sondern Mitterstoder auszusuchen. Dort gab es einige lockere Kleinweiler, u. a. beim Klein Bruderhof (= Gütler, Nr. 26), wo sich nahe bei die Sauhütten (>Totengraber Nr. 25) und das Klein Steinwändl (= Schulhaus seit 1775) befanden.[24] Einer Anmerkung zur Bevölkerungszahl

24 StASpP Bd. 51, Errichtung der Pfarre Hinterstoder.

ist zu entnehmen: *Im Sommer hingegen, wenn die Reiter und Almen bewohnt sind, dürfte sich die Anzahl vervielfältigen.* Die anbefohlene Umpfarrung erzeugte zunächst ein „Wirrwarr", weil die Ortschaften unterschiedlich zu den etwa gleichzeitig entstehenden Katastralgemeinden aufgeteilt waren. Die erste Kirchenrechnung von Hinterstoder 1785–1806 verzeichnet sorgfältig die Arbeiten von 18 Maurern, 19 Zimmerleuten und dem Brunnführer. Ein Teil des Fundamentes der Kreuzkirche wurde durch Robot gegraben, über eine Notbrücke über die Steyr wurde das Holz herangeschafft. Im Frühjahr 1786 fing man beim Pfarrhofgebäude an, das aus dem von Mathias Buder erkauften Klein Bruderhof erweitert wurde; da eine kleine Landwirtschaft dabei war, wurde am Dachboden der „Getreidekasten" eingerichtet. Auch der Friedhof war bald eingefasst. Die Kirche selbst wuchs ab Frühjahr 1787 empor, bis Ende des Jahres die Turmstiege errichtet war. Im Frühjahr 1788 schließlich wurde das neue Schulhaus statt dem Klein Steinwändl errichtet. Der Lehrer Adam Langeder d.Ä. hatte inzwischen ein Auszughäusel erbaut (später Blaimschein Nr. 41), wohin er 1791 in Pension ging. Mit diesem neuen „Ortszentrum" war ein vorläufiger Schlusspunkt gesetzt. Im Stoder standen damals gegen 200 Wohnhäuser mit Hausnummern verschiedenster Orientierung, wobei sich gegenüber dem Mittelalter die Siedlungstätigkeit im hinteren Stoder stärker entfaltet hatte.

Das „romantische Zwischenspiel“

Pfarrdörfer und Wege zum Gasthaus

Durch viele Jahrhunderte führte die Route reisender Leute am Stoder vorbei, im abgeschiedenen „Steinbruch Gottes“ war alles auf Selbstversorgung ausgerichtet. Seit 1368 galten neben Standorten im Markt Windischgarsten und dem Hofwirt in Spital am Pyhrn und Klaus die Wirtshäuser in Dirnbach und in Preisegg als verbriefte Ausschankbetriebe, Grundherren und Landgericht wachten darüber, dass keine illegalen „Branntweinschenken“ entstünden.[25] Es war eher eine Laune des Schicksals, dass sich unter solchen Verhältnissen im Stoder eine frühe Gastwirtschaft bilden konnte. Bei einer landgerichtlichen Untersuchung (1568) kam zutage, dass schon vor 1528 in der Karlhueb gegenüber der Tambergau Ausschank betrieben wurde, wenn es auch genügend Zeugen gab, die das in Abrede stellten. Es war wohl eine Reaktion des evangelischen Herrn zu Klaus auf den katholischen Stiftsherren zu Spital, warum dies letztlich anerkannt wurde.[26] Freilich blieb die Karlhueb ein typisches „Bauerngasthaus“, zu dem nicht einmal ein fahrbarer Weg hinführte.

Ein weiterer „Quantensprung“ geschah nach dem Großen Krieg und den Versuchen des Dechanten Heinrich Otto Gassner, die Pfarrkinder um St. Leopold im Stoder zu rekatholisieren. Es gab wohl damals schon ein kleines „Haus bei der Kirche“, vermutlich die Stockerhütte, in der „Schul“ gehalten wurde. Dieses Haus verkaufte 1664 der Propst von Spital dem Windischgarstner Wirt und Bäcker Hans Stocker; dieser dürfte den Grundherren darin bestärkt haben, ein notwendiges „Zentrum der Kommunikation“ bei der Kirche zu genehmigen. Deshalb erlaubte der Propst den Eheleuten Stocker am 14. März 1669 auf vom Steinerbauer erworbenen Grund Hausstatt und Stall samt Tafernrecht zu erbauen. Stocker war zugleich Bäcker und versorgte den Stoder zwischen Pießling und Steyrbrücke; auf seiner „Halt“ konnten die Krämer zu Kirchtagzeiten feilhaben.[27] Auf diese Weise

---

25 Schröckenfux, Seebachhof Nr. 17: Erstmals versuchten die Besitzer des nach Kremsmünster dienenden Seebachhofes schon 1345, eine Gastwirtschaft zu errichten. Aber noch 1696 wurde er wegen illegaler „Leitgebschaft“ angezeigt und musste 1767 Strafe zahlen, weil man des nachts dort tanzte und Scheibenschießen übte.

26 StASpP Bd. 756 (Prozess 1568).

27 Schröckenfux, Sensenwerkschronik Nr. 15 (Stockerwirt).

Abb. 7a: St. Leopold (Vorderstoder) um 1880

Abb. 7b: Kreuzerhöhung (Hinterstoder) um 1900

sicherte sich der vordere Stoder, in dem auch die meisten Großbauernhöfe standen, den gesellschaftlichen Vorsprung innerhalb des Tales. So blieb es bis 1785, die Tavernen Stocker und Karlhueb wirkten unbeschadet nebeneinander und hatten jeweils ihren Zuspruch.

Manches in den Jahren danach scheint widersprüchlich: So erhöhte sich die Anzahl der Hausnummern im Stoder 1785–1826 von 188 auf 247, wobei im hinteren Stoder eine größere Siedlungstätigkeit zu erweisen ist.[28] Freilich nahm die Bevölkerungszahl im gleichen Zeitraum von 1839 auf 1689 Bewohner ab. Vor allem das vordere Stodergebiet verlor damals über 220 Menschen, während sich in Hinterstoder die Bevölkerungszahl etwas erhöhte. Zum einen war das eine Frage der Registrierung: Zahlreiche Reiter und Almen im hinteren Stoder wurden halbjährlich vom Dienstpersonal aus Vorderstoder aufgesucht und bevölkert. Zum anderen setzte vor allem im Stoderpassland der Verkauf von Almen ein und Dienstboten wurden abgebaut. Im hinteren Stoder konnte man leichter auf Gewerbetätigkeit ausweichen. Dort galten 45 % der Grundeigentümer als Häusler oder Söldner. Dies erschütterte die führende Position der großen Bauern Vorderstoders nachhaltig.[29]

In Wirklichkeit war dieser Siedlungszuwachs kaum ein Resultat an neuen Häusern. Die meisten der neuen Hausnummern wurden an schon bestehende Haarstuben, Mühlen oder Nebenhäuschen vergeben, aus einstigen Inwohnern waren Kleinhäusler geworden, ohne dass sich ihre Lage verbessert gehabt hätte. Sie fanden gelegentlich bei hochherrschaftlichen Treibjagden und im Gewerbe oder als Bergführer ein neues Betätigungsfeld. 1812 waren die Rayonsbezirke von Jagd und Försterei im *Stoderer-Dienst* (= Vorderstoder) und *Hinterstoder-Dienst* bestä-

28 Pillwein, Geschichte, 1828: Hinterstoder 1785/1826 88/126, Vorderstoder 107/121. Diese Angaben der Pfarren beinhalten auch 13/15 Häuser der Pfarre Vorderstoder im Raum von Pießling, die eigentlich nicht zur Katastralgemeinde gehörten. Daher wäre das Wachstum in Hinterstoder noch größer.

29 Krawarik, Vorderstoder, 55. Miglbauer, Strukturwandel, 167f.

Abb. 8a: Jaidhaus: Großbauer und Wirt

Abb. 8b: Karlbauer: ältester Schankwirt Stoders

tigt worden.[30] Das herrschaftliche Jägerhaus in Hinterstoder befand sich damals in der Gugerlhütte (Mitterstoder 11), war aber schon recht baufällig. 1826 beabsichtigte daher der Religionsfond die Errichtung eines neues Jägerhauses. Erst 1844 wurde dieses fertiggestellt, indem man das Inwohnerhäuschen des einstigen Klein Bruderhofes (und jetzigen Pfarrhofes) adaptierte und umbaute.[31] Manche begriffen diese zögerlichen Aktivitäten als „Stillstand“, aber andere erkannten Zeichen der Zeit. Schon vor 1826 hatte Johann Antensteiner im Jaidhaus das Schankgewerbe angemeldet (er war seit 1782 Besitzer), seit 1785 arbeitete im Schmalzerhof ein Bäcker, spätestens um 1820 auch als Wirt. Da sich doch schon eine Reihe von Bergwanderern in den Stoder verirrten, boomte das Geschäft der Bergführer; in den späteren 1830ern gab es allein in Hinterstoder sieben davon und in Vorderstoder auch einige. „Bergführer“ wurde zum einträglichen Nebenberuf von Häuslern, kleinen Gewerbeleuten, auch ein Mesner war dabei. Folgende Namen dieser Jahrzehnte sind neben Langeder aus Hinterstoder überliefert: Peter Hackl, Johann Schmiedinger, Mathias Hotz, Johann Georg Prieler, Franz Forsthuber, Eustach Prieler, Franz Kniewasser, Ignaz Stallinger, Georg Auer. Aus Vorderstoder kamen Karl Zach, Johann Georg Dietl, Johann Dietl und Johann Riedler.[32]

Die romantische Schriftstellerin Caroline Pichler unternahm im August 1821 eine „Reise von Kremsmünster nach Spital“, die sie dann schilderte. In den sauberen Landgasthöfen aß man aus Zinntellern, Zimmer hatten kleinscheibige Fenster, man wurde reinlich bewirtet. Auch mehrere Jahrzehnte später eilte dem Wirt in Dirnbach, wo ja auch die Postwechselstation war, die Kunde eines sehr gut eingerichteten Gasthofes voraus, der noch dazu preiswert war; so monierte vor 1865 der Alpinist Ruthner nach Einnahme von Speis und Trank *um einen Preis, der*

30 Zeman, Die Jagd die Leiden schafft, 198f.

31 Enichlmayr, Chronik, 394.

32 Angerhofer, Stodertal, 83.

uns unwillkürlich zur Frage drängt, ob nichts in der Rechnung vergessen worden sei.[33] Bei einem Spaziergang zum Sensenwerk Helml lernte die Salondame Pichler aus Wien die Hausherrin Maria Serafina Moser (geb. Schröckenfux) kennen, die mit viel Liebe einen durch „Treibhäuser“ unterstützen Blumen- und Gemüsegarten betrieb. Dieser „südliche Flair“ im Umkreis der zauberhaften Bergwelt und der Gebirgsluft trieb die Poetin zu romantischer Schwärmerei.[34] Bei der Weiterfahrt fiel der Schriftstellerin die durch Unwetter schwer beschädigte Straße auf. Und in der Tat war das Verkehrsproblem auch im Stoder nicht von der Hand zu weisen. 1826 organisierten die Gemeindeväter eine zukunftsweisende Tat. Die Straße von der Tambergau nach Dirnbach wurde von der rechten auf die linke Seite der Steyr verlegt; bei der neuen Brücke nördlich vom Stückler überquerte sie nun den Fluss. Das hatte Folgen: Vermehrt kamen die Fuhrwerke von Steyrbruck herein und brachten auch Reisende. Dies motivierte Gotthard Pernkopf vom Gausrabenhof 1837, beim Pfleggericht um das Ausschankrecht anzusuchen. Allmählich sank hingegen die Karlhueb zu einer reinen Bauernwirtschaft ohne Ausschank herab. Im Kirchweiler Hinterstoder waren damals die Wogen hochgegangen. Alljährliche Schmelz- und Hochwässer, insbesondere jenes vom Herbst 1821, hatten die benachbarte Au immer wieder vermurt, eine Flussschleife reichte ja recht nahe an den Pfarrhof heran. In der Gemeinde beschloss man die Regulierung (Begradigung) der Steyr von der Jagdhausbrücke an durch Verschlachtung (*K 5*, S. 210). Der durchwegs romantisierende Pfarrherr fürchtete um die „Schönheit“ des Tales, da nun sein Pfarrhof nicht mehr *von den Wellen der grünen Steyr umrauscht* war.[35] Das Auland beim Dorf Innerstoder wurde bis 1836 inwertgesetzt und neuer Siedlungsraum für die Zukunft geschaffen. Freilich geschah das noch lange nicht: Der Kirchweiler Innerstoder bestand damals aus der *Sauhütte (*M 43 = H 12), dem *Schneiderhäusel* (M 41= H 15), der *Schule* (M 40 = H 23), der *Kleinbruderhofhütte* (M 38 = H 38), dem *Pfarrhof* (M 37 = H 41) und dem *Tischlerhäusel* (M 39 = H 25) sowie der *Kranawetthütte* (M 42 = B 1); heute befinden sich auf diesen Standorten ein Friseur, ein Kaufhaus, die Schule, das Gemeindeamt, der Pfarrhof und eine Konditorei.[36] Im Stoderpassland hingegen entstanden neue Kleinhäuser aus Besitzabsplitterungen der Bauernwirtschaften, immerhin bemerkenswert war 1842 die Ansiedlung eines „Kramers“ im neu erbauten „Haus am Stein“ (V Nr. 55). An der Steyr vor Dirnbach entstand zu diesem Zeitpunkt das „Sperrhäusel“ an der Stelle, wo das Triftholz nach dem Strumboding gesammelt wurde. In dieser Zeit fielen bei 40000 FM Triftholz pro Jahr an.

33 Anton von Ruthner, Der Stoder, 327.

34 Caroline Pichler, Prosaische Aufsätze Bd. 1 (Wien 1822) 247f.

35 Gerhofer, Hinterstoder, 26. Enichlmayr, Chronik, 385.

36 Miglbauer, Strukturwandel, 68.

Bergbauernarmut und Bergsteigerfreiheit

Im Reformzeitalter entfaltete sich nicht nur die Gewerbefreiheit sondern auch die Gesinnung des Erforschens und der Versuche; dies ist selbst bei Hammerherren im südlichen Oberösterreich zu erkennen, die versuchten, die knapper und teurer werdende Holzkohle durch Torf zu ersetzen. In gewisser Weise mag auch das Interesse an der Natur gestiegen sein. Wie G. Hauenschild bei der Erforschung der Kreidelucke an den Initialen „J. B. 1794“ erkannte, stieg ein forschender Talbewohner in die Höhle ein.[37] Ohne Bergführer gingen die hohen Herren damals nicht auf den Berg. Die früheste Erwähnung ist die Besteigung des Kleinen Priel 1804 durch Erzherzog Rainer Josef (1783–1853), jüngerer Bruder des Kaisers Franz (und seit 1818 Vizekönig in Lombardo-Venetien), naturverbunden und für eine militärische Laufbahn bestimmt. 1810 erreichte Erzherzog Johann (1782–1859) von Grünau aus den „Hochpriel“, wie er bis um 1870 häufig genannt wurde. Bei der ersten gesicherten Prielbesteigung von Stoder aus am 29. August 1817 durch Franz Sigmund Graf von Engl zu Wagrain und Seisenburg (*1775) begleiteten diesen die Riedler-Brüder aus Stoder. Als Erzherzog Ludwig (1784–1864), ein jüngerer Kaiserbruder und Naturfreund, am 25. August 1819 die Besteigung des Großen Priel begann, übernachtete er in der Klinser Alpe. Tags darauf gab es eine vereitelte Gipfeljause, wie eine Anekdote erzählt: *Der Schulmeister von Hinterstoder* [i.e. Langeder] *war samt dem Kaffeegeschirr auf dem Eis ausgerutscht – die Tassen blieben zwar im Gegensatz zu seinem Hintern heil, doch dafür hatte der Haushofmeister den Kaffee vergessen.*[38] Im Zuge der Katastervermessung und Triangulierung erreichte 1822 der junge „Moosbauer“ Peter Hackl (viel später ein Württemberger Jäger) den hohen Priel; im Jahr 1827 war dann Erzherzog Johann in Stoder und führte mehrere Besteigungen durch.[39] Bereits 1822 steht in einem Reiseführer ein Ausflug von Windischgarsten aus beschrieben, wobei man unterwegs beim Stockerwirt in Vorderstoder einkehrte: *Es sind hierzu 2 Tage erforderlich. Am 1. Tag begiebt man sich bis zum Schmalzerwirth in Hinterstoder, …, dann tritt man den Weg in dem sehr interessanten Thale jenseits der Steier, über des Prieler-Bauers Gründe, in die Gebirge an, und kömmt um 10 bis 11 Uhr Nachts in die sogenannte Klinser-Alpe, wo man sich mit Alpenkost erfrischt und die Nacht zubringt.*[40] Für die Prielbesteigung musste man um 2 Uhr nachts aufbrechen und um 13 Uhr den Rückweg antreten. Wenige Jahre später war es für einfache Touristen schon üblich geworden, mit Bergführern ins Gebirge

37 Hauenschild, Weitere Beiträge, 361. Beim Einstieg in die Höhle 1865 wurden auch die geritzten Initialen „1826“ und „1835“, ferner eingehauene Trittstufen und „Hiefel“ (=Baumleitern) gefunden.

38 Anekdote in der Pfarrchronik Hinterstoder, sinngemäß nach Gottfried Hauenschild, Vom Priel auf die Spitzmauer, 126; www.geo-coaching.net/Tour/19081/Grosser-Priel. *Siehe auch:* Schober, Gipfelkreuze, 72.

39 Angerhofer, Das Stodertal, 85.

40 Jenny, Handbuch, 183f.

Abb. 9a: Erzherzog Ludwig

Abb. 9b: Erzherzog Johann

zu steigen. Dabei bestieg man das Warscheneck vom Stockerwirt in Vorderstoder aus, für den Priel galt der Schmalzerwirt als Ausgangspunkt.

Dieses gleichsam öffentliche Interesse am Toten Gebirge kam nicht von ungefähr. Nach Aufhebung des Kollegiatstiftes Spital am Pyhrn 1807 und nach Abzug der Mönche aus St. Blasien war die Stiftsherrschaft 1809 dem *Religionsfond* übergeben worden. Das k.k. Pflegamt in Spital hatte jetzt das Sagen. Da auch die letzte Treibjagd auf Wölfe im Stoder vorüber war (1807), wagte man sich, durchaus in romantischer Gesinnung, ins Gebirge. Den „grauen bürgerlichen Alltag“ hinter sich lassend, strebte man in die Natur. Und viele suchten auch in der Religion den Rettungsanker. Die Welt der kleinen Leute sah viel realer aus. Die staatliche Religionsfondsherrschaft erhöhte rasch die Stockpreise, den Kohlstattzins und setzte Ablösen von Zehent bzw. Dienstgetreide relativ hoch an; darüber hinaus musste man zumindest seit den Vorarbeiten zum Franziszeischen Kataster selbst für die Felddüngung (Gras/Heidekraut) zahlen. Das traf vor allem die „Waldbauern“ Stoders ziemlich hart; zudem gerieten auch die Sensenschmiede, die für bäuerlichen Nebenverdienst gesorgt hatten, in ihre erste Absatzkrise. Die Nutzung ehemaliger Stiftsforste wurde jetzt etlichen Bauern vom Pflegamt bestritten, gleichzeitig wurden 1816 die Wälder Stoders „geöffnet“, was vor allem die jagdinteressierte Oberschichte interessierte. Das Jahrzehnt nach 1816 ging in die lokale Geschichte als „Hungerjahre“ ein. Beherzte Pfarrer erkannten die Chance des Mühsals, der Katastrophen und Ernteausfälle, seit 1823 wurde von Hinterstoder nach Frauenberg bei Admont eine Bittwallfahrt veranstaltet. Später ist auch von Wallfahrern zur Madonna in Kumitz bei Aussee die Rede, die in waghalsiger Bergfahrt den Salzsteig

Abb. 10a: Alte Loigisschmiede um 1990

Abb. 10b: Fleischhackerhäusel, aufgestockt Mitte der 1920er Jahre

bezwingen mussten.[41] Nicht von ungefähr entfalteten sich in dieser Zeit Ansätze eines Kapellenkranzes im Stoder, wobei Buße, und Danksagung des frommen Bauernstandes eine Rolle spielten.[42]

In der Zeit des Vormärz war das Bergerlebnis im Stoder werbewirksam geworden, die Aussicht vom „Greßtenberg“ wurde gerühmt. Dennoch erinnert der Hinweis 1836 in seiner romantischen Überhöhung an Werbung der Gegenwart: *Die Aussicht ist von der höchsten Großartigkeit, vom Hermannskogel bei Wien bis zu den Gletschern Tyrols, von den böhmischen Wäldern bis zu Kärnthens Alpenspitzen fliegt der trunkene Blick.*[43] Wenn man ins Gebirge gehen wollte, war in dieser Zeit der Pfarrhof von Innerstoder eine wichtige Landmarke. Freilich war Bergsteigen ungewohnt und es herrschten eigentümliche Sitten, wie der Bericht von einem Ausflug zum Großen Priel am 3. September 1840 wiedergibt. Der Windischgarstner Pfarrer Knoll blieb allerdings bei seinem Kollegen Pfarrer Weiss im Stodertal, während sich eine „Partie“ von vier urbanen Leuten (Schullehrer Westermayr aus Windischgarsten war auch dabei) nach *tüchtigem Essen* und Wein aus der Wachau und Steiermark im Pfarrhaus Innerstoder zur Polsterlucke aufmachte. *Der uns führende Jäger erhielt einen ziemlichen Sack mit Weinen und Mundvorrat,* meinte der Autor. Bergschuhe kannte man kaum, die Stiefletten hatte man mit Nägel beschlagen. Bald erwiesen sich der Gehrock und die engen Beinkleider beim Anstieg unbequem. Um 8 Uhr abends erreichte sie die *oberste Alphütte* (= Klinseralm), die schon verschlossen war. Die Schwaigerin hatte das Vieh vermutlich schon abgetrieben. Kurzerhand schlug man die Türe ein, um Nachtquartier zu nehmen. In der Kammer verwendeten die Eindringlinge den „Schmetten“, um Brot einzubrocken. Von Schlaf war aber keine Rede, *weil kein Stroh oder Heu da war.* Bei frischer Tempe-

41 Der Tourist VII. Jg. (1875) 132.

42 Enichlmayr, Chronik, 344, 376.

43 Franz Karl Weidmann, Wegweiser auf Streifzügen durch Oesterreich und Steyermark (1836) 246.

ratur brach man um 2 Uhr nachts auf und labte sich beim Schneefeld mit Wein. Doch erst der Branntwein des Jägers weckte die Lebensgeister. Ein „Stadtfrack“ musste nach Unfall am Schneefeld in einer Felsenhöhle zurück bleiben. Doch auch die anderen erreichten den Priel nicht – der Jäger mahnte zur raschen Umkehr, als Nebel einfiel und anschließend ein Regenguss durchnässte. Als beim Abstieg der Nebel kurz aufriss, trugen die obersten Hänge des Großen Priel ein Kleid aus frisch gefallenem Schnee.[44] Solche „Landpartien“ wurden häufig, es gab aber auch Forschungsreisende, die meist nur mit einem „Burschen“ oder Führer in den Berg gingen (*Abb. 11*, S. 216).

Schon vor 1848 gab es gelegentlich die Steuerexekution mit „Militäreinquartierung“, im Februar 1848 angesichts der höheren Ausgaben des Staates im Bürgerkrieg, wurden sogar Militäreinheiten zu diesem Zweck in die Region verlegt. Damals meinte Balthasar Huber, Marktrichter von Windischgarsten: *Ein großes Hemmnis ist für den Gebirgsbauern der so hohe Salzpreis in Bezug auf die Viehzucht.* Im Zuge liberaler Vorstellungen der Revolution wollte man nun das Jagdrecht selbst in die Hand nehmen. Eine revolutionäre Gruppe unter Teilnahme von Stoderern raubte Josef Vogel, dem Revierförster in Vorderstoder, die Gewehre und schickte sich an, auch die anderen herrschaftlichen Jäger zu entwaffnen. In der „Schlacht bei Seebach“ am 5. November 1848 wurden sie von der beherzten Garde in Windischgarsten entwaffnet.[45]

---

44 Anton Jochen Groß-Hoffinger (Hg.), „Der“ Adler: Allgemeine Welt und Nationalchronik (1840) 1980.

45 Balthasar Huber (red. Rudolf Stanzel 2002), Die Chronik der Marktgemeinde Windischgarsten. Von den Anfängen bis zum 1. Weltkrieg, Teil 1, 9, 19.

Jahrzehnte des Wandels

Aufbruch und frühe Erschließung

Das Jahr 1848 brachte neue Initiativen und neue Entwicklungen. Eine davon war die Bildung der *politischen Gemeinden* Vorderstoder und Hinterstoder. Die ersten Gemeindevorsteher (= Bürgermeister) wurden in der jeweiligen Kirche angelobt, die Gemeindevertreter trafen sich zur Ausschusssitzung im Jaidhaus und beim Stockerwirt. Im Jaidhaus, am Schmalzerhof (= Traxlbau) und beim Schoiswohl im Aschach setzte neben dem Ausschank auch die Beherbergung ein, wenige Jahre später wurde auch der Steiner in Vorderstoder ein Gasthaus. In der Karlhub war die „herrschaftliche Taverne" aufgegeben worden. Seit dieser Zeit gab es auch im Stoder eine ärztliche Versorgung. In der umgebauten Schule Innerstoders gab es seit 1854 einen Krämerladen und in Mitterstoder Nr. 38 („Försterhaus") wohnte nun ein Forstgehilfe. Bemerkenswert war auch die Gründung einer Musikkapelle in Vorderstoder 1856. Das Pflegamt in Spital war aufgelöst worden, im Bezirksamt Windischgarsten (1854–1868) wurden vorübergehend die zentralen Behörden von Gericht und Verwaltung zusammen gelegt. Erst 1868 wanderte die regionale Verwaltung zur Bezirkshautmannschaft Kirchdorf an der Krems, in Windischgarsten verblieb ein Bezirksgericht. Insgesamt war diese Zeit politisch eine autoritäre Epoche, an die Stelle alter Bevormundung trat nun die obrigkeitliche Gesinnung der Verordnung. Pfarrer, Schullehrer (zugleich Mesner und Organist), Gemeindevorsteher und die großbäuerlichen „Schulväter" bzw. Armenväter prägten die Öffentlichkeit. Als tiefergehende Problematik erwiesen sich Bauernbefreiung und Grundablöse, trieben sie doch manche Bauern an den Rand des Ruins; so verloren Bauern in Walchegg und Gaisriegl ihre Weiderechte am Laglsberg an den Religionsfonds. Manche in der Kreditwirtschaft unerfahrene Landleute konnten die neuen Lasten nicht bewältigen. Seit etwa 1860 setzte zunächst bei den Bauern Vorderstoders eine neue Welle von Almverkäufen ein, vor allem der einstige Auftrieb von Schafherden, die zur Barockzeit große Teile des Landes ob der Enns mit Schaffleisch versorgt hatten, verlor sich in der neuen Zeit. In diesen Jahren siedelten sich neue Gewerbetreibende im hinteren Stoder an: Viktualien (Hintertambergau 65), Branntweinhandel (Mitterstoder 10) und der Stegbauer stieg im Frachtfuhrgewerbe ein. 1826–1874 stieg die Zahl der Dorfgewerbe von 12 auf 22. Einen Anteil an dieser neuen Entwicklung hatte wohl auch

Abb. 12a: Anton von Ruthner

Abb. 12b: Johann Hauenschild

Karl Prentner, seit 1858 vulgo Polster, als Bürgermeister Hinterstoders, der erholungssuchende urbane Gäste willkommen hieß.[46]

Es war eine interessante Mischung aus neojosefinistischer Geisteshaltung und naturbegeisterter Neoromantik, die Bildungsschichten des frühen franzisko-josefinischen Staates erfasste und den *Alpinismus* vorantrieb. Bergsteiger, Forscher und alpine Pioniere wie Anton von Ruthner (1817–1897) und Friedrich Simony (1813–1896) wagten sich schon vor 1840 in die Gebirge um Stoder. Der Geograph Ruthner arbeitete seit damals mit Simony zusammen und seine Schilderung über den Kessel von Stoder sollte unvergessen bleiben. Er erwanderte sich richtiggehend den Vergleich der Alpenketten, 1870 kam er schon zum achten Mal in das Tal. Dabei vergaß er nicht, die bis dahin geringe touristische Aktivität zu beklagen, weil *die Menge will einmal schnell, bequem und billig reisen.* Selbst 1865 brauchte man von Dirnbach bis zum Schmalzerwirt mit dem „Bergwägelchen" fast über zwei Stunden. Bereits 1843 erwähnte Ruthner den *hochromantischen Stoder* und nannte die Fernsicht von Traunstein und Hochpriel *von bezaubernder Schönheit.* Für den Romantiker blieb der Hochpriel, von dem man auf das *smaragdgrüne Thal von Hinterstoder* hinab sah, *im rosigen Morgenlicht oder goldenen Abendschein* eine imposante Erscheinung. Und 1865 meinte er: *Kaum kann in den Nordalpen ein anderer Theil dem von Stoder an pittoreskem Charakter an die Seite gestellt werden.* Ein halbes Jahrzehnt später kam er wieder *in das nach meinem Urtheile schönste Kalkalpenthal Österreichs* von Innerstoder.[47] Der Geo-

46 Enichlmayr, Chronik, 415ff. Miglbauer, Strukturwandel, 169.

47 Anton von Ruthner, Die Alpenländer und die Schweiz. Eine Parallele der Naturschönheiten des österreichischen und Schweizer Hochlandes (Wien 1843) 4 und 31. Ruthner, Der Stoder, 323–328. Anton von Ruthner, Das Prielkreuz. JböA-V 6. Bd. (1870) 371.

loge und Geograph Simony fand für den verkarsteten Gebirsstock die Bezeichnung *Totes Gebirge* charakteristisch, der Name *Todtengebirge* bestand ja schon lange.[48] Im „Physiognomischen Atlas der Österreichischen Alpen“ (1846) wurde die älteste wissenschaftliche Darstellung der verkarsteten Hochfläche dargebracht. Letztmalig bestieg Simony 1868 den Hochpriel, fünf Jahre später versuchten sich seine Söhne bei der Besteigung der Spitzmauer. Das „österreichische Matterhorn“ war von touristischer Seite erstmals im Juli 1858 vom Wiener Maler Karl Stoitzner mit den bekannten Bergführern H. Langeder und dem „Haarschlager“ (= Mathias Hotz), als „Wildschütz“ bekannt, bestiegen worden. Dieser führte am 3. September 1859 Erzherzog Rainer Ferdinand (1827–1913) auf den Hochpriel. Der kunstsinnige Erzherzog stand damals dem Reichsrat vor und war in glücklicher Ehe mit der Tochter Erzherzog Karls (i.e. Sieger von Aspern) Marie Karoline äußerst populär.[49] Der Alpinist und Stiftslehrer in Kremsmünster Johann Hinterberger führte in den 1850er Jahren ebenfalls Messstudien im Toten Gebirge durch. Der Geologe und Alpinist Georg Geyer (1857–1936) hat dann in zahlreichen Bergpartien systematisch eine exakte Höhenbestimmung der Gipfel durchgeführt und 1878 eine geologische Standortbestimmung durchgeführt.[50] Mancher Forscher, wie der Landeskundler Ignaz Gielge um 1810, war bewusst im Winter in das Stodertal gewandert, um die urwüchsige Schneelandschaft zu betrachten. Zu diesen frühen Forschern und Alpinisten gesellte sich auch der Windischgarstner Bürgersohn Hans (= P. Gottfried) Hauenschild (1842–1901), dessen bemerkenswerter Weg ein Leitbild der Emanzipation war. Zunächst Schüler und Novize im Stift Kremsmünster mit Ambitionen zu Naturwissenschaften – dort prägte ihn u. a. Hinterberger – studierte er 1864–1868 in St. Florian Theologie. In dieser Zeit erforschte er mit Freunden an freien Tagen die Kreidelucke in Hinterstoder und dokumentierte die Erkenntnisse. Zuvor deckte er sich beim Wirt Fürlinger im Jaidhaus mit Kienfackeln und Laternen ein.[51] Hauenschild als Berggänger 1865–1871 wusste um die Strapatzen; mehr als einmal kaute er Cocablätter aus Paraguay, um sich fit zu halten. Im August 1867 war u. a. der Student Michael Schröckenfux (1848–1894) – später Professor für moderne Sprachen an der Universität Czernowitz – sein Begleiter, dessen Vater, Hammerherr aus Roßleithen, hatte 1834 in der Griesserau die gemauerte Köhlerwohnung errichtet.[52]

---

48 Anton von Ruthner, Stoder und der Gr. Priel, in: Jb. d. ÖAV 1, 1865, S. 323–29.

49 Hauenschild, Vom Priel auf die Spitzmauer, 119. Dem Bergsteiger Damberger gelang 1906 der erste Durchstieg der Spitzmauer-Felsenwand. Angerhofer, Das Stodertal, 88. Ein bei Enichlmayr, Chronik, 395, gefundener Vermerk, der Vater des Erzherzogs Rainer Joseph hätte 1804 den (großen) Priel bestiegen, trifft nicht zu.

50 Trautwein, Alpingeschichte kurz und bündig, 26. Hinterberger, Beiträge zur Charakteristik der oberösterreichischen Hoch-Gebirge, 1–93. Enichlmayr, Chronik, 469, erwähnt die mehrfachen Berggänge Geyers 1876/77.

51 Strohmann, Professor Hans Hauenschild,191–196. Hauenschild, Die Kreidelucke im kleinen Priel, 329–331. Hauenschild, Weitere Beiträge, 358–363. Die wissenschaftliche Aufarbeitung der Kreidelucke findet sich bei: Arnberger – Trimmel, Die wissenschaftliche Erforschung der Kreidelucke, 307–336.

52 Hauenschild, Vom Priel, 129. Schröckenfux, Sensenwerk Rossleithen.

Reiseschilderungen machten die touristischen Vorzüge des Gebietes publik. *Die Krone aller Ausflüge in dem Rayon von Windischgarsten ist jener nach Vorder- und Hinterstoder, dem Centralpunkte des Prieler-Gebietes*, meinte 1859 F. C. Weidmann. Allerdings empfahl er unmissverständlich den Fussmarsch und nicht den Pferdewagen, vor allem vom Stoderpassland ins Stodertal hinab: *Dieser Fahrweg ist aber so elend, dass man den Weg schneller zu Fuss, als zu Wagen zurücklegt*. Noch zeigten für ihn die zerstreuten Bauernhöfe einigen Wohlstand an. Das kleine Dorf zu Innerstoder um Kirche und Pfarrhof vermittelte ein freundliches, heiteres Bild der Bergwelt. [53] Von Dirnbach in den Stoder wanderte man damals etwa drei Stunden, freilich war die Straße seit den frühen 1850er Jahren für Wagen besser hergerichtet worden. Bis Dirnbach verkehrten zwar die Landauer oder der kobelartige Poststellwagen, von dort mussten betuchte Reisende aber mit dem Fuhrwerk Vorlieb nehmen. Im „Muligespann" fuhren Gäste wohl nur auf den besseren Straßen um Windischgarsten.

Und drinnen im Stoder lockten Perlen der Wandererromantik: Strumboding, Kreidelucke, Steyrursprung, die *grüne Oase* der Dietlhölle im „Felsenamphitheater", die Polsterlucke oder auch der Klinser-Wasserfall, der bei Schneeschmelze oder nach Starkregen aus dem Bärenloch („Bernlueg) strömte. Es war der Stoder der kunstvoll gewundenen bäuerlichen Speltenzäune, die selbst die schmale Dorfstraße flankierten, der urwüchsigen Gasthöfe – wo der Schmalzerwirt seit 1858 ein „Stoderbuch" für Touristen auflegte und Forellen aus der Steyr servierte – der Stoder heiterer Lebensart, in der „Schwoagerinnen" spontan Touristen auf die Berggipfel begleiteten und „Juchezer" (= Jodler) hören ließen sowie Einheimische Mundartlieder Anton Schossers sangen.[54] Es war auch die Zeit, in der Gäste aus Wien Bergführer um wenig Geld eine ganze Woche „mieteten" und dennoch kaum Lebensstandard missten; denn es war üblich, im „Waidsack" Speis und Trank samt Geschirr und Gläser mitzunehmen, auch die Rumflasche durfte nicht fehlen. Der *ergreifend schöne* Priel und andere Sehenswürdigkeiten mussten „erwandert" werden, wobei man im Jaidhaus und beim Pfarrer Fremdenführer buchen konnte; ab 1860 gab es bereits eigene „Bergführerbücher". Für den Großen Priel veranschlagte man zwei Tage, auf der gastlichen „Klinseralpe" wurde beim Aufstieg von der Polsterlucke übernachtet.[55] Über Kühplan, Brotfall und Klinserscharte führte die Route auf den „Greßtenberg", wo schon viele Jahre eine Triangulierungspyramide stand. Der Rückweg führte an der Rasthütte der Salmeralm zur Grießeralm und über die Ameishöhle, den Stögerriss und die Kohlstatt ins Dorf zurück. Dort galt das Jaidhaus als erste Gastwirtschaft, aber: *In Vorderstoder beim Stocker, so wie beim Vogl (Schmalzerwirth) sind zwar einfache, aber recht gute Alpengasthäuser*. Beim Stocker tagte häufig der Gemeindeausschuss der jungen politischen Gemeinde

53 F.C. Weidmann, Der Tourist auf der Westbahn, 153f. Zu Fuß schaffte man den Weg Windischgarsten -Vorderstoder in 3 ½, mit Wagen in 2 Stunden.

54 Hauenschild, Vom Priel, 118–121.

55 Die im FK Hinterstoder 1826 verzeichneten „Klinseralmen" wurden im fortgeschrittenen 19. Jh. als untere und obere Polsteralm bezeichnet.

Abb. 13: Alte Gasthäuser: Stockerwirt um 1900 (Hochzeit) und altes Gasthaus Schoiswohl (oben), Steinerwirt um 1914 und Schmalzerhof, Gastwirt und Bauernhof um 1890 (unten)

Vorderstoder und Vogl wusste als k.k. Förster immer die Neuigkeiten des Tales.[56] Man bekam damals schon Post in Stoder: einmal wöchentlich trug im Sommer ein „altes Weib" Briefe und Pakete von Windischgarsten über Vorderstoder bis an die Steyr. Dieser Stoder diente August Peters damals auch als Reservoir für seine Romane „Der Ring der Kaiserin" und „Muthige Herzen", wo der Vogl Franzel aus Hinterstoder und aus Vorderstoder „Cajetan Schwarz" als ländliche Originale beschrieben wurden.[57]

Vielleicht ein Jahrzehnt später fuhr ein Reisender *von jeder Civilisation entfernt* in die „pure Natur" mit dem Pferdewagen von Windischgarsten nach Stoder, was schon kurz nach dem neuen Gasthaus Schoiswohl beim Hohenegg, das die Autostraße heute elegant umgeht, ein Wagnis war. Er hielt vor einem großen Haus, *das ich instinktiv für das Gasthaus hielt; ich frug einen an der Thür lehnenden Mann, den Wirth, ob ich hier einstellen könne*, doch es kam gar nicht einladend die Antwort: *„Das Wirtshaus, wo die Fremden einkehren, ist weiter vorne"*. Der neue Steinerwirt war eben damals das „Bauerngasthaus", während der Stockerwirt Reisende verköstigte. Dort fand er freundliche Leute und gute Herberge und ging *etwa 100 Schritte durch den Obstgarten und hier* [i.e. am Kogel oberhalb des früheren Café Stocker-

56 Weidmann, Tourist, 156–161.

57 August Peters, Muthige Herzen (1858). Der Ring der Kaiserin, Bd. 1 (1864) 12.

Abb. 14a: Strumboding-Engpass für die Holzfäller

Abb. 14b: Polstergut-Etappe für den Prielaufstieg

berg] *präsentierte sich die Prielkette in ihrer ganzen starren Majestät.*[58] Zunächst galt der Schmalzerwirt Vogl, der 1864 den Salzsteig gesichert hatte, noch als der bessere Touristenwirt. Aber schon 1867 wurde das Jaidhaus eine Konkurrenz, *das gegenwärtig für Fremde ganz vorzügliche Einrichtungen* besitzt. Im Fremdenbuch des Schmalzerwirts Vogl, der die Gäste stets mit Anekdoten unterhielt, war jetzt in Form eines „Schnaderhüpfls" zu lesen, das zur Sprache brachte, was viele dachten: Im Sog des Tourismus steigen die Preise.[59]

In Stoder is a Vogl
Der Vogl is g'scheid,
Sonst rupft ma die Vögl
Der rupft aba d'Leut.

Und es war Sitte, beim Gang auf den Priel auf der oberen Polsteralm (= Klinseralm) zu übernachten und zwar in der „Herrenstube", ein gemauerter Anbau an den Ziegenstall der Alm im Heulager. Die Schwoagerin servierte Speisen und manchen Trank im neuen Geschirr, dass der Polsterbauer (= „Bürgermeister") für die Touristen angeschafft hatte.[60]

58 Der Tourist I. Jg. (1969), Nr. 5–6, 88.
59 Ruthner, Der Stoder, 328. Hauenschild, Vom Priel, 128–130. Der Tourist I. Jg. (1869) 89.
60 Hauenschild, Vom Priel, 121.

Jagdherren und Prielgänger

Regionale altliberale Vereinstätigkeit des Alpenvereins bzw. Touristenclubs setzten große Linien und Vorhaben um, wobei sich fortschrittliche Kräfte im Markt Windischgarsten, aber auch im ländlichen Stodergebiet engagierten. Ein gewisser Schlusspunkt dieser frühen Erschließung war die Aufstellung des Prielkreuzes im Jahre 1870. In diese Vorgänge mengten sich nämlich auch ganz andere Töne. So war es das erklärte Ziel eines jagdbegeisterten traditionsbewussten Adels, die sich bietenden „kapitalistischen" Resourcen bestimmter Regionen zu nutzen. Die Jagd in Stoder pachtete 1863 ein Konsortium, dem Graf Camillo Heinrich Starhemberg (1835–1900), u. a. auch im Vorstand des Militär-Veteranenvereins von Kirchdorf an der Krems, ferner Graf Friedrich Eckbrecht von Dürkheim-Montmartin (1823–1888) und Freiherr Viktor von Pereira-Arnstein (1838–1902) aus der Bankiersfamilie angehörten, äußerst billig.[61] Die Hahnenjagd war jedenfalls einträglich. 1867 schoss Graf Dürkheim und sein Jagdgast sechs Auerhähne und zwei Schildhähne, Starhemberg und das Jagdpersonal zwei Auerhähne und 10 Schildhähne. Freilich – Tagesgespräch war, dass ein einheimischer Bursch beim Nickerbauer mit bloßen Händen eine Gämse fing, als sie durch die Steyr wechselte. Graf Camillo schuf für sie extra ein Gehege in Steyrling.[62] Dominik Kastner, seit 1866 Pfarrer in Hinterstoder und Graf Camillo Starhemberg regten an, auf dem 2514 m hohen Großen Priel zu Ehren des Kaisers ein eisernes Gipfelkreuz zu errichten. Das Kreuz wurde seit 1869 vom Linzer Schlossermeister Josef Schachermayer im Haus Landstraße 13 hergestellt und zunächst in die Polsterlucke gebracht. Dann wartete man Monate, bis sich beherzte und starke Männer Stoders fanden, die zerlegte Teile auf den Priel zu tragen, wo das Gipfelkreuz aufgestellt wurde (*Abb. 15*, S. 216). Das Motiv für die Verzögerung war nicht Desinteresse, sondern das erhoffte Geld für eine entsprechende Bezahlung. Auch die Handlanger hatten erkannt, dass mit den Herren aus Wien und Linz gute Geschäfte zu machen wären. Und vom dortigen Alpenverein floss auch Geld für besondere Aktionen; so gab 1869 Feldmarschalleutnant Baron Henikstein 50 Gulden für die Sicherung des Salzsteiges, der doch schon häufiger begangen wurde.[63]

Immer öfter mischten sich jetzt auf der oberen Polsteralm Studentenweisen mit heimischem Jodelklang und kurz nach Errichtung des Prielkreuzes monierte mancher Tourist, dass statt eines Kreuzes eine Unterkunftshütte hätte gebaut werden sollen. Allein, die Jagdpächter – allen voran Camillo Starhemberg mit seinem Jagdpersonal, dem das 1863 als Jagdhube umgebaute ältere Jagdhaus des Försters Radler (H 89 = P 3) bald zu klein wurde – verhielten sich gegenüber dieser neuen Entwicklung sehr abweisend; auch die bäuerliche Bevölkerung war gespalten. Zum einen nutzte die Jagdpacht den Umstand der wachsenden Kapitalschwäche des Bauerntums nach Bauernbefreiung und Grundablöse. Dies lässt sich im Stoder

---

61 Enichlmayr, Chronik, 430f.

62 Jagdzeitung 1867, Bd. 10, 352.

63 Ruthner, Das Prielkreuz, 371.

besonders gut nachzeichnen. Davon war in erster Linie der hintere Stoder betroffen und der Pfarrchronist meinte: *Die Herrschaften wurden lüstern auf die Alpen und Häuser und die Leute auf das Geld.*[64] Freilich gab es zum andern auch einzelne „Städter", die die Bergbauern als urwüchsige Attraktivität ansahen, ihre Wiesen durchstreiften und manchmal das reife Obst auf den Bäumen prüften bzw. das Echo an den Felswänden versuchten, wodurch das Jagdwild ausriss.[65] Im Hintergrund dieser Kontroversen lassen sich tiefgreifende gesellschaftliche Veränderungen orten: Fortschrittliche Kräfte arrangierten sich früh mit neuen Machthabern und zahlenden Touristen. Ein Teil der ländlichen Bevölkerung sah seine Zukunft als „Handlanger", Jagdtreiber und Forstgehilfen; auf der Strecke blieben jene bäuerlichen Gruppen, die in traditioneller Weise nicht mit den wirtschaftlichen Herausforderungen zurecht kamen oder Dienstpersonal abbauen mussten. Auch Fürst Starhemberg zog Konsequenzen, er schied aus dem Jagdkonsortium von Stoder aus und wollte mit seinem Jagdrevier allein sein, bereits 1866 hatte er zunächst vom Hammerherren Pießlinger (der im finanziellen Engpass war) das Mangstlgut um 14 000 fl, dann das Stögergut im Brunnental (Steyrling Nr. 20) erworben; letzteres baute er zu einer Jagdvilla aus.[66] Wenige Jahre später mutierte er zum altliberalen Abgeordneten des Herrenhauses, musste aber nach wirtschaftlicher Pleite 1877 Politik und Grundbesitz (Verkauf an Schaumburg-Lippe) einschränken. Der Mann allerdings aus dem Konsortium, der sich in Stoder seit 1868 zu etablieren gedachte, war Graf Friedrich Eckbrecht von Dürkheim-Montmartin, Spross einer elsässischen Adelsfamilie, k. k. Kämmerer und Reichsratsabgeordneter (Gutsbesitz Hagenberg) – etwas später auch Präsident des obderennsischen Forstvereins. Er nutzte die Jagdhube Starhembergs und kaufte das Klinsergut um 10 000 Gulden und den Stegbauer, die 1872/1873 als sein Besitz im Grundbuch eingetragen wurden.[67]

Damals interessierte sich bereits ein anderer Vertreter des Hochadels für die Jagd im Stoder, Herzog Philipp von Württemberg (1838–1919), ein in Frankreich erzogener Lebemann, der 1865 Marie Therese von Habsburg (Tochter Erzherzog Albrechts) geheiratet hatte, im Wiener „Strudelhof" wohnte und 1873 seine Villa in Altmünster errichten ließ. Innerhalb weniger Monate wurde 1875 im Stodertal die Jagdhube in sein Jagdschloss (Nr. 89) verwandelt, wo er sommersüber seiner Jagdleidenschaft fröhnte. Der Herzog hatte vermutlich eine glücklichere Hand als Camillo Starhemberg, mit den Einheimischen auszukommen; er übernahm 1875 die Jagdpacht des Konsortiums. Inzwischen waren die Pachtpreise für Jagden um das Zwanzigfache gestiegen.

Zudem boomte schon einige Jahre der Fremdenverkehr, Gastwirt Fürlinger im Jaidhaus musste 1873 einen Trakt anbauen nebst einer *prachtvollen Terrasse.* Und am 20. April 1874 wurde dort das neue k. k. Postamt eingerichtet, nun war auch Vorderstoder einmal wöchentlich in die Postverbindung nach Windischgarsten einge-

---

64 Pfarrchronik Hinterstoder, 1865ff. Sulzbacher, Prielkreuz und Prielhütte, 18–21.

65 Der Tourist V. Jg. (1873) 30, 66f, 108ff, 156.

66 Bachl, Klaus, 241.

67 Bezirksgericht Windischgarsten Grundbuch Hinterstoder, EZ 20 und 27.

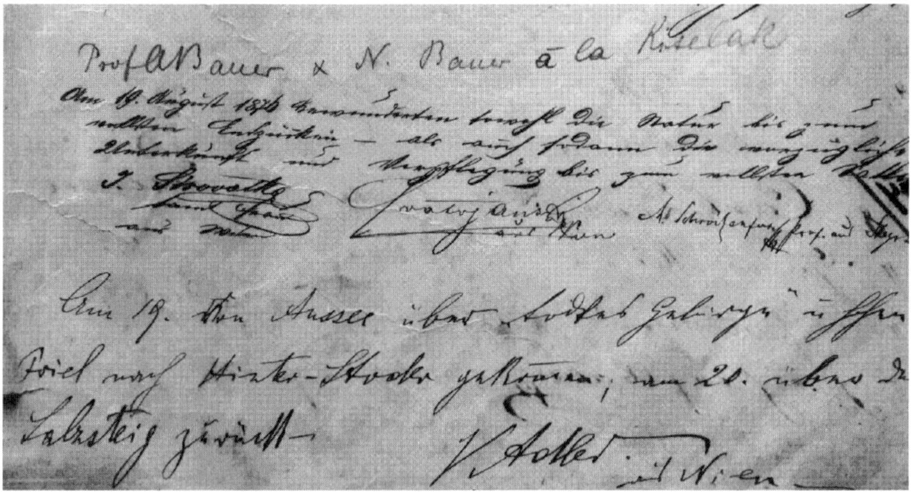

Abb. 16: Gästebuch vom Schmalzerhof, Ausschnitt August 1876, typische „Prielgänger" 1876 : Prof. Michael Schröckenfux aus Steyr, A. Bauer (1836), Professor für Chemie an der Wiener Technik, Victor Adler aus Wien (* 1852), damals noch deutschnationaler Medizinstudent*

bunden; 1879 nutzte Fürlingers Nachfolger Hackl als „Bürgermeister" die Chance einer Erweiterung: Er pachtete das eben aufgegebene Försterhaus in Mitterstoder Nr. 38 – das Forstamt des Religionsfonds war nach Windischgarsten übersiedelt – und errichtete mit einer Schankbewilligung eine Dependance. Scheibenschießen war damals eine große Attraktion, ein vor 1871 begründeter Schützenverein kultivierte die Jagdleidenschaft der Bevölkerung. Ein besonders patriotisches Fest war 1879 das 25 Jahre-Jubiläum der kaiserlichen Hochzeit, was man zum Anlass nahm, vor der Kirche Hinterstoders einen Lindenbaum zu pflanzen; auf dieses Jahr gehen auch Anfänge der Musikkapelle im hinteren Stodertal zurück. Auch infrastrukturell verbesserte sich das Dorf Innerstoder rasch: Seit 1877 hackte im Griesserhäusl (Hinterstoder 39) der Fleischhauer Josef Pernegger aus, 1881 eröffnete in Mitterstoder Nr. 11 K. Buchschachermayer die Krämerei und 1885 in Mitterstoder Nr. 55 der Gemischtwarenhändler Kininger, nachdem das Kleinhaus 1874 errichtet worden war.[68] Die Jaidhauser Dependance blieb nicht lange bestehen. Schon 1882 wurde im Gemeinderat beantragt, das Försterhaus Nr. 38 zu einem Gemeindehaus umzubauen; dies konnte 1886 mit einem Tausch besiegelt werden. Erst 1891 erhielt Vorderstoder im Helmhaus Nr. 5 ebenfalls eine eigene Gemeindekanzlei. Ein Zugeständnis an die wachsende Gästeschar war im März 1883 die tägliche Fußbotenpost über Vorderstoder, wo ein Postamt eingerichtet wurde, nach Windischgarsten; im Winter ging man immerhin viermal in der Woche. Und der beschotterte Kirchplatz 1885 galt damals als Errungenschaft.[69]

---

68 Enichlmayr, Chronik, 444, 468, 488. Schachner, Das Stodertal, 4.

69 Die Chronik der Marktgemeinde Windischgarsten, 53.

Fortschritt und Wandel hatten ihren Preis. Der Schmalzerwirt hielt nicht mit, das Gut verschuldete und wurde 1882 versteigert.[70] Der Gastwirt im Gausrabenhof der Tambergau entwickelte sich mehr und mehr zum „Bauerngasthof", wo Holzknechte, Flösser und Bauernsöhne ihre „Orgien" feierten; so wähnte es zumindest dem Micheldorfer Arzt, der im Winter 1870 per Pferdeschlitten Kranke in Stoder besuchte. In der *fuseligen Atmosphäre* ertönte das Spiel der Zither und der „Stoderer Vierzeilige" sowie der Steirertanz und Ländler. Der Arzt war allerdings ein hoffnungsloser Romantiker, der seine nächtliche Fahrt in den Stoder zu einem Ausflug zum Strumboding nutzte. Zu lange harrte er an der Steyr, bis sein Kutscher Nachschau hielt und von sich gab: *I hoan schoan glaubt, ös is da was gschen'g, weilst so lang nöt kimmst.*[71]

Ein treuer Bergsteiger-Gast dieser Jahre war der aus Sachsen stammende Wiener Hofwappenmaler Karl Krahl (1819–1891); er wurde u.a. auch in den Zentralausschuss des ÖTC berufen und Mitbegründer der heraldischen Gesellschaft „Adler". Seine langen Bemühungen um eine Unterkunft bei Prielbesteigungen, nahmen seit 1872 Gestalt an, da er unterhalb des „Brotfall" eine Höhle entdeckt hatte. In seinem Lieblingsurlaubsgebiet hat er dann 1876 die Notunterkunft-Höhle mit Holz auskleiden und eine Holztür anbringen lassen.[72] Da Prielbesteigung und Salzsteigübergang die gängigsten touristischen Aktivitäten blieben und zudem der ÖTC Steige markierte, waren vorerst die Anfänge touristischer Erschließung gemacht. Dies war wohl der erste Schritt vom Alpinismus zum „Alpintourismus". Als gewisse Vollendung kann das Karl-Krahl-Schutzhaus (1512 m) gelten, das am 16. August 1884 am Blasskogel nahe der oberen Polsteralm eröffnet wurde. Die Errichtung hatte vor allem Pfarrer Franz Oberleitner (Pfarrer von St. Pankraz), Vorstand der ÖTC-Sektion Windischgarsten betrieben. Das Wetter war so grauslich, dass ein Drittel der weit gereisten, im Jaidhaus übernachtenden Mitglieder nicht aufsteigen wollte. Der Feier am nächsten Morgen wohnten bei schönem Wetter 20 Personen bei, die eingeschossige Schutzhütte mit Beherbergung für 15 Personen wurde zu Ehren nach Karl Krahl benannt.[73]

Diese rasch wachsende „doppelte Schere" (Touristen und Jagdinteressenten) für das Stodertal setzte einen fatalen Prozess in Gang; Geburten und Sterbefälle hielten sich zwar die Waage, der Bevölkerungsverlust 1870–1880 geschah in erster Linie durch fluchtartige Abwanderung von Dienstboten und zwar stärker der weiblichen als der männlichen; insgesamt verließen ca. 170 Einwohner die beiden Gemeinden (1869 1871 Einwohner, 1880 1704 Einwohner).[74] Der Anstoß dafür war die voll einsetzende Krise der Bauernwirtschaften, die Almen abstießen sowie die Anzahl der Knechte und Mägde reduzierten. Was sich entwickelte, zeigte Vorderstoder vor, wo schon in den 1860er Jahren der Religionsfonds begonnen hatte, früheren Almboden aufzuforsten. Mitte der 1880er Jahre war es im Stoderpassland

70 Grundbuch Hinterstoder 1B, EZ 82.

71 Steindl, Das Stoderthal, 450f.

72 Der Tourist V. Jg. (1873) 30.

73 Kremsthal-Bote 4. Jg. (1884) Nr. 38.

74 Orts-Repertorium 1869 und Spezial-Ortsrepertorium 1880.

Abb. 17a: Karl Krahl Schutzhaus

Abb. 17b: Alte Herzogvilla (Württemberg)

charakteristisch, dass die Bauern zahlreiche Trennstücke verkauften und zu Geld machten; das dürfte einen leichten Umschwung gebracht haben. Allein 1887 gaben 15 Bauern Vorderstoders ihre Wasserrechte bei Hausmühlen zurück.[75] 1870–1880 hatte die Bevölkerung dort um 10% abgenommen. In Hinterstoder setzte dieser Schrumpfungsprozess in gleicher Weise ein, kam aber schon nach 1880 zum Stillstand.[76] Kaum 25 Jahre nach der Schilderung Weidmanns über wohlhabende Bauernhöfe beschrieb ein Redakteur des Kremsthal-Boten einen Ausflug nach Hinterstoder und meinte: *Die Stoderer sind im großen Ganzen ein minder wohlhabendes Völkchen.*[77] Die Wahrheit liegt wohl in der Mitte: Die für die Landwirtschaft im Gebirge tristen Verhältnisse in der Zeit der frühen Industrialisierung relativierten rasch *stattliche Bauernhäuser an den Berglehnen* zu „Bittstellern", noch dazu, wo sich die einstige Belieferung der Hammerherren mehr und mehr verlor; denn die regionale Sensenindustrie kämpfte infolge der ungünstigen Verkehrsanbindung um's Überleben und baute ab. Immer wieder wurde unisono der Bau der fehlenden Bahnlinie beschworen. In der Welt der patriarchalischen Großbauern hatte das Gesinde zudem einen unverrückbaren Platz. Die ungefähr 30% unehelichen Geburten dieser Zeit gehen weniger auf „unsittliches" Benehmen von Knechten und Mägden zurück, denn auf die Tatsache, dass bei aussichtslosen Einkommen eine Hausstandsgründung schwer war.

Altliberale Vereine und Jagdherren wussten sehr wohl um die verbreitete Armut in der Landbevölkerung. Seit 1871 wurden einmal jährlich die armen Schulkinder meist mit Sachspenden beteilt. 1879 spendete in Hinterstoder der Herzog von Württemberg bei der Christbaumfeier für 30 arme Schulkinder, was sich dann alljährlich wiederholte. 1884 richtete etwa der ÖTC, Sektion Windischgarsten, in Vorderstoder die „Christbescherung" für Kinder aus. Neben Sachgeschenken

75 OöLa, Akten BH Kirchdorf 14 (gelöschte Wasserrechte).

76 Krawarik, Vorderstoder, 58. Enichlmayr, Chronik, 457.

77 Kremsthal-Bote 5. Jg. (1885) Nr. 17: Ein Ausflug ins Stoderthal.

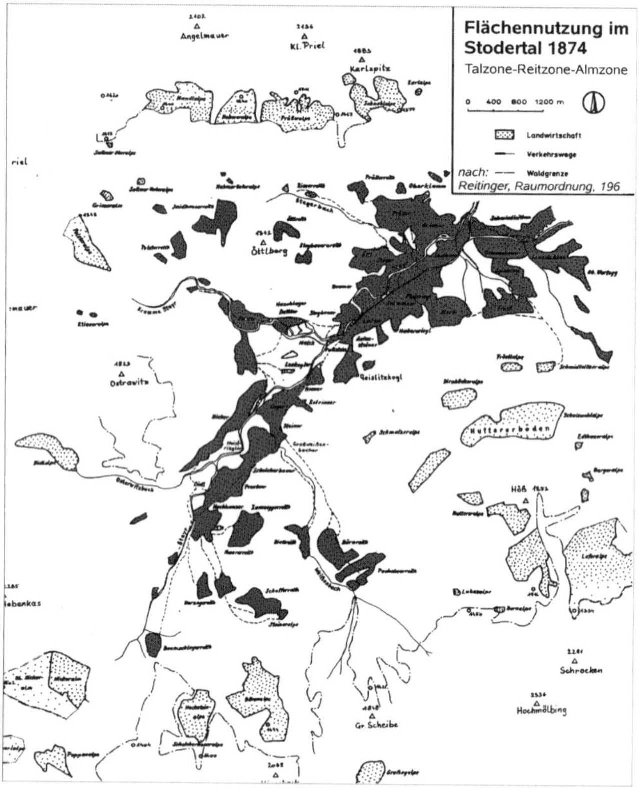

K 6: Grundlagen der bäuerlichen Welt vor dem Fremdenverkehr (Flächennutzung 1874)

war gutes Essen angesagt: So spendete zur Jahreswende 1885/86 der Herzog von Württemberg ein Hirschkalb, das die 100 Schulkinder aus dem vorderen Stoder beim Steinerwirt sich schmecken ließen.[78] Strukturelle Dorfarmut, Bergbauernkrise und eine saisonal wirksame „gute Gesellschaft" mit ihren Sonderinteressen prägten das regionale Geschehen. Und schon wussten „Weltverbesserer" in Zeitungen, was die Forderung des Tages an Einheimische war: Höflichkeit und Reinlichkeit samt Hausrenovierung zu lernen, um die urbanen Gäste zufrieden zu stellen. Vermutlich war das ein Vorurteil: Es gab damals sicher zum Teil sehr alte Baubestände, im Stodertal reichten viele Bauten in das 18. Jh., Schelchenbauer, Rinner, Dietl, Leitner, Schmalzer oder das Jaidhaus in das 17. Jh. zurück; Stückler und Sturm gaben selbst das Jahr 1500 an. Aber bei anderen Gütern wie Goier, Stegbauer, Huem, Prieler, Griesser oder Gressenbauer lagen Renovierung oder Neubau etwa 10–20 Jahre zurück. Gerade diese Liegenschaften wurden dann Objekt der Begierde.[79]

78 Kremsthal-Bote 6. Jg. (1886) Nr. 2.

79 Erhebungsbogen zur Häuser- und Wohnungszählung (Gemeindeamt Hinterstoder 1961).

„Edle Gäste“ und Villen der Gründerzeit in Stoder

Bauernlegen und Fremdenboom

Wie gezeigt wurde, sind die ersten Anzeichen einer unterschiedlichen Entwicklung zwischen Vorderstoder und Hinterstoder in diesen Jahren des Wandels zu suchen. Natürlich waren die geographischen Voraussetzungen in Hinterstoder für die Entwicklung eines neuen Fremdenverkehrs günstiger als um St. Leopold. Dort gab es kurzfristig eine Erholungsphase, nach 1890 schlitterte aber der zutiefst bäuerliche obere Stoder in eine nachhaltige Stagnation, während der strukturelle Wandel an der Steyr griff. Wie anderswo auch veränderten diese Vorgänge Landschaft und Gesellschaft der Region. Zum einen war es die *Zuwaldung* von Almen aufgekaufter Güter; man wollte ja einheitliche Jagdgebiete erreichen. *Die Hütten wurden nur mehr ab und zu von Jägern besucht und gelegentlich wurde auch übernachtet. Im Laufe der Jahrzehnte wurden die Dächer undicht. Regen, Wind und Frost verrichteten ihr Werk. Die Natur braucht ein Jahrhundert, um eine Almhütte wieder in den Kreislauf der Natur einzufügen.*[80]

Zum anderen benötigten die neuen „Herren“ umfangreiches *Dienstpersonal* bzw. Treiber zur Jagd; beide wurden durch Söhne und Töchter der zunehmend verarmenden Bauernbevölkerung gestellt. Der Bedarf an Holz führte zur paradoxen Situation, dass Bauern und Gutsbesitzer das Waldkleid in den niedrigen Vorbergen radikal schlägern ließen. Und schon plante die Industrie den Zugriff auf das abgeschiedene Tal: die expandierenden Steyrwerke wollten 1883 um Innerstoder acht neue Kohlenmeiler errichtet haben, was aber letztlich scheiterte.[81] Im Jaidhauserreit baute man damals noch ein wenig Getreide an, auf den Hutterer Böden nicht mehr. Die Mengenreduktion landwirtschaftlicher Produktion und landwirtschaftlicher Hilfskräfte war zum Symptom einer ersten Strukturveränderung geworden. Sicher haben sich auch Naturkatastrophen im Stoder fatal ausgewirkt. Die Schäden des Hochwassers von 1882, das vor der Schramtalbrücke (= recte *Schrattentalbrücke*) ein Haus weggerissen und die Fluren vermurt hatte, waren noch 1885 deutlich zu sehen. Ein verheerender Lawinenabgang an der hintersten Steyr 1886 zerstörte die Holzhütten der Poppenalm und Nickeralm so nachhaltig, dass die Besitzer die Flucht nach vorne antraten und die Almen an den Herzog von Württemberg verkauften. Schlimmer noch traf aber die Landwirtschaft der verheerende

80 Werner Hackl, Stoderer Almen einst und jetzt, in: pur. Hinterstoder Magazin (2011) 51.

81 Schachner, Das Stodertal, 65.

Hagelschlag vom 11. Juli 1893, der Getreideernte und Obst bei 37 Bauern Stoders weitgehend vernichtete. Heftige Auswirkungen hatte auch 1897 das verheerende Hochwasser der Steyr, die sich beim Jaidhaus ein neues Bett grub.[82] Freilich war es weniger der übliche Überhang an Hypothekarschulden, so wie bei der Karlhueb 1880 oder beim Hutgrabengut in Vorderstoder 1883, die Besitzwechsel erzwangen.[83] Kapitalkräftige Leute hatten viel einfacheres Spiel.

Herzog Philipp von Württemberg begann jetzt systematisch und strategisch verschuldetes Bauerngut aufzukaufen: 1886 erwarb er neben der Brunnhütte (Nr. 27, erbaut 1795) von der Witwe Prentner das Polstergut (Nr. 29), wobei er die Almwirtschaft auflieẞ, so dass die Almhütten verödeten. Ähnliches hatte er mit der erkauften Klinseralm und Salmeralm vor. Im Jahr darauf brachte er den Schmalzerwirt – der Gastwirt Johann Huemer musste verkaufen – an sich und setzte einen Pächter ein. Immer schneller drehte sich die Spirale: 1888 Poppenalm und Loigisalm, 1889 Huemeralm, 1892 Nickeralm und Immerl-Gsoll, 1898 Klinzenalm, Bernalm und Lugisalpe, 1899 Sturmalm und Rottalalmen; die größte Investition als Jagdareal war wohl die Bärenalpe um 24 000 Gulden. Als langjähriger Jagdpächter (1875–1909) befanden sich mit Gründen aus Vorderstoder etwa 17000 ha im Revier des Herzogs von Württemberg.[84] Im Stodertal verwaltete diese Güter eine eigene „Wildmeisterei" des Richard Prause, der 1888 jenes Haus errichtete (H 94 = P 4), das noch heute als Forstverwaltung des Herzogs von Württemberg dient. Ein Jahr vor seinem Lebensende verlor der gealterte Graf Eckbrecht von Dürckheim-Montmartin die Lust an der Jagd, im Tauschvertrag gingen Klinsergut und Stegbauer 1887 an den k.u.k. Hofbaumeisters Johann Schieder aus Wien; dieser ergriff bald darauf die Initiative. In der Nähe lag der „Lahnteich" und Schieder ließ diesen auf Anraten des Grafen Dürckheim in einen Fischteich umwandeln; am 17. August 1889 fand die Kommissionierung statt.[85] Beide erworbenen Güter ließ er wenige Jahre später in herrschaftliche Häuser umbauen, wobei beim Stegbauer villenartig der „Johannishof" in unverwechselbarem Stil entstand. Freilich war Schieder nicht der erste dieser „Gründergeneration" im Stoder gewesen. Schon 1869 hatte der Kirchdorfer Maurermeister Anton Diensthuber, bekannt von zahlreichen Bauten im Kremstal, in Mitterstoder (am Eingang zum Strumboding) als „Weekendsitz" eine große Villa errichtet (M 54 = A P 28), die noch in den 1880er Jahren der holländische Konsul Roberts van Son als Urlaubsdomizil erwarb, der in Hinterstoder eine Jagd pachtete. Nach seinem Abschied übernahm diese Villa um 1890 Baron Michael Nicolic (*1841) aus Wien.[86]

---

82 Wallner, Das Stodertal und seine Berge, 101. Benesch, Aus dem Toten Gebirge, 193. Kremsthal-Bote 13. Jg. (1893) Nr. 31. Reitinger, Raumordnung, 103.

83 Kremsthal-Bote 1. Jg. (1881) Nr. 25: Von der Sparkasse Kirchdorf wurde die Karlhueb Nr. 55 (167 Joch) zum Kauf angeboten und in der Tat 1882 an die Familie Buchegger verkauft.

84 Grundbuch Hinterstoder, EZ 22, 23. Enichlmayr, Chronik, 446. Kremsthal-Bote 7. Jg. (1887) Nr. 34. Miglbauer, Strukturwandel, 171, 201f.

85 Enichlmayr, Chronik 447.

86 Hans Krawarik, Häuserbuch Kirchdorf an der Krems. Beiträge zur Landeskunde I/17 (Linz 2008) 116.

Abb. 18a: Johannishof-Stegbauer (Compton)

Abb. 18b: Lahnteich um 1890

Diese Ansätze machten weitere Familien der „guten Gesellschaft“ auf das Stodertal aufmerksam, als das *Bauernlegen* den Stoder voll erfasste. Zum einen Teil waren es noble Jagdgäste, zum anderen Teil Akteure der „Sommerfrische“. Diese urbanen Leute suchten das abgeschiedene Tal geradezu wegen des freundlichen Alpinklimas: Sonnentage, genügend Luftfeuchtigkeit und kühle Nächte, so meinte man, würden Körper und Geist regenerieren. Wie viele Gäste sind in dieser Zeit für das Stodertal zu veranschlagen? Erstmals brachte der Kremsthal-Bote in den ersten Septembertagen 1889 nach unfreundlichem Sommerwetter eine „Fremdenliste“ aus Hinterstoder. Allein beim *Schmalzerwirt* (5 Zimmer) – damals nicht mehr die erste Adresse in Innerstoder – sind für den Monat August 209 Gäste verzeichnet; er war also ausgebucht. Wenn man bedenkt, dass im Jaidhaus mehr Zimmer als beim Schmalzer vorhanden waren und der Stegbauer eben erst begann zu vermieten, dürften in Hinterstoder etwa 30 Zimmer angeboten worden sein. Das berechtigt bei entsprechender Auslastung, für die Sommermonate Juli und August jeweils 1200–1500 Urlaubsgäste einschließlich der Jagdgäste hoher Herrschaften anzunehmen.[87] Bei solchen Ziffern konnte der vordere Stoder nicht mithalten, um St. Leopold waren kaum 10 Fremdenzimmer aufzutreiben, wobei meist Durchreisende oder Wanderfreunde abstiegen. Die Sommerfrischler in Stoder erreichten damals wohl kaum die Zahl von 3000 Gästen.

Interessant ist die Zusammensetzung dieser Fremden. Fast 50% der Gäste kamen aus Wien und fast 30% aus Linz. Da die Eisenbahn damals in Klaus endete und man außer den Poststellwagen, Kutschen oder Fuhrwerk benutzen musste, mutierte die Stodertalstraße zu einem viel befahrenen Verkehrsweg. Natürlich gab es auch Sommerfrischler, die aus Graz, Wels, Prag, Brünn, Budweis, Lüneburg, Leipzig oder Utrecht anreisten. Die vielstündigen Anfahrten nahm man in Kauf, weil im abgeschiedenen Tal gesellschaftlich die große Welt im Kleinen passierte und man sich angesichts der Bergwelt und der guten Luft entsprechend erholte. Über die Hälfte der Gäste im Schmalzerhof waren nicht näher bestimmbare

87 Kremsthal-Bote 9. Jg. (1889) Nr. 35/36.

Abb. 19a: Untere Huemeralm um 1890, Touristen als Almgänger

Abb. 19b: Hzg. Philipp v. Württemberg nach der Gamsjagd 1888 mit Jägern (3. v. links)

„Private“, dazu mischten sich je ca. 15 % Akademiker und Lehrer bzw. Militärs unterschiedlichster Ränge. Es fehlten aber nicht Urlauber aus den Sektoren Post und Bank sowie Geistlichkeit; auch Rentiers und Gutsbesitzer waren dabei. Standesherren, Gewerbeleute und beamtete Naturen, ehrwürdige Matronen und „Fräuleins“ begegneten sich also auf engstem Raum und genossen im Spaziergang und beim Bergwandern, beim Abendtisch und bei einsamen Veranstaltungen wie dem *Freischießen* die Zeit ohne übertriebene Etikette und Standesdünkel. Während die Jagdgäste zum guten Teil wohl dem Adel und im Hofdienst ergrauten Jagdliebhabern angehörten – und meist unter sich blieben, war der Adel in Gasthaus und Pension gering vertreten. Immerhin finden wir 1889 im Gasthaus Hinterstoders den hoch dekorierten Oberst Ludwig Ritter Fröhlich von Elmbach, den Gutsbesitzer Gustav aus der Fabrikantendynastie „von Hardtmuth“ oder Helene Gräfin von und zu Arco-Zinneberg, Witwe nach dem fränkischen Freiherren Heinrich von Franckenstein (+1883), mit vier ihrer Kinder. Der jüngste Sohn Franz (*1879) blieb der Region auch später verbunden; Baron Franz von Franckenstein kaufte sich im Mayrwinkel bei Windischgarsten ein und ließ 1907 die Villa Sonnwend im Jugendstil (heute Nationalpark Kalkalpen) errichten.

Der „Push-Faktor“ des rasch wachsenden Fremdenverkehrs in den 1890ern war nicht zu übersehen, die eifrig befahrene Straße von Steyrbruck einwärts litt zunehmend unter der neuen Belastung. Die Gemeinde begann in die Infrastruktur zu investieren, so wurden die notwendige Umlegung und der Ausbau der Verkehrswege zunächst beim Strumboding forciert. Eine Zeit lang wurde auch ein Bahnprojekt Stoder-Klachau (durch einen Hochstein-Tunnel) verfolgt. Am 30. August 1894 begannen Arbeiter die Drähte für die neu eingerichtete Telegraphenleitung von Hinterstoder nach Windischgarsten zu spannen. Mit 1. Juli 1897 wurde in Innerstoder ein Gendarmerieposten mit zwei Mann eingerichtet, vorher waren gelegentliche Wanderungen von Gendarmen aus Windischgarsten eine Attraktion

Abb. 20a: Lehrer Angerhofer

Abb. 20b: Unternehmer Schachinger

gewesen.[88] Seit 1900 gab es im Ort auch eine Zweigstelle der Raiffeisenkassen. Eine wichtige Rolle kam im lokalen Kulturleben dem seit 1881 in Hinterstoder wirkenden Schullehrer Josef Angerhofer (1860–1947) zu. Bereits 1887 Schulleiter und Oberlehrer geworden, widmete er sich als Kapellmeister der Blasmusikkapelle und war als Organist, Dichter und Komponist tätig; verdienstvoll war seine Sammlertätigkeit etwa der Volkslieder des Tales, die zum Teil seit Generationen gesungen wurden.[89] Und besondere Aufmerksamkeit errangen seine Theaterstücke und Bühnenspiele, die er seit den 1890er Jahren dar brachte. Als wahres Organisationstalent war er auch um die Hebung des Fremdenverkehrs bemüht und gab dafür seine „Prielkreuzblätter" heraus, die als eine der ersten regelmäßigen Informationsblätter für Touristen in Oberösterreich gelten können.[90] Sein Touristenführer über das Stodertal (1891) fand um 40 Kronen reißenden Absatz und 1906 wurde bereits die dritte Auflage gedruckt.

Das Engagement gab ihm recht, jährlich kamen jetzt neue Zimmervermieter und Konzessionen dazu. So betrieb Johann Wallner gegenüber der Tambergau (H 49 = Kw 4) seit 1894 neben seiner Schießstätte eine Gastwirtschaft und im Jahr darauf begann K. Buchschachermaier bei der Dorfkirche den Neubau eines Gasthauses, das nach zweijähriger Bauzeit im April 1897 eröffnete – später bekannt unter Gasthof zur Post. In ganz Hinterstoder gab es 1877–1898 insgesamt 27 Ge-

88 Kremsthal-Bote 14. Jg. (1894) Nr. 14, Nr. 35.

89 Siehe dazu: Blöchl, Melodiarium, 795ff.

90 Kurze Skizze in der Dorfchronik Hinterstoder unter: www.hinterstoder.at/detail/dorfundtal. Blöchl, Meliodiarium, Teil 2, 50f.

werbebewilligungen, ein Trend war also spürbar.[91] Die Zeit der Wanderhändler, die alljährlich Stoder besuchten (Krainer, Gottscheer, Rastelbinder, Glaslträger), neigte sich allmählich ihrem Ende zu.[92] Und schon gab es für das Stodergebiet neben dem Bergwandern Vorzeichen für eine neue Touristenbetätigung: Skifahrer mit Bremsstock – ein nordischer Skisport – wagten zu Pfingsten 1893 vom Almtal aus die Besteigung des Großen Priel, mussten aber bei Herannahen eines Gewitters in der Gipfelregion umkehren.[93] Einer der begeisterten Gäste und Bergwanderer war seit 1880 das aus Linz stammende und damals in Zürich lebende Alpenvereinsmitglied Georg Julius Schachinger (1866–1925).Der Sohn eines Kaufmannes war dann auch Mitglied im Verein für Landeskunde des Landes ob der Enns und begann, seit 1888 umtriebiger Fotograph, 1895 seine instruktiven Fotos von Landschaft und Mensch in Stoder darzubieten; verdienstvoll war auch die verbesserte Sicherung des viel begangenen Salzsteiges durch Drahtseile. Bereits 1892 hatte der naturwissenschaftlich begabte Schachinger den Schwarzbach bei der Kreidelucke untersuchen lassen, da ihm Heilwirkung nachgesagt wurde. Er kaufte 1896 nach einer orientalischen Bildungsreise die zum Griesser gehörige Bindermichlhütte (H 44 = Griesserweg 3) und trug sich zunächst mit großen Plänen.[94]

Kaum einer der Wanderführer und typische Reiseliteratur vermochten den Attraktionen von Stoders Bergwelt zu widerstehen. *In der Thal, es ist ein eigen Ding mit dem Stoderthal. Jeden, der es gesehen, nimmt es mit seinem Zauber unwiderstehlich gefangen*, meinte 1895 K. Geuter in seinen „Städtebildern“.[95] Der oberöstereichische Poet A. N. Gerhofer hat diese neue Schlagseite des Fremdenverkehrs damals mundartlich eingefangen:[96]

Das woaßt wohl: In Summa gehnt viel Herrn, viel
IdBergn, üba stodte Gebirg und in Priel
Touristen wernds gnennt, kimmt oft a ganza Schub
Die hahnt an Varein, der hoaßt Touristen Club.
In Thal gehns spazieren und id Polstalucka
I dDietl- und Kreidnhöhln und in Strubn angucka.

……

Ah, Stoda is schen! – segns – die Luft, o so mild!
In Winta moans – is da doch fürtali wild!

91 Kremsthal-Bote 15. Jg. (1895) Nr. 13, 17. Jg. (1897) Nr. 17. Miglbauer, Strukturwandel, 107.

92 Schachner, Stodertal, 66.

93 Kremsthal-Bote 13. Jg. (1893) Nr. 23.

94 Kremsthal-Bote 15. Jg. (1895), Nr. 5 und Nr. 37. Schachinger, Die Geschichte, 129–133.

95 Geuter, Windisch-Garsten, Spital am Pyhrn und das Stodergebiet, 42.

96 Kremsthal-Bote 14 Jg. (1894) Nr. 4.

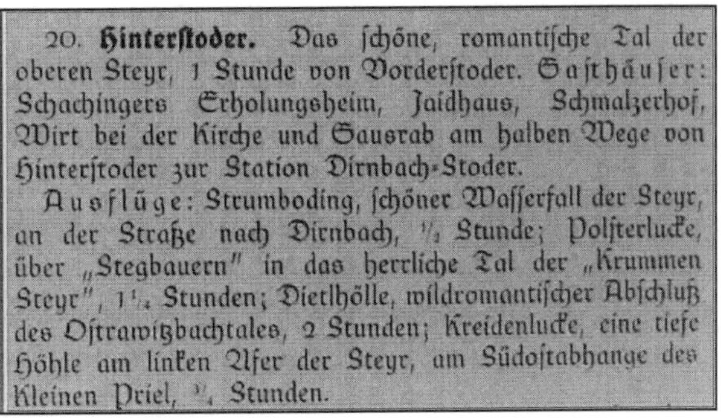
20. **Hinterstoder.** Das schöne, romantische Tal der oberen Steyr, 1 Stunde von Vorderstoder. Gasthäuser: Schachingers Erholungsheim, Jaidhaus, Schmalzerhof, Wirt bei der Kirche und Sauerab am halben Wege von Hinterstoder zur Station Dirnbach-Stoder.

Ausflüge: Strumboding, schöner Wasserfall der Steyr, an der Straße nach Dirnbach, 1/2 Stunde; Polsterlucke, über „Stegbauern“ in das herrliche Tal der „Krummen Steyr“, 1 1/4 Stunden; Dietlhölle, wildromantischer Abschluß des Ostrawitzbachtales, 2 Stunden; Kreidenlucke, eine tiefe Höhle am linken Ufer der Steyr, am Südostabhange des Kleinen Priel, 3/4 Stunden.

Abb. 21a: Jaidhaus-Werbung 1895; Abb. 21b: Führer-Beschreibung 1914

K. Geuter führte damals die wichtigen Quartiere an: Im Jaidhaus Franz Hackls standen 7 Zimmer bereit, außerdem vermietete der Schmalzerwirt; in der Schieder-Villa und im Stegbauernhof (20 Zimmer!) gab es „Sommerwohnungen“, außerdem standen im Pfarrhof und beim Lehrer Angerhofer Privatzimmer zur Verfügung. Damit zeichnete sich schon zur Jahrhundertwende die typische Beherbergungsstruktur ab: „Hotelzimmer“, „Ferienwohnungen“ und Privatzimmer. In Vorderstoder dürfte es nur die drei Gasthäuser als Vermieter gegeben haben. Erstmals werden aber auch dort „Spaziergänge“ zum Wurzerkogel, Schafferkogel, Schafferteich, nach Stoderegg und auf den Tamberg vermerkt.[97]

Persönlichkeiten der Nachhaltigkeit

Nachträglich betrachtet bekam ein Gastaufenthalt im Stodertal doch einige Bedeutung: Der introvertierte Schriftsteller *Houston Stewart Chamerblain* (1855 – 1927) lebte damals schon länger in Wien, wo seine „rassischen“ Überlegungen im Alltag reichlich Nahrung fanden. Er war gerade im Begriff, das später populäre Buch über „Richard Wagner. Illustrationen (München 1895)“ fertigzustellen (dieser wurde sein Schwiegervater) und brauchte Ruhe in der Natur. Im April 1895 fuhr er in das Salzkammergut und dürfte seinen Sommerurlaub in Hinterstoder arrangiert haben, wo er mehrere Wochen im August und September im Stegbauerngut (Johannishof) zu brachte. In Briefen an seine Seelenfreundin Cosima Wagner sprach er über nächtliche Träume in Hinterstoder und ihre Deutung; offenbar war Chamberlain, da er die letzten Zeilen seines Buches vollendete, unter großer Anspannung und genoss Ruhe und Schweigen im Stodertal. In einem Brief berichtet er auch über eine kleine Begebenheit am 15. August, die zeigt, dass ihn auch kleine Dinge zu großen Gedanken bewegen konnten: *Und nun denken Sie, am folgenden Tag, am 15ten, verursache ich — sehr unschuldigerweise und indem ich ihn befreien wollte — den Tod eines süßen kleinen Vogels, der in unser „Stegbauergut“ hineinge-*

97 Geuter, Das Kremsthal, Klaus-Steyrling und Hinterstoder, 76. Geuter, Windischgarsten, 43 – 45.

flogen war; der Kleine prallte mit dem Kopf gegen ein Fenster an und blieb sofort tot! Es war wirklich erschütternd; selten hat etwas einen solchen Eindruck auf mich gemacht: der Mensch stirbt eigentlich gar nicht, er lebt in seinem Werke, er lebt in dem Andenken aller, die ihn liebten, und stirbt also jedenfalls nur sehr langsam und allmählich — und auch da noch ist er nicht tot, etwas von ihm lebt in dem Andenken der spätesten Generationen fort, die niemals seinen Namen hörten ... Aber so ein kleiner, befiederter Bewohner der Sonnenstrahlen, dessen ganzer Bau auf Licht, Luft und Gesang zielt, der liegt gleich so ganz und gar tot da! Noch niemals habe ich das unergründliche Mysterium des L e b e n s so unmittelbar gewaltig empfunden wie an jenem Tage. Und welche Welttragik lag nicht in dem Schmerz des vereinsamten Überlebenden, der mit herzzerreißendem Gezirps um das Haus herumflatterte! Das war der echte absolute Schmerz, der nichts von Trost und ähnlichen Limonaden und Lügen weiß ... Kennen Sie die Vorstellung der alten Inder, daß die Seelen „der Väter“ in Vogelgestalt herumfliegen, bis sie durch die frommen Werke ihrer Nachkommen die letzte Erlösung gewinnen? [98] Es mag sein, dass beim Aufenthalt Chamberlains in Stoder – in der Differenz zum Völkerbabel Wien – jene Vorstellungen reiften, die er wenige Monate später in seinem Werk „Die Grundlagen des neunzehnten Jahrhunderts“ niederschrieb.

Die anhaltenden heißen und schönen Sommer trieben nun etliche neue Gäste auf die Berge. Seit 1894 gab es viele Prielbesteigungen und auch zahlreiche Berggänger auf das Warscheneck; dort dienten neben der neuen Dümlerhütte die Heulager der Lagelsbergalpe bzw. Steyrsberger Reit als Übernachtungsstationen. Aber es kamen auch viele Jagdgäste, z. B. Baron Kutschera, der die Eigenjagd bei Schieder nützte, oder Ottokar Zahradnik, Gutsbesitzer aus Auhof bei Wien, der im Stegbauerngut wohnte. 1895 war auch das Jahr, in dem rechtzeitig zur Jagdsaison Graf Wilhelm Heinrich von Schaesberg (1855–1910), Standesherr auf Tannheim in Württemberg (Biberach an der Riß) die Villa dem Baron Nicolic abkaufte und pachtweise für einige Jahre die Jagden beim Dietl und Prieler übernahm. Der Herzog von Württemberg befand sich gerade mit einer illustren Jagdgesellschaft, zu der auch die Schweizer Barone Montenach und Geilsberg sowie Graf Degenfeld gehörten, auf Gämsenjagd.[99] Georges de Montenach war ein junger, konservativer, aber sozial engagierte Adeliger aus Fribourg in der Schweiz, der aus dem badischen Raum gebürtige Christof Graf von Degenfeld-Schomberg war schon ein älterer österreichischer General. In diesen Jahren setzte zudem schon der Ausflugsverkehr größerer Gruppen am Wochenende ein. Zum eigentlichen Problem wurde die rege Nachfrage nach Sommerwohnungen, schon 1897 mangelte es an Privatwohnungen, was wiederum neue Einheimische motivierte, Zimmer zu vermieten. Übrigens gab es auch Versuche der Industrialisierung, wobei die Verwertung von Holz im Vordergrund stand. Seit 1876 gab es in Stoder zahlreiche Eingaben zum Betrieb von Sägen, die nicht alle realisiert wurden. Innovativ schien die in der Schmiedleiten 1895 errichtete Schwefel-Zündholz-Fabrik (M 58 = M 77) zu

98 Pretzsch, Cosima Wagner und H. S. Chamberlain, 408–411.

99 Kremsthal-Bote 15. Jg. (1895) Nr. 40 und Nr. 43.

Abb. 22a: Grabstein H. St. Chamberlains in Bayreuth

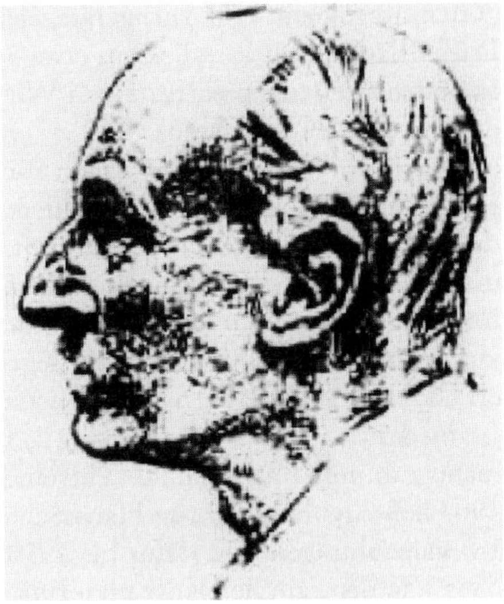

Abb. 22b: Alpenmaler E. Th. Compton

sein, da sie 30 Stöderer beschäftigte. Nach einem Schadenfeuer 1897 wurde allerdings der Betrieb nicht wieder aufgenommen.[100]

In den Jahren der Jahrhundertwende bekamen zwei Persönlichkeiten für das Stodertal größere Bedeutung: Johann Schieder und Georg Julius Schachinger. Der Hofbaumeister ging jetzt daran, dem bereits aufgestauten Lahnteich endgültig jenes Gepräge zu geben, das später der Gast in Hinterstoder als Panorama so schätzte und zu dem schon Pfarrer Lehner als Chronist meinte, dass *dieser Teich die Perle des Stodertales bildet:* dieser *Schiederweiher* am Eingang der Polsterlucke wurde 1897–1902 hergerichtet und neu konzipiert. Die idyllische Lage motivierte auch Georg Schachinger zu Fotos für Prospekte und Ansichtskarten. Dieser übernahm 1900 um 9000 Kronen die Villa des Grafen Schaesberg am Eingang des eigentlichen Stodertales (und gestaltete sie touristisch zur „Villa Erika" um). Durch seine berufliche Tätigkeit in Zürich hatte er den modernen Schweizer Tourismus kennen gelernt – dort Klara Kauth geheiratet – und mit Weitblick plante er nun in Stoder, seine Kenntnisse einzubringen. Nach dem Vorbild eines Schweizer Kurhotels begann er 1900 neben seinem Kleinhaus den Bau eines einstöckigen *Erholungsheimes* (H 86 = Flötzerweg 1) mit acht Fremdenzimmern am linksseitigen Ufer der Steyr (*Abb. 23*, S. 217); das nahe Brücklein über den Fluss hieß bald „Schachinger Steg" (1934 Brücke). Neu war auch das Angebot: Bibliothek und Tageszeitungen, Wild-

100 OöLa, BH Kirchdorf, 12 (Wasserbuch). Schachner, Das Stodertal, 66. Kremsthal-Bote 15. Jg. (1895) Nr. 13. Der Schmiedleitner Josef Hackl (am Hof 1884–1902) wollte mit der Fabrik eine neue Einnahmsquelle erschließen, um die drückenden Hofschulden (Jagdpachtschulden des Vorgängers an den Herzog von Württemberg) abzubauen. Zauner, Götting, Schmiedleithen, 155.

garten, Kegelbahn und Turngeräte, eletrischer Strom aus seinem Dynamo bei der Prieler Säge – und das alles um etwa 5 Kronen. Einige Jahre später präsentierte er in Fotoausstellungen zu Linz und Wien die Schönheiten des Stodertales und förderte damit den Tourismus.[101]

Kaum ein Jahr später begannen Pachleitners ihr Kaufhaus im Ortszentrum von Innerstoder (M 63 = H 5) zu bauen. Die Baukonjunktur wurde allerdings jetzt durch Villen im Jugendstil bestimmt. Der Jagdpächter Rudolf Ritter von Gutmann (1880–1966), überaus wohlhabender jüngster Sohn des geadelten jüdischen Finanzmagnaten Wilhelm von Gutmann aus Baden bei Wien, erwarb 1901 als Jagdpächter beim Dietlgut eine Liegenschaft und ließ sich die „Gutmann-Villa“ errichten.[102] 1903 erwarb Wildmeister Prause kurz vor seiner Pensionierung das Leitnerhäusel (M 26 = Leitnerweg 3) und stellte dann daneben seine „Villa Weidmannsruh“ hin. Im selben Jahr entstand auch die Klinzeneck-Villa (M 62 = H 117). 1904 ließ Architekt Moritz Hans Schieder die Melcherhütte (H 32 = Koglhofweg 13) ganz abtragen und dafür bis 1910 ein neues Häuschen aufbauen („Pförtnerhaus“), in der Familie plante man zunächst in größerem Stil: 1909 konnte nach einigen Jahren Bauzeit die „Kogelhof-Villa“ (H 61 = Kogelhofweg 12) des Friedrich Schieder fertiggestellt werden.[103]

Es war die Zeit, in der der Ausflugsverkehr urbaner Schichten enorm zunahm, das Karl-Krahl-Schutzhaus konnte Prielgänger nicht mehr bewältigen. 1904 übertrug die kleine Sektion Windischgarsten der finanzstärkeren Sektion Touristenklub Linz des Alpenvereins das Gebäude und diese beschloss nach Abtragung des Baukörpers 1905 den Neubau. *Der König der Berge im oberösterreichischen „Landl“ ist ein gern besuchter Bergriese,* meldete 1906 die Regionalzeitung anlässlich der Eröffnung vom neuen *Prielschutzhaus* auf 1512 m (recte 1420 m!). Die feierliche Einweihung des Hauses, das nun 100 Bergsteiger unterbringen konnte, war vom Wetterglück nicht begünstigt. Man fuhr an der inzwischen umgelegten Straße am Peterhoferberg in der Tambergau vorbei in das unfreundliche Stodertal. Dauerregen vereitelte am Samstag den Aufstieg, *die Festteilnehmer im Jaidhaus erfreuten sich an den hübschen „Viergesängen“ von Mitgliedern des Linzer Sängerbundes.* Am Sonntag, 22. Juli 1906 marschierten 150 Personen an der Schieder-Villa vorbei bei Nebel und Sonne zum neuen Schutzhaus, das um 13 Uhr eingeweiht wurde.[104]

Ein neuer Schritt zur weiteren Entwicklung war damals die Fertigstellung der Pyhrnbahn. Nach der gesetzlichen Verankerung konnte die Bahn endlich realisiert werden, wobei in „Dirnbach-Stoder“ eine Haltestelle entstand. Nach der Eröffnung 1906 „stürmten“ Anfang September Ausflügler und neugierige Bahngäste beinahe die Züge: *Im Nachmittagszug ab Micheldorf war eine Passagieraufnahme fast nicht mehr möglich. In den Waggons saßen und standen die Reisenden gepfercht und*

101 Schachinger, Compton, 32. Schachinger, Die Familie, 141–143.

102 Enichlmayr, Chronik, 600. Diese Villa brannte 1923 ab.

103 Miglbauer, Strukturwandel, 80.

104 Kremsthal-Bote 26. Jg. (1906) Nr. 30.

Abb. 24a: Zellerhütte um 1900

Abb. 24b: Prielschutzhaus 1906

selbst auf der Plattform musste, wer eben noch mitfahren wollte, Vorlieb nehmen.[105] Täglich wurden fünf Zugspaare zwischen Kirchdorf und Windischgarsten geführt – es muss schon ein neues Gefühl gewesen sein, auf der Plattform eines Waggons bei 35 kmh dahinzubrausen. Auch in den nächsten Jahren waren die Züge jeweils an Sonn- und Feiertagen in Richtung Gebirge überfüllt. Viele Bahngäste zweigten in das Stodertal ab, das vor allem im Sommer 1908 *ungemein frequentiert* war. Damals war auch Jubiläumsjahr des Kaisers, wofür Oberlehrer Angerhofer ein viel beachtetes Bühnenspiel fertig stellte. Zwei Jahre vorher war unter seiner maßgeblichen Initiative in Hinterstoder der Verschönerungsverein entstanden. Nach einer Reihe von Bränden hatte sich auch eine Freiwillige Feuerwehr (1905) gebildet, deren Zeughaus im Ortszentrum nach den Weltkriegen zur „Bauhütte" mutierte (Dorfansicht: *Abb. 25*, S. 217).

Parallel zum „Villentrend" hat die einheimische Bevölkerung auf die ständig zunehmenden Anfragen um Sommerwohnungen reagiert. Das Jaidhaus hatte ausgebaut und bot nun 16 Zimmer und 9 Mansarden an, der Schmalzerhof war bei 5 Zimmern stehen geblieben; selbst beim „Wirt bei der Kirche" (= Gasthof zur Post) gab es mehr Zimmerangebote (4 Zimmer, 3 Mansarden). Dazu kam das neu erbaute „Erholungsheim nach Schweizer Muster" – einstöckig mit fünf Fensterachsen, sowie die Dependance „Waldhaus Erika". Der Pfarrhof stellte 5 Zimmer und 1 Kabinett bereit, J. Kininger (M 55 = H 94) und der Bergführer H. Buchegger, der Oberlehrer Josef Angerhofer (M 16 = An 3) und der Fischer Jeremias Schweiger im Krämerhaus (M 11 = M 59) je ein Zimmer, des Försters Gellner Gattin zwei Zimmer. Barbara Lindbichler am Schwarzbach (M 8 = M 74) hatte ein Dachzimmer, der Gemeindebeamte F. Windscheck doch 4 Zimmer anzubieten. Schon seit Jahren ausgebucht war das Stegbauerngut-Johannishof (H 33 = Polsterlucke 2) im Besitz von Schieders Erben mit 19 Zimmern 6 Mansarden und 5 Küchen; dort war es also üblich, Gästen Ferienwohnungen anzubieten, genauso, wie beim Tischler K. Dietl (M 39 = H 25), wo es 4 Zimmer, 2 Mansarden und eine Küche gab. Auch

105 Kremsthal-Bote 26. Jg. (1906) Nr. 37, 3.

Wildmeister Prause setzte im Nebendomizil „Winkler" mit 2 Zimmer und 1 Küche sowie in seiner Villa Weidmannsruh (3 Zimmer 1 Küche) auf diesen Trend. Besonders initiativ war Ignaz Fessl gewesen, der 1902 das Gressenbauergut (M 12 = M 57) mit 10 Zimmern und 2 Mansarden plus Küchen ausbauen ließ; er war stolz auf seine nahe gelegene „Schwimm- und Badeanstalt" am Schwarzbach und betrieb auch eine Gemischwarenhandlung. Eine zweite Bademöglichkeit bestand damals im Naturteich des Jaidhausergutes.[106] Wie damals allgemein üblich stellte man für die noblen Gäste, die manchmal mit Dienstpersonal anreisten, in privaten Quartieren schön möblierte „Herrenzimmer" zur Verfügung, während die Vermieter-Familie in sehr einfachen Verhältnissen hauste.[107]

Alles in allem hatte sich das Zimmerangebot innerhalb von wenigen Jahren auf ca. 110 Zimmer vervielfacht. Auch Vorderstoder konnte sich dieser Entwicklung nicht ganz verschließen, man erkennt aber doch einen deutlichen Unterschied: Stocker 5 Zimmer, Steiner 6 Zimmer, Schoiswohl (Zimmer bei Bedarf), M. Zöls (V 5), Oberbucheben und Hackl ein Zimmer; der Pfarrhof konnte 3–4 Zimmer vermieten. Das war nun kaum ein Viertel des Angebots aus Hinterstoder, der Strukturwandel im zentralen Hinterstoder war wesentlich rascher vor sich gegangen. Und schon trug man sich mit Plänen der Erweiterung: Der Schmalzerhof baute um, der Gressenbauer erweiterte 1907 sein Angebot an Ferienwohnungen und im selben Jahr vergrößerte der Gausrab in der Tambergau, wo es jetzt auch eine Krämerei (Hutgrabner) gab, seinen Speisesalon. An sich gab es dort ja nur 2 Zimmer, weil in die Tambergau vor allem Ausflugsgäste kamen, denen beim Spiel auf der zünftigen Kegelbahn Obstwein und Zwetschkenschnaps serviert wurde. Heute kennt man solche Bauernkegelbahnen kaum mehr – der Stocker ließ seine Holzbahn als einer der letzten in den 1960ern wegreißen; die Kugel war gar nicht so leicht auf dem wellig verworfenen Mittelbrett zu führen.

Neue Jagdinteressenten und Aktionäre waren auf den Stoder aufmerksam geworden. An der Grenze zur Gemeinde Klaus hatte Hermine zu Schaumburg-Lippe, Witwe nach Fürst Adolf Georg, 1897/98 die beiden Bauerngüter Höbach und Laberg samt Almen gekauft.[108] Die Schaumburg-Lippe besaßen seit 1878 die ehemalige Herrschaft Klaus und dominierten diese Gemeinde noch mehr, als die Württemberg das Stodertal. Einige Jahre konsumierte auch Prinz Alexander Johann von Thurn und Taxis (1851–1939) seine Jagdpacht im Stodertal. 1905 übergab der verschuldete „Prieler" Franz Baumschlager sein ursprünglich stattliches Bauerngut an den Wiener Eisengroßhändler Hugo Bachmann um extreme 35 000 Kronen. Dieser ließ unmittelbar darauf nahe beim Haus das *Landhaus Prielergut* („Annenvilla", H 100 = P 24) errichten, ein Jagdhaus im Chaletstil (Baumeister Pietro Cuchiero aus Liezen), das frisch möbliert im Frühjahr 1907 dastand.[109] Ein Wiener Kapital-Konsortium wollte damals links der Steyr ein modernes Großho-

106 Angerhofer, Das Stodertal, 41f.

107 Siehe dazu: Girtler, Sommergetreide, 355–363.

108 Miglbauer, Strukturwandel, 169.

109 Siegwart Graf Eulenburg, Chronik des Prielerhauses.

tel errichten und schickte den Notar Dr. Adolf Edler von Scheidlein vor. Die alte Keixner Kohlstatt (H 46 = Flötzerweg 3) war schon 1876 aufgrund des schlechten Geschäftsganges des Sensenwerkes abgestoßen worden. Im Jahre 1905 ging sie an den Wiener Notar; dieser erkannte mit geübtem Blick, dass noch weitere Liegenschaften verkäuflich waren und erwarb auch das Dudlerhäusel (H 31 = Polsterlucke 4) sowie das Griessergut (H 44 = Griesserweg 3). Diese Pläne ließen Pfarrer Lehner um die Tradition in Stoder fürchten und er meinte: *Das Jahr 1905 kann als das letzte von Altstoder gelten.*[110] Es blieb bei der Befürchtung.

In diesem Jahr 1905 lud Georg J. Schachinger den bereits bekannten englischen Bergsteiger und großartigen Alpenmaler Edward Theodore Compton (1849–1921) zu sich in das Erholungsheim ein. Dieser war seit 1874 am Starnbergersee (Feldafing) sesshaft und seit 1880 begeistertes Mitglied beim Alpenverein. Compton war von der Bergwelt um das Stodertal bezaubert und ergriffen und schuf bald davon seine ersten Aquarelle und Skizzen im naturnahen Realismus. Der Beamtensohn aus einer religiösen Quäkerfamilie blieb bis 1914 ausübender Alpinist, der insgesamt wohl 1700 Bilder und Skizzen hinterlassen hat. *Und das ist bis heute das Geheimnis seiner Bilder geblieben: die Einführung in die Bergwelt, die Darstellung mit den Augen des Künstlers und des Alpinisten, die Genauigkeit im Aufbau, wo man seine eigenen Erlebnisse wiederfinden kann.*[111] Er kam bis 1914 fast jedes Jahr auch mehrere Wochen nach Hinterstoder (hatte seine Freunde aber auch in Kärnten und aller Welt), widmete sich neuen Gemälden, dem Bergsteigen und abendlicher gepflegter kultureller Plauderei mit anderen noblen Gästen und seelenverwandten Freigeistern. Dazu gehörte auch die junge Schriftstellerin und Jugendstilmalerin Irene von Schellander (1873–1933), die von Compton begeistert war. Ein weiterer Sommergast dieser Vorkriegsjahre war im Johannishof der aus Sachsen stammende Kulturphilosoph Oswald Spengler, der seine Betrachtungen, dort zu Papier brachte; bereits 1912 hatte er den Titel für sein später veröffentlichtes Werk „Der Untergang des Abendlandes" unverrückbar gefunden.[112]

Ausverkauf zwischen Euphorie und Niedergang

Eine zweite Welle des Aufkaufs durch den Herzog Philipp von Württemberg im Stoder nahm 1905/06 ihren Anfang. Die Bauern Schoiswohl und Prieler verkauften ihre Güter Huem (H 35 = An 26) und Öttl (H 36 = Öttl 1), der Herzog erwarb auch das Schafferreith (H 78 = Schafferreith 1) und Steinerreith. 1908 folgte der Ankauf des Unterbuchebnerrreiths im Weissenbachtal, dort gaben Bauern Vorderstoders endgültig ihre Positionen auf. Im Jahre 1910 gingen der Bruderhof (bis 1919), das Hochhausgut (H 17 = Hb 46) an den Württemberg er Großgrundbe-

110 Enichlmayer, Chronik, 516. Miglbauer, Strukturwandel, 72.

111 Brent, Compton, 15.

112 Angerhofer, Hinterstoder und seine Berge, 25. Hier irrt der Autor mit seiner Zuweisung zum Jahre 1885, Spengler wäre damals fünf Jahre gewesen. Schachinger, Die Geschichte, 148.

Abb. 26a: ausverkauft: Schafferreith

Abb. 26b: behalten: Hutterer Böden (1910)

sitz, ein Jahr später wurde das Gut Spintriegl (M 19 = Fröstlweg 1) angekauft und die Jagdhütte bei der ehemaligen Sturmalm errichtet. In einigen Fällen waren von Württemberg erworbene Almen verödet, bei anderen waren Jagdhütten errichtet worden. Seit vielen Jahren brauchte man für den Berganstieg oder Spaziergänge in Seitentäler jetzt die Erlaubnis „seiner Durchlaucht“. Insgesamt wurden im Stoder zwischen Lagelsberg und Kleinen Priel 1872–1912 27 Almen aufgekauft und 1885–1915 15 Almen abgestiftet, wo zugunsten der Jagd die Aufforstung eingesetzt hatte.[113]

Ähnlich wie der Herzog anfangs beim Güterkauf „strategisch“ gedacht hatte, übte solches in diesen Jahren eine weitere Familie des Hochadels: Gräfin Theodora (Dorothee) Kottulinsky (1859–1936), geborene Freiin von Mayr-Melnhof. Ihr Vater hatte 1872 das Schloss Kogl erworben und es ihr anlässlich ihrer Hochzeit mit Graf Adalbert von Kottulinsky 1884 übertragen; sie blieb als große Wohltäterin im Attergau in Erinnerung. Adalbert (1847–1904) war konservativer steirischer Abgeordneter und ein bekannter Forstwirt gewesen. Im Frühjahr 1909 erwarb die Gräfin Prielergut und Jagdvilla Bachmanns und ließ sie in Folge (samt Schnalbl- und Spintriegleralm) in das Grundbuch eintragen. Nachdem sich die Hotelpläne des Wiener Notars Scheidlein in Luft aufgelöst hatten, verkaufte dieser an die Gräfin im gleichen Jahr das Griessergut; die Bauernwitwe Hotz vom Stögergut (H 37 = An 29) konnte die Bewirtschaftung nicht mehr bewältigen und ging gegen eine gediegene Kaufsumme der Gräfin „in die Rente“. Es fehlte Kottulinsky noch ein repräsentatives „Amtshaus“ für den Forstbesitz. Da kam ihr entgegen, dass Friedrich Schieder gegen eine hohe Summe – einen Teil verwendete er dann für den Ankauf des Prettstein (H 1 = Kogelhofweg 8), die Kogelhof-Villa abgab; das neue Forstamt war gefunden. Als nun Schieders Erben 1913 das Klinsergut (H 25 = Polsterlucke 9) und gleich darauf auch den Stegbauer (H 33 = Polsterlucke 2) an

113 Franek, Alm und Enns, Almtabelle. Miglbauer, Strukturwandel, 201–203. Auf der Prielseite betrifft das: Karlalm, Schnablalm, Prieleralm, Mandlalm, Salmeralm, Huemeralm, Griesseralm, Polsteralm, Dietlalm, Nickeralm, Vögerlalm, Poppenalm.

Abb. 27a: Herzog Philipp von Württemberg 1893

Abb. 27b: Gräfin Theodora Kottulinsky 1875

Abb. 28a: Prielerhaus 1906

Abb. 28b: Griesserhaus 1944

Gräfin Kottulinsky verkauften, war das einstige Bauernland links der Steyr überwiegend im adeligen Großgrundbesitz.[114] Das Griesserhaus als Sommersitz des Adels wurde 1911 in eigentümlichem Landhausstil umgebaut. Neben dem Jagdgut des Herzogs von Württemberg gab es nun ein Jagdgut der Gräfin Kottulinsky, zu beiden Orten begab man sich zur Sommerfrische und lud zahlreiche Jagdgäste ein. 1913 begrüßte die Gräfin erstmals ihre Nichte Fürstin Marie von Eulenburg samt Familie im Stodertal.

Unabhängig von den Aufkäufen der Jagdliebhaber hat sich in den Jahren vor dem Ersten Weltkrieg auch das Angebot für Urlaubsgäste erhöht. Zwei Beispiele: Eine junge Stodertalerin (verh. Auer, *1887) verbrachte z. B. zwei Sommer bei ihrer Schwester im k. k. Nobelbad Brioni, die dort das Strandbad bei Paul Kupelwie-

114 Grundbuch Hinterstoder, Bd. 1a, Ez 1, 20, 27, 30, 34. Siegwart Graf Eulenburg in Ckronik vom Prielerhaus.

Abb. 29a: Gedenkbuch Pension Enzian (1913); Abb. 29b: Werbung in Vorderstoder 1906

ser leitete, als „Gastarbeiterin“. Dann hatte sie das nötige Kleingeld, um im Bruderhoferhäusel (M 43 = H 12) aufzustocken. Hinfort hatte das Ehepaar Sommergäste, zum Teil aus Böhmen, später wurden auch Zimmer dauervermietet. 1913 begann auch die Familie Dietl im alten Schustermichlhäusel (H 67 = P 9) zu vermieten und legte ein Gästebuch auf.[115]

Einer der Pioniere der Landschaftsfotografie in der Fremdenverkehrswerbung war der Wiener Jurist und Alpinist Friedrich Benesch (1864–1949). Als Alpenvereinsmitglied machte er auch mehrfach in Stoder Urlaub und beobachtete den Wandel in Gesellschaft und Tal, was er 1912 veröffentlichte. Diese erste Analyse nach Fertigstellung der Pyhrnbahn ist bemerkenswert, war doch die Bahnstation Dirnbach-Stoder von den Zentren gut erreichbar. Daher gab es jetzt besonders viele „Sonntagsausflügler“, eine neue Kategorie unter den Touristen. Kritisch hinterfragte er den neuerlichen Schub beim Ausverkauf einheimischer Liegenschaften: *Jetzt haben reiche Jagdliebhaber auf einmal eine merkwürdige Vorliebe für Stoder bekommen. Weit und breit kaufen sie alles an, um ganz fabelhafte Beträge, als wäre hier das letzte Hochwild der Alpen. Die schmucken Almen werden aufgelassen, die Seitentäler versperrt, und wo ehedem das Jauchzen der munteren Schwaigerin von den Wänden widerhallte, ertönt jetzt nur mehr der heisere Pfiff der Gämse und das hundertfältige Röhren der Hirsche.* Den Bauern machte Benesch das „schwere Geld“ nicht zum Vorwurf und er meinte, ihre Söhne würden als Jäger und Holzknechte in den Herrschaftswäldern gut verdienen. Allerdings prangerte er an, dass die Viehhaltung so zurückginge, *daß man im Sommer Milch und Butter vom Flachland hereinbringt und das letzte Aufge-*

115 Freundliche Mitteilungen von Frau Hilde Lindner (Vorderstoder) und Herrn Werner Laska (Hinterstoder).

bot der Kleinhäuslerziegen gegen die arglosen Sommerfrischler mobilisiert.[116] Dieser kritische Aufschrei über den Ausverkauf hatte in der Tat einen tiefen Hintergrund. Die meisten Seitentäler waren für Touristen gesperrt, auch die Dietlhölle war nicht mehr zugänglich. Und an jenem Berg, der noch nicht abgesperrt war, der Kleine Priel (2134 m), waren sämtliche Almen aufgegeben worden und schickten sich an, zuzuwalden. Das alles machte die Runde: Selbst Peter Rosegger merkte entrüstet an, dass im Stodertal zahlreiche Bauernhöfe in Jagdhäuser umgewandelt worden wären und Almen verschwunden waren.[117] Die meisten alpinen Gäste waren ohnehin Priel- oder Salzsteiggänger und die vielen neuen Sommerfrischler aus urbanen Zentren suchten einfach die *Bilder, die eine weite Reise lohnen, denn bis nach Tirol hinein sieht man nichts Ähnliches mehr* (Betriebe 1914: *K* 7, S. 210).

Zahlreiche solche Bilder meisterlich festgehalten zu haben, war ein Verdienst Comptons, der die jährlichen Aufenthalte bei seinem Freund Schachinger schätzte. Wenige Wochen bevor der Erste Weltkrieg ausbrach, stellte er sein Gemälde „Blick über Felsenwüste des Toten Gebirges" fertig. Es war gerade „Jour" in der Villa Schachingers und eine erlauchte Gesellschaft im Beisein des Herzogs von Württemberg hatte sich auf der Terrasse um das neue Bild versammelt. Beeindruckt schwieg man lange, bis der Hofmarschall seinem Herzog anerkennend zuraunte: *Da könnte man die Hände falten!*[118] Das verträumte „Stilleben" am Vorabend des Ersten Weltkrieges hielt nicht lange an. Compton durfte während des Weltkrieges aus Bayern eigentlich nicht ausreisen, hielt sich aber 1915 doch länger in Hinterstoder auf. 1919 gab es ein Wiedersehen und angesichts der schwierigen Notzeit versuchte Schachinger seinem Freund durch eine Wanderausstellung seiner Bilder durch die Schweiz zu helfen. Dabei war aber die Finanzlage des Unternehmers angespannt, 1918 musste deshalb die Villa Erika verkauft werden, die wenige Jahre später als „Hubertushof" Gäste anwarb.1920 stellte E. T. Compton im Stodertal sei vorletztes Ölgemälde „Großer Priel mit Blick zum Dachstein" fertig. Wenige Monate später verschied er an Magenkrebs.

Man wird dem württembergischen Einfluss dieser Zeit einiges zuschreiben dürfen. So hatte der Herzog erfolgreich das Unwesen der Wilderer eingedämmt, indem er manchem heimlichen Wildschütz anbot, als Treiber oder Jagdgehilfe in seine Dienste zu treten. Im Sommer 1914 wilderte der „Schöllerbauer Hans" am Kleinen Priel. Ein Stodertaler Jäger passte ihn ab und zwang ihn, Gewehr und zwei Gämsen abzulegen. Doch der Wilderer schlug ihn mit einem Stock bewusstlos und ging mit der Beute weiter. Als ihn der Jäger anzeigte, brach der Weltkrieg aus und der Schöllerbauer musste einrücken. Laut Gerichtsverhandlung sollte der Schöllerbauer nach dem Waffengang zwei Monate ins Gefängnis, doch als er vom Krieg heimkam, war der Jäger verstorben, die Monarchie zerbrochen – und keiner fragte nach der Sühne.[119] Maßnahmen des Herzogs, das Murmeltier im Toten Gebirge

116 Benesch, Aus dem Toten Gebirge, 186.

117 Peter Rosegger, Heimgarten (1907) 791.

118 Wallner, E. T. Compton in Hinterstoder, 15. Schachinger, Compton, 31.

119 Ramsebner, Erzählungen („Mei Onkel der Schöllerbauer Hans").

heimisch zu machen, scheiterten und als 1916 die Gamsräude vom Grimming her um sich griff war man machtlos (diese kam 1936 noch einmal). Das Jagdpersonal hat vor dem Weltkrieg mit Erfolg im Revier die Skier eingesetzt. Oberförster Leopold Hummelberger, der Forstleiter des Herzogs, gründete 1912 den Skisportverein Hinterstoder und begann Wintersportveranstaltungen zu organisieren.[120] Josef Angerhofer, der gefeierte Schullehrer Hinterstoders, hat damals auf dem Fußmarsch zur Assentierung in Windischgarsten im „Morgenopfer“ patriotische Verse der Kriegsbegeisterung verfasst. Ein Auszug daraus lautet.[121]

Ban Kreuz nebn an Weg,
Wo d'mühl dan Bah stegt,
Ban Kreuz, nebn an Steg
Kniat a Muada und bet't.

Fürs Vataland göbn,
Streit't Jeda als Held
Sie stehnt: Löb va mein Löbn
Gstatts meina in Feld.

Aft geht's – mit der Sens
Stad gegn d'Bergwiesn an
Und Perl, wia Tautröpfal, gehns
Oen Muada-Aug davon.

Wie anderswo auch zogen die Stoderer für Kaiser und Vaterland freudig in den Ersten Weltkrieg (1914–1918). Die Kriegerdenkmäler in den Zentren von Hinterstoder (63 Gefallene) und Vorderstoder (33 Gefallene) dokumentieren einen hohen Blutzoll dieser Jahre. Sehr bald gab es Einschränkungen (auch für Sommergäste), Glocken wurden eingeschmolzen, Mühlen versiegelt und Nahrungsmittel-Kontingente erlassen. 1916 wurde im Johannishof eine Herberge für rekonvaleszente Offiziere eingerichtet. Seit 1915 begann auf Vorschlag Schachingers und seiner Freunde die Verbreiterung der Stodertalstraße durch Einsatz russischer und italienischer Kriegsgefangener, die Verkehrsmisere blieb aber noch einige Jahre bestehen.[122] Angesichts des Zusammenbruchs wollte 1918 Gräfin Kottulinsky ihren Besitz in Stoder verkaufen, die Pläne zerschlugen sich aber.

Manche Bergwanderer entflohen auf die Berge Stoders, um der Tristesse der Nachkriegszeit zu entkommen. Ein Tagebuch eines Lehrers dieser Tage erzählt: *Samstag, den 12. Juli 1919, 6:16 früh, alles ist gepackt und ich steh in der Lederhose da, um dann zum Zug Richtung Klaus zu gehen. Wenn ich sage „alles“ ist gepackt, so darf man sich ja nicht alle möglichen guten Dinge denken, die man im Frieden auf einen so hohen Berg wie den großen Priel mitnahm. ½ Bims, 7 Erdäpfel, 2 Eier und etwas Zucker bilden den Fressvorrat. Also los! Das Wetter ist ganz schön, nur einige Nebelschwaden ziehen über den Himmel.*[123] Nach 20 km Fußmarsch von Klaus bis zum Talschluss der Polsterlucke stiegen die zwei Lehrer zum Prielschutzhaus auf, um dort die Nacht zu verbringen. Das Wetter schlug um und bei strömendem Regen marschierte man tags darauf nach Klaus zurück.

---

120 Angerhofer, Hinterstoder und seine Berge, 14. Strohmann, Skisport, WIKU Nr. 379, 11. Schachner, Das Stodertal, 48.

121 Kremstalbote 34 (1914) 41/6. Siehe auch: Krawarik, Poesie in Medien, 50.

122 Enichlmayer, Chronik, 545. Schachinger, Die Geschichte, 150.

123 Pullirsch, Hineingeboren, 6.

Blüte und Verfall alpiner Landschaft und Gesellschaft

Zwischen Standesherren und Landarbeitern

Hatte die Gründerzeit im Stoder zu einem fatalen Niedergang der Landwirtschaft geführt und eine Bauernmühle nach der anderen verwaiste und verfiel, gab es kurz nach dem Ersten Weltkrieg ein individuelles Wiederaufleben der Land- und Forstwirtschaft, sogar auf den Hutterer Böden und der Steyrsberger Reit wurde für kurze Zeit Hafer und Sommerroggen angebaut; die eigentliche Getreidegrenze lag damals in der Region bei 1030 m. Auch einige abgewirtschaftete Almen wurden jetzt wieder bestoßen und auf den Höss für kurze Zeit fast 2000 Schafe getrieben. Dabei lebten in beiden Gemeinden etwa 50–60 % vom Agrarsektor. Hinterstoders Bevölkerungsentwicklung über den Weltkrieg (1910–1923 +28) war etwas günstiger als die von Vorderstoder (+9), der Bevölkerungstrend der Jahrhundertwende – rasches Wachstum in Hinterstoder, herber Verlust in Vorderstoder – schien gestoppt zu sein. Bemerkenswert dabei ist wohl, dass die Kirchweiler von Innerstoder und Vorderstoder in der Zeit davor sich kaum vergrößert hatten. Im Dorfzentrum an der Steyr waren 1826–1920 überhaupt nur fünf neue Gebäude erbaut worden, in Vorderstoder waren es noch weniger. Das starke Wachstum Hinterstoders in der Gründerzeit war also weitgehend dezentral erfolgt.

Unverändert traditionell war, soweit Getreidebau betrieben wurde, die Egartwirtschaft. Allerdings wurde das Getreide schon lange nur mehr für den Eigenbedarf produziert. Die Agrarfläche lag jetzt bei über 400 ha. Etwas günstiger war diese Zeit für Milchviehbauern, auf den Almen spielte Butterzeugung noch eine Rolle. Reitsiedlungen dienten vielfach der Futtergewinnung und „Nachsömmerung" des Viehs. [124] Schafzucht galt bald als unrentabel, die Stückzahl der Scha-

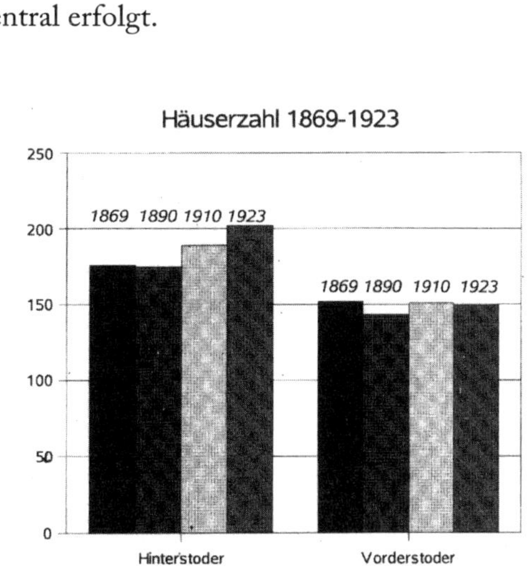

D1: Häuserzahl 1869–1923

124 Miglbauer, Strukturwandel, 254.

fe zur Barockzeit (4000) hatte sich mehr als halbiert. Freilich gab es zwischen vorderem und hinterem Stoder schon signifikante Unterschiede: das Stoderpassland war unverrückbares Bauernland geblieben, im Stodertal war Ackerland trotz Getreideanbau in Kleinbetrieben zurück gegangen. Das „Brecheln“ in den Haarstuben, d.i. die bäuerliche Leinenerzeugung hörte damals auf (genauso wie die Handwerksarbeit „auf der Stör“). Dies war eine Folge der Arrondierung zum Großgrundbesitz, in dem andere Ziele verfolgt wurden. Ein Trend z.B. war die Forstwirtschaft und Sägeverarbeitung. Bauernwald gab es zwar genug, die Konkurrenz für Kleinanbieter war aber zu groß. In diesem Licht ist ja auch der Ankauf von Waldgrundstücken 1918/1925 durch die Nettingsdorfer Papierfabrik zu sehen. Die Holztrift mit etlichen Anwurfplätzen an der Steyr gab es noch, die kurzen Stämme wurden am Ende des Stodertales im Gaissulzrechen gesammelt; immerhin waren es noch jährlich bei 10000 FM Holz. Auf diese Weise florierten zunächst die Forste des Herzogs von Württemberg (1930: 1063 ha, 1935: 1065 ha), der Fürstin von Eulenburg (689 ha, 1935: 833 ha) und des Hans Fessl vom Dietlgut (537 ha, 1935: 225 ha).[125] Inzwischen hatte nämlich Gräfin Kottulinsky ihrer einzigen Nichte, Freiin Marie von Mayr-Melnhof (1885–1960), seit 1904 mit Friedrich-Wend, Fürst von Eulenburg und Hertefeld (1881–1963) verheiratet, 1921 den Besitz geschenkt. Friedrich-Wends Vater Fürst Philipp war in Berlin über die politische „Eulenburg-Affäre“ 1908 in das politische Aus gedrängt worden. So kamen das Stegergut (im Grundbuch 1921), Prielergut und Prieler Villa (1922) und das Griessergut (1923) an die Eulenburg-Hertefeld, die sogleich eine Forstverwaltung aufbauten. Friedrich-Wend selbst war leidenschaftlicher Jäger; in Hinterstoder wohnte man im Griesserhaus.[126]

Zu einseitig wäre es nun, vom Typ her die Agrargemeinde Vorderstoder der „Forstgemeinde“ Hinterstoder gegenüber zu stellen; denn Wald – Grünlandwirtschaft mit zusätzlichem Ackerbau bei größeren Betrieben bildeten seit Jahrhunderten im Stoder eine Einheit – vielleicht mit Nuancen der sozialen Parameter. Im Gesinde der Bauernhöfe gab es weit stärkere soziale Gefälle als unter den Holzknechten oder gar unter den Jagdtreibern der neuen Herren. Die ländliche Gesellschaft im frühen 20. Jh. war entschieden durch „Landarbeiter“ und nicht durch die Zahl der eigentlichen „Bauern“ geprägt. Und dem (deutschnationalen) „Schulverein Südmark“ traten schon vor dem Krieg im Stoder hunderte Bewohner bei. Revolutionäres Potential gab es allemal, wie die Umbruchtage nach dem Ersten Weltkrieg zeigten. Der neue Gendarmerieposten in Vorderstoder hatte einiges zu beobachten. Der relative Sieg der „Deutschen Freiheits- und Ordnungspartei“ bei den ersten Wahlen im Stoder signalisierte indes den eigenwilligen Weg in der Zwischenkriegszeit.[127] Nach diesem Zusammenschluss großdeutscher Parteigänger mit Kräften des Bauernvereins und Landbundes ergab sich in der Region langfristig eine gedrittelte Zerrissenheit, die angesichts der bundespolitischen Gegensätze der Zwischen-

125 Krawarik, Das Becken von Windischgarsten, 75. Miglbauer, Strukturwandel, 170.

126 Mitteilung von Siegwart Graf von Eulenburg, 14. Oktober 2011.

127 Kremstalbote 39. Jg (1919), Nr. 8.

Abb. 30a: Fürstin Marie von Eulenburg

Abb. 30b: Bürgermeister Hans Fessl

kriegszeit Misstrauen und radikale Gesinnung nährte. Wie hart und lange der bäuerliche Alltag dieser Zeit vor allem für junge Dienstboten war, hat der Soziologe R. Girtler bei einem aus Vorderstoder gebürtigen jungen Mann festgehalten: *Mit 14 Jahren musste ich im Winter mit dem Ross Holz führen. Dafür musste ich bereits um 4 Uhr aufstehen, denn von 5 bis halb 6 mussten wir oben auf den Berg sein. Dort wurde das Holz aufgeladen … Erst am Abend zwischen 5 und 6 Uhr sind wir heimgekommen.*[128] Auch von anderen aus Stoder gebürtigen Männern und Frauen berichtet Girtler in seiner „Aschenlauge" über die Drangsale unehelicher Kinder, das hierarchische Leben am Bauernhof und die Selbstverständlichkeit harter Arbeit.

Armut und Arbeitslosigkeit nach dem Zusammenbruch waren sichtbar; eine Hilfsaktion der Amerikaner half bedürftigen Schulkindern. Andere Förderungen wie ein Klöppelkurs sollten Frauen weiter helfen. Einen besonderen Einblick in den Alltag und die sozialen Schichten im Stodertal ergeben die Ausführungen des späteren Friedlbauern Johann Lang aus der Vordertambergau (Nr. 4), geboren 1920 am kleinen Haistriegelgut Hinterstoders (Nr. 21). Er wurde in der Nachkriegszeit zum „Vorderstoderer Original" und half bei diversen Chroniken durch Bereitstellung vieler alter Fotos. *Bis zum Schulgehen habe ich nie eine Hose, nur einen „Kittel" getragen. Windeln gab es auch keine; wir wurden mit alten „Pfoaden" gewickelt. Wenn meine Eltern am Feld arbeiteten, wurden wir Kindern in die „Sechelboding" gesteckt. Dadurch konnten wir nicht verloren gehen und uns konnte auch nichts passieren … Mit sechs Jahren habe ich meine erste Hose bekommen. Natürlich eine „Kurze", für Sommer und Winter. Im Winter wurde unter dieser kurzen Hose eine „Gattihose" angezogen und die langen „Stimpf" bei der kurzen Hose angeknöpft.* Der schmächtige Schulbub in der Dorfschule war einer der

128 Girtler, Aschenlauge, 74.

wenigen, die vom Lehrer nicht geschlagen wurde; die Freizeit war allerdings von Arbeit voll. *Oft musste ich schon am Gutsbesitz Dietlgut „vorgehen"* (bei der Feldarbeit die Pferde führen) *oder in der Dietlhöll die Kühe hüten. Schuhe hatte ich im Sommer keine. Im Winter teilte ich mir ein Paar Schuhe mit meiner Schwester, sodass ich öfters aus Mangel an Schuhen nicht zur Schule gehen konnte.* Es war also „normal", dass ärmere Bauernkinder beim wohlhabenden Gutsbesitzer für schmalen Lohn zu arbeiten hatten. Das Geld musste daheim abgeliefert werden. *Trotz der Armut und Arbeit hatten wir noch Zeit zum Spielen. Zum Beispiel habe ich einmal einen Indianerkampf zwischen den Söhnen des Gutsbesitzers und meinen Freunden organisiert. Die wesentlich kräftigeren Gutsbesitzerkinder waren uns natürlich körperlich überlegen.* Die Fessl-Kinder gingen nicht in die Volksschule, sondern wurden von einem Privatlehrer unterrichtet. Öfter war ihnen fad und da sie Karl May gelesen hatten, wollten sie im Spiel den Kampf gewinnen – es gelang nicht, weil ihre Gegner durch die Arbeit zäh und schneller waren. 1934–40 diente Johann als Knecht am Bauernhof seiner „Gödnleut" ohne Lohn, weil *der Bua muss erst die Arbeit lernen.* Dann zog der Knecht in den Krieg und kam als Invalide heim; dennoch meisterte er nach dem Krieg die Bergbauernwirtschaft am Friedlgut.[129] Erzählungen aus Vorderstoder vermitteln ebenfalls, dass man als einfacher „Bua" mühsame Arbeiten zu verrichten hatte und Großbauern sowie Adel gerne gönnerhaft oder herrisch auftraten.

Die Bautätigkeit im Stoder 1869–1923 verlief grundsätzlich dynamisch, fast 200 neue Hausnummern gingen aber doch vorwiegend auf das Konto des Stodertales. Die reale Wohndichte in den Bauernhöfen hatte sich allerdings eklatant verschoben. In zahlreichen Fällen hat das mit dem Abbau der Dienstboten zu tun und mit der Reduzierung auf Kernfamilien. In den frühen 1920ern gab es nur bei wenigen Kleinhäusern Um- und Aufbauten, u.a. 1923 beim Griesserhäusel (Mahovsky); damals wurde auch der Neubau „Angerhofer" am Schwarzbach fertig. 1922 konnte Leo Hummelberger in der Pfarrerleiten die große Stodertaler Sprungschanze eröffnen.[130] In dieser Zeit nach dem Krieg fanden im Stodertal auch die ersten Skikurse statt.

Begeisterte Skifahrer – anfangs von den Stoderern als „Brettl-Affen" bezeichnet – machten schon lange Touren auf die Abhänge der Prielseite oder auf die Hutterer Böden, wo 1920 die erste Skihütte eingerichtet worden war. Als sich 1924 die Lage normalisierte und zaghaft wieder Urlauber in das Tal kamen, zeigte sich in Hinterstoder doch eine gewisse Baukonjunktur. 1924–30 wurden immerhin neun Um-, An- und Ausbauten vorgenommen. Dazu gehören z.B. das dem Herzog von Württemberg gehörige Öttlgut oder das Dietlgut, dessen Besitzer Fessl 1925/26 daneben von Architekt Hans Jaksch die *Dietlgut-Villa* errichten ließ; dieser plante im Jahr zuvor die Villa Peham (H 106 = G 21). Der Wiener Univ. Prof. Dr. Heinrich Peham (1918 „Ritter von Bojernberg", +1930 in Hinterstoder) hatte bereits 1914 den Baugrund erworben. 1927 wurde sein Erholungsheim (später für Landesbedienstete) mit 16 Zimmern fertig, im folgenden Jahr der Neubau des „Wallnerschneider" im Ortszentrum und 1930 das Mollhaus im Dorfzentrum errichtet.

129 Vorderstoders Urlaubszeitung, Ausgabe Sommer 1991: Ein Vorderstoderer Original.

130 WIKU 238 (Mai 1996) 5.

Abb. 31a: Dietlvilla

Abb. 31b: Pehamvilla

In diesen Jahren bauten auch der Peterhof in der Tambergau und die benachbarte Gemischtwarenhandlung um. Auch der Linzer Primararzt Dr. Josef Doberer hat sich 1919 angekauft (M 68) und trat dann als Jagdpächter im Rottal auf. Eine bedeutende Investition war 1927–29 die Errichtung der „deutschvölkische" Turnhalle nach Plänen von Wiener Architekten, die gleichzeitig nun als Versammlungshalle dienen konnte; sie wurde aus politischen Gründen 1935 von der Gemeinde Hinterstoder erworben. Dem gegenüber steht ziemlich einsam in Vorderstoder der Mansardenausbau des 1914 fertig gewordenen Amtshauses („Gemeindehaus") im Jahre 1925.[131] Es klingt fast wie eine Bestätigung: Das Stoderpassland verlor 1923–1934 über 3% seiner Wohnbevölkerung. Hier ging zum Unterschied des Stodertales die Geburtenziffer stärker zurück.

Erste Versuche, die Energie-Infrastruktur in den Griff zu bekommen, gab es in beiden Gemeinden. Schon 1920 war in Vorderstoder die „Lichtgenossenschaft Schafferwerk" gegründet worden, wenige Jahre später arbeitete das neue E-Werk am Plaisbach in Hinterstoder.[132] Und es gab auch zarte Ansätze zur Innovation: Ab 1922 begann Isidor Lindbichler in seiner Wagnerei bei der Schmiedleitner Säge Wintersportgeräte herzustellen. *Aus dem „Holzsalettl" wurde die Werkstatt und ein größerer Raum im Haus, der ehemalige Stall, konnte ebenfalls für den Betrieb genützt werden, dessen technische Ausrüstung bereits zwei Bandsägen, eine Hobelmaschine, einen Dampfofen (zum Schibiegen) sowie eine Kettenfräse umfasste.* Dort wurde seit der zweiten Hälfte der 20er Jahre der „Stodertal-Ski" hergestellt. 1936 übersiedelte Lindbichler wegen der Bahnnähe nach Kniewas; fast anachronistisch: die letzten Ski wurden 1958 produziert.[133] Lange Jahre nach dem Krieg war Leopold Hum-

131 hinterstoder pur 2009, 5. Erhebung zur Häuser- und Wohnungszählung 1961 Hinterstoder.

132 Gemeindechronik Vorderstoder, 67.

133 hinterstoder pur 2006/07, bzw. www.hinterstoder.at/sub/dorfundleben/ Ski – made in Hinterstoder.

melberger, der noch immer Skirennen organisierte, Präsident des 1922 gegründeten Landesverbandes der Skifahrer.

Seit dem Jahr der Hochwasserkatastrophe 1924 – schon 1920 waren fast aller Brücken und Stege an der Steyr weggerissen worden – karrte eine neue Autobuslinie Urlaubsgäste von der Pyhrnbahn (Dirnbach-Stoder) in das Stodertal. Im Sommer fuhr der „Kraftbus" dreimal täglich bis zum „Fremdenheim Johannishof". Da die Anzahl der Ankünfte bald auf etwa 3500 hinauf schnellte, wurde 1926 ein zweiter Autobus eingesetzt.[134] In diesem Jahr reisten 6000 Gäste ins Tal. Allerdings kamen manche aus der oberöstereichischen Region auch mit anderen Fahrzeugen, wie aus Tagebuchaufzeichnungen eines Mannes aus Steyr im Juni 1924 zu entnehmen ist: *Sein neues Fahrrad verwendete er jetzt intensiv, er fuhr sofort nach Hinterstoder und zurück, auch heute eine tolle Leistung, wenn man bedenkt, dass es damals vorwiegend Schotterstraßen gab und das Waffenrad sehr schwer war und keine Gänge besaß.*[135] Der Ausbau der Stodertalstraße machte nun Fortschritte und wurde endgültig 1931 fertig, für diesen hatten sich besonders Josef Angerhofer und Bürgermeister Fessl eingesetzt. Die neue Freiheit des Autos nützte schon drei Jahre zuvor der alternde Arthur Schnitzler bei einem Ausflug (Mittagessen im Jaidhaus); er hatte schon 1903 das Stodertal kurz besucht.[136]

Sehr rasch kam jene Gästekonjunktur, die an die einstige Blüte zwischen Priel und Warscheneck anschließen wollte. Es waren wieder die urbanen Wanderer und wohl situierte Herrschaften, die sich in Hinterstoder trafen. Als 1925 G. J. Schachinger starb, hatte jetzt die vermögende Schweizer Verwandtschaft seiner Frau das Sagen; die Umbenennung des Erholgsheimes in „Pension Prielkreuz" war der Anfang einiger Konjunkturjahre.[137] Die Gutmann-Villa beim Dietlgut brannte 1923 ab und blieb Ruine. Im gleichen Jahr übernahm der holländische Großreeder und Trabrennstallbesitzer Walter Jochems für sieben Jahre die Jagdpacht in Hinterstoder. Seine Familie fand Gefallen an dem einsamen Tal. 1929 erwarb der holländische Künstler und Surrealist Herbert Jochems (1912–75) das Kotriesengütl, wenige Jahre vorher war in der Nachbarschaft das Häuschen neu aufgebaut worden. Die Tochter Walters, Meta Burgerhout-Jochems, hat dann 1937 die Haistrieglkogelvilla (H 112 = Haistrieglweg 1) erbauen lassen. Genau genommen waren bereits Villen des Adels „Wochenendhäuschen" oder Ferienhäuser gewesen. Dieser Akzent setzte sich in der Zwischenkriegszeit fort. In dieser Weise ist z. B. der Ankauf der Schmalzerhaselhütte (M 78 = H 72) durch den Schlesier Dr. Walter von Amann 1930 zu sehen, der das Domizil zum Ferienhaus ausgestaltete, er kaufte 1935 das Fröstlgut auf der Farnau. 1939 ehelichte seine Tochter Helga, damals Schauspielerin am Tiroler Landestheater, den Grafen Jean Georges von Hoyos zu Schwertberg.[138] 1930 verkaufte der Besitzer des Dietlgutes (Fessl) das

134 Schachner, Das Stodertal, 78.

135 Pullirsch Hineingeboren, 116.

136 Arthur Schnitzler, Tagebuch 1927–1930 (Wien 1997) 163 (= 14. Juni 1928).

137 Schachinger, Die Geschichte, 151f.

138 Mayböck, Hoyos, 20f.

Abb. 32a: Gesinde am Baumschlagergut

Abb. 32b: Volkstanzgruppe Vorderstoder 1935

Haberlgut (das er seit 1919 besaß) an Dr. Franz Chlodwig Ullersperger, deutscher Kreisdirektor und Rittmeister a. D. Jagdleidenschaft führte wohl auch den Wiener Forschungsreisenden, „Großwildjäger" in Amerika und Schriftsteller Albert Messany ins Stodertal, wo er 1933 eine Villa (H 109 = Hb 34) errichten ließ. Es war eine sehr musikalische Familie, in der an manchen Abenden „Hausmusik" gemacht wurde. Als Sommergast kam kurz vor dem Krieg auch Christine von Widmann, die spätere Opernsängerin.[139]

Bei Volkskultur und Brauchtum gab es Versuche, das „Miteinander" zu stärken, wie etwa bei der Goldhaubengruppe. 1925 organisierte Oberlehrer Karl Seuffert erstmals das „Drei-Königs-Singen" als neues Brauchtum des Ortes. Eine eigene Note hatte die von der Gemeinde Hinterstoder in den frühen 20er Jahren ausgegebene Devise, keine jüdischen Sommerfrischler aufzunehmen.[140] Da das Bergwandern der einfachen Touristen das Hauptvergnügen geblieben war, gab 1927 der legendäre Bergsteiger Sepp Huber seinen „Führer durch das Tote Gebirge" heraus. Eben erst war der letzte große Bergsteiger des Toten Gebirges, der Linzer Goldschmied Robert Damberger, verstorben. Stellvertretend für den Alltag auf den Schutzhütten Stoders dieser Zeit mag das Beispiel eines Hüttenwirts auf der benachbarten *Dümlerhütte* dienen, der auch noch am Bauernhof aushelfen musste. *1923, 1924, 1925 war ich auf der Dümlerhütte. Jeden Tag bin ich aber nach Hause marschiert, um dort auch mitzuhelfen. Ich habe jeden Tag 18 Stunden gearbeitet. Den ganzen Sommer lang. Um 9 Uhr auf d'Nacht sind die Leute auf der Hütte schlafen gegangen, da hat Hüttenruhe sein müssen. Um 3 Uhr in der Früh musste ich aufstehen, Kaffee kochen, saubermachen. Dann um 6 Uhr oder halb 7 habe ich etwas gegessen, habe meine Kraxen genommen und bin hinunter ins Tal gegangen, wo ich den ganzen Tag gearbeitet habe,*

---

139 Miglbauer, Strukturwandel, 84, 137. Schwarz-Messany, Was ich noch sagen möchte, 108. Zwei Söhne und zwei Töchter studierten an der Wiener Musikhochschule nach 1938 Gesang, Klavier und Violine. Christine von Widmann, Glück und Tragik einer Großen Stimme (Norderstedt 2009) 24.

140 Heinz Niederleitner, In weiter Ferne, so nah. JbOöMv 146 (2001) 642, Anm 49.

bis ca. 4 Uhr nachmittags. Und dann bin ich wieder auf die Hütte hinauf. Vom Mai bis in den September war ich so unterwegs.[141] Die Ortsstelle Hinterstoder der Bergrettung wurde 1930 von Adolf Zeller und Josef Angerhofer gegründet.

Die Entfaltung der Hoffnungslosigkeit

In Vorderstoder war touristisch zunächst noch nicht viel los, Einheimische allerdings fanden sich 1925 und dann wieder 1931 zu einer Theatergruppe zusammen; auch in Hinterstoder gab es damals solche Versuche. Erst 1928 entdeckten Gäste die Sommerfrische dort neu, obwohl die Straße nach Hinterstoder und Windischgarsten für den Autoverkehr gesperrt war. Damals wurde endlich auch ein Verschönerungsverein gegründet. Und dann ging es steil bergauf, schon 1929 meldete ein Chronist: *Im Sommer war Vorderstoder voll von Fremden, obwohl es keinen Autoverkehr gibt.*[142] In diesem Zusammenhang wurden Forderungen an das Land für den Ausbau der Straßenverbindung laut und im Mai 1930 genehmigte eine Kommission nach dem Lokalaugenschein den Ausbau der Strecke. Die Steyrer Zeitung meldete dazu: *Die Sommergäste wollten die Straße entlang des Furtbachl. Alternative: „Jausenstation Vorderstoder", dafür sollte die Straße autofähig und breiter gemacht werden.*[143] Wieder gab es viele Sommerfrischler, die jetzt auch im Pfarrhof und beim „Tuffschuster" wohnten, dessen Besitzer Lambert Rammer einen wahrhaften Vorzug hatte: ein Auto! Die beiden Wirte im Ortszentrum bauten in Folge aus, 1931 eröffnete der Steinerwirt einen Zubau, der Stockerwirt nach einem neuen Salon auch einen Gastgarten anstelle des Salettls; wenig später wurde im Pfarrhof elektrisches Licht eingeleitet. Der Stockerwirt hatte zur Erfrischung der Gäste am Furtbach ein Schwimmbad eingerichtet, das einige Jahre Bestand hatte.[144] Am Riesergut wurde eine „Jugendherberge" eingerichtet. Einen Aufbruch gab es auch im hinteren Stodertal: Der Großvater von Franziska Pernegger (M 72 = A P 18) begann 1928 an Wiener zu vermieten, die drei Wochen auf Sommerfrische blieben. Beim Blasriegel nahmen 1931 ebenfalls Wiener „Urlaub am Bauernhof" für drei Wochen.

So gesehen setzte also eine erwartungsreiche Phase ein, die trotz Weltwirtschaftskrise bis 1933 dauerte. Dann erreichte die politische Konfrontation des Nationalsozialismus auch den Süden Oberösterreichs. Während die relative Mehrheit in Vorderstoder hinter dem antiklerikal-nationalen Landbund stand, waren „fortschrittliche" Kräfte Hinterstoders bereits längst im Fahrwasser der neuen Ideologie. Schon anlässlich einer großen Bauerndemonstration im November 1931 in Kirchdorf an der Krems tat sich ein Stodertaler Bauer mit der „Führeridee" hervor, die einen Sturm der Begeisterung auslöste.[145] Noch vor der deutschen Tausendmarksperre traf sich die Landwirtschaftsgenossenschaft der beiden Gemeinden am

141 Girtler, Aschenlauge 153.

142 Pfarrchronik Vorderstoder, 1929.

143 Steyrer Zeitung 25. Mai 1931. Krawarik, Vorderstoder, 62.

144 Felix Auzinger, Heimatkunde von Vorderstoder (1980) 169. Steyrer Zeitung, 24. Mai 1931.

145 Kremstalbote Jg 51 (1931) 49/1.

Abb. 33: Hinterstoder im Winter 1931

27. März 1933 beim Stockerwirt und nach stürmischer Versammlung trat man mit Rücksicht auf den Fremdenverkehr für eine friedliche Verständigung ein.[146] Dabei hatte Hinterstoder durch diese Sperre wohl mehr zur verlieren, da die Sommerfrischler aus dem Deutschen Reich bereits einen wichtigen Anteil stellten. Die Einbußen waren auch in der Region Pyhrn-Priel sehr unterschiedlich, so verlor 1933/34 Spital am Pyhrn 42 % seiner Gäste, Windischgarsten aber nur 1 %.[147] Ein ähnliches statistisches Verhältnis spiegeln die Gemeinden Hinterstoder und Vorderstoder wieder. Bergwandern im Toten Gebirge war damals eine typisch deutsche Destination. Der regionale Fremdenverkehrsverband (Bezirk Kirchdorf) hatte 1933 7000 Prospekte abgesetzt. Bei der alljährlichen Fremdenverkehrstagung am 4. Dezember 1933 in Kirchdorf kamen auch die Nachteile der Tausendmarksperre zur Sprache. *Der Ausfall der reichsdeutschen Sommergäste in Hinterstoder machte sich heuer ganz besonders bemerkbar, weshalb zum Schluss Herr Bürgermeister Feßl aus Hinterstoder folgenden einstimmigen Antrag einbrachte: „Die Regierung ist zu ersuchen, mit Deutschland wieder ein natürliches Verhältnis herzustellen.*[148]

Verarmung und Arbeitslosigkeit griffen aufgrund der wirtschaftlichen Verhältnisse erneut um sich, wobei wieder Großgrundbesitzer als Wohltäter auftraten. Und dann kam der „Juliputsch" 1934. Während am Pyhrnpass nicht einheimische Gegner in eine blutige Auseinandersetzung verwickelt waren, besetzten Aufständische zunächst Gemeinde und Gendarmerie in Hinterstoder, organisierten zwei

146 Linzer Volksblatt, 30. April 1933.

147 Statistisches Handbuch für den Bundesstaat Österreich XV Jg. (Wien 1935) 46f.

148 Kirchdorfer Zeitung 5. Jg. (1933) Nr. 50/10.

Abb. 34a: Handwerkerfamilie Furtwagner

Abb. 34b: „Heufachtel" in Stoder

Autobusse und stießen zu den Abhängen des Schweizersberges vor, um Windischgarsten zu „stürmen"; Zeitungsberichte sprachen von 40 SA-Leuten, es gibt aber auch Annahmen von „500 Aufständischen" (die wohl übertrieben sind). Das misslang durch Einsatz der Heimwehr und freiwilliger Kräfte aus Windischgarsten, die die Gegner in die Flucht trieben.[149] Manche dieser Stöderer der neuen Denkungsart flohen in der Folgezeit „in das Reich". Am Tag nach Ermordung des Bundeskanzlers Dollfuß reisten ungefähr 100 empörte und verängstigte Sommergäste aus Hinterstoder ab.[150] In diesen Jahren gab es in Hinterstoder 9 Gasthöfe mit 135 Zimmer und 236 Betten (in Vorderstoder 3 Gasthöfe), mit welcher Zahl der Ort sich noch vor Windischgarsten und Spital am Pyhrn reihte. Es empfiehlt sich, auf die Besitzer dieser Betriebe einen Blick zu werfen. Da war zunächst Hans Fessl, dem 1919 das Dietlgut eingeantwortet worden war, ein investitionsfreudiger Modernisierer, der langjähriger Bürgermeister Hinterstoders (1924–1941/45) werden sollte. Am Prentnergut wirtschaftete schon lange die Familie Hackl; Johann Hackl begann 1935 mit der Gästebeherbergung. Neben den Gasthöfen zur Post, Jaidhaus, Schmalzerhof und Gausrab gab es auch die Pension Prielkreuz, seit 1934 auch Gastwirtschaft, sowie den Privatvermieter Gressenbauer (G. Auer), der allerdings 1937 in Konkurs ging. Im gleichen Jahr verstarb Klara Schachinger, da die Tochter zur Weiterführung der Pension nicht imstande war, wurde diese an die Wienerin Maria Muck verkauft.[151]

Die Phase des Ständestaates wurde für Teile Stoders in gewisser Weise eine Zeit der Stagnation und des Niedergangs; lahmgelegte Industrie im Bezirk und eine notleidende Bergbauernregion prägten. Jugendliche vertrieben sich seit 1935

149 Kirchdorfer Zeitung 6. Jg. (1934) 10, vom 5. August 1934 bzw. Steyrer Zeitung 16. September 1934. Gemeindechronik Windischgarsten. Bauer, Sozialgeschichtliche Aspekte, 347f.

150 Pfarrchronik Vorderstoder, Juli 1934.

151 Grundbuch Hinterstoder EZ 66. Nowak Traunviertel, 84. Schachinger, Die Geschichte, 189.

Abb. 35a: Jagdhütte Schrenkenzieheralm, schöne Einsamkeit der Jagdherren während des Zweiten Weltkrieges

Abb. 35b: Kinder der Eulenburg-Verwandtschaft

wieder die Zeit mit dem Proben von Theaterstücken, wobei der Einfluss des Pfarrers zurück gewiesen wurde.[152] Viele jüngere arbeitslose Touristen aus Linz oder Steyr trieben sich damals als Bergsteiger in den Bergen Stoders herum. Auch Hinterstoder verlor 1934–1939 einige Bewohner (–16), dramatisch war allerdings der Bevölkerungsverlust von fast 21 % in Vorderstoder (–183), wobei die Geburtenbilanz rasch negativ wurde. Das war nicht überall so im Gerichtsbezirk Windischgarsten.[153] Der Pfarrhof Vorderstoder hatte eben erst 1933 elektrisches Licht eingeleitet bekommen. Damals verloren nahe Hammerwerke endgültig ihre Würde und Arbeit. Nicht zuletzt diese Entwicklung der Arbeitslosigkeit, des Hungers und der geringen Chancen für sozial Deklassierte wirkte als Nährboden für den Nationalsozialismus. Raufereien politischer Gegner, Flugzetteln und die „Plakatierungsseuche“ waren an der Tagesordnung. Dabei urteilt eine kulturlandschaftliche Studie, der große Jagdbesitz im Stodertal hätte wirtschaftlichen Fortschritt behindert, auch Vorderstoders Situation wird ungünstig beurteilt, weil sich kein richtiges Zentrum entwickeln konnte.[154] Der Besitz im Stodertal wurde damals (1919–1939) von Herzog Albrecht von Württemberg geleitet, einem überzeugten Monarchisten. Er erwarb 1929 endgültig die Dietlhölle (Jagdhütte) und ließ 1933 am Ostrawitz eine weitere Jagdhütte erbauen (Fuchsgabelhütte, alt H 111). Selbst der „Bergfex“ Sepp Wallner meinte 1936, der Kleine Priel sollte aus Jagdrücksichten für den Touristenverkehr gesperrt werde.[155] Übrigens gab es auch einiges Aufsehen im Adelskreis. Die Grundbesitzerstochter Ingeborg zu Eulenburg (1906–2000), seit 1926 Frau

---

152 WIKU 251 (Mai 1997) 13.

153 Statistik Austria. Ein Blick auf die Gemeinde G2.1. Nowak, Bevölkerung und Wirtschaft des Traunviertels, 31.

154 Tilp, Beitrag zur Entwicklung, 83f.

155 Wallner, Das Stodertal und seine Berge. Heimatland 1936, H 6, 93. Miglbauer, Strukturwandel, 88.

des Baron Rudolf von Engelhardt und Mutter von vier Kindern, ließ sich 1936 scheiden. Sie ehelichte 1937 im norddeutschen Liebenberg, dem Stammschloss der Eulenburgs, Carl August von Schoenebeck (1898–1989). Noch hatte der Stoder seine Faszination für Adel und Industrielle nicht verloren. 1938 ging Schachingers einstige Dependance (seit 1918 Hubertushof, Nr. 54) durch Kauf an Emilie Freifrau van Amelunxen, das „Fremdenheim" bestand aber noch einige Jahre weiter. Meta Burgerhout errichtete damals die „Haistrieglkogl-Villa (H 112 = Haistrieglweg 1), später als „Jochems-Villa" bekannt. Und der Welser Unternehmer Philipp (Klinzeneckvilla) schuf sich seinen Zweitwohnsitz. Bürgermeister Fessl, schon bisher ein umtriebiger Immobilienjongleur, brachte damals das verschuldete Schelchenbauerngut an sich.

Besondere sportliche Attraktionen gab es auch: Erwähnenswert ist der österreichische Meistertitel von Franz Kniewasser, Haarschlager, in der Dreierkombination Langlauf-Torlauf-Sprunglauf im Jahre 1930. Für die wachsende Anzahl der Skifahrer wurde 1935 eine schmale Skiabfahrt von den Hutterer Böden ins Tal ausgeholzt. Zwei Jahre später versuchte man übrigens auch eine Abfahrtsstrecke von der Dümlerhütte nach Roßleithen auszuroden.[156] Und 1936 wurde dort bei ausgezeichneten Schneebedingungen ein Abfahrtslauf durchgeführt. Im Februar 1938 gelang Karl Rodler und Hans Rubenzucker vom ÖTK Linz als erste der Winterdurchstieg der Spitzmauerostwand. Nach einigen Jahren schien sich der Fremdenverkehr zu erholen. 1937 war mit fast 3500 Nächtigungen (in Hinterstoder waren es mehr als doppelt soviel) ein gutes Fremdenverkehrsjahr für Vorderstoder; damals begann man durch eine Staumauer bei der Sauhalt unter Einbindung eines Turbinensystems die Stromversorgung Vorderstoders zu verbessern. In diesem Jahr errichtete der ehemalige Bürgermeister Gottfried Riedler gegenüber vom Amtshaus seine Bäckerei.[157] Im Stodertal kamen neue bäuerliche Betriebe dazu: 1938 das Rinnergut des Johann Prieler, 1939 die Fondsleiten, nach Ferdinand Fessl dann als „Bäcker Ferdl" bezeichnet. Seit 1942 schließlich betrieb Elfriede Schachner im „Enzian" eine Frühstückspension. Geplant wurde in der NS-Ära viel, so auch die Autobahn, die erst Jahrzehnte später (in anderer Trassenführung) realisiert werden sollte. Die Vermessungsarbeiten betrafen die Trasse: Tamberg- Grassegg – Michl im Hof – Weingart am Walchegg. Gauleiter Eigruber setzte sich für diese Variante über Stoder trotz schwieriger geologischer Bedingungen ein.[158] Übrigens gab es schon damals Bestrebungen, im Toten Gebirge bei Hinterstoder ein Naturschutzgebiet zu errichten.[159] In den Umbruchstagen haben sich wenige dem Exerzierplatz der SA entzogen, der junge Sohn des Stockerwirts schaffte das Kunststück, etliche Vertreter der einheimischen Jugend zu überreden, dem „Roten Kreuz" beizutreten.

156 WIKU Nr. 381 (März 2010) 10: Jörg Strohmann, Skisport im Garstnertal.

157 Auzinger, Gemeindechronik, 65–67.

158 Gemeindechronik Vorderstoder, 72a. Siehe dazu: Hermann Brandecker, Die Pyhrnautobahn im Raum Spital am Pyhrn – Entwicklungsgeschichte und Baugeologie, in: Krawarik, Dorf im Gebirge, 415.

159 Reitinger, Raumordnung, 235.

Abb. 36a: In Vorderstoder um 1940

Abb. 36b: Blick ins Paradies – Stoder 1944

1939 gab es im Stoder 375 Haushalte (226/149), in Hinterstoder waren sie nur mehr knapp zur Hälfte, in Vorderstoder aber noch zu zwei Drittel landwirtschaftlich ausgerichtet. Das änderte sich im Stodertal bald radikal. In den Kriegsjahren profitierte bis 1942 das hintere Stodergebiet nämlich durchaus vom „gesteuerten" Fremdenverkehr. Es gab zahlreiche staatlich und von der Partei unterstützte Aktionen für die Erholung urbaner Schichten am Land, wodurch die gezählten Übernachtungen im Jahr von Stalingrad über 30 000 betrugen; so lernten viele Kinder aus dem Reich im Rahmen der Kinderlandverschickung Gastfamilien im Stoder und im Garstnertal kennen und manche kamen Jahrzehnte später als Urlauber (*K8*, S. 211). Das Erholungsheim ging 1939 an die WAG der Reichswerke Hermann Göring in Linz (= VÖST) und 1940 durch Tausch an die NS Volkswohlfahrt, die auch die Stampfhütte (H 24) erwarb. Der Sohn des alten Schullehrers, Robert Angerhofer (1895–1989), war inzwischen von Hinterstoder weggegangen und freischaffender Künstler (Maler) geworden und bekam 1941 für seine Werke im Stil der neuen Sachlichkeit den Gaukulturpreis verliehen. Er galt als *naturverbundener Alpinist, Skifahrer und guter Schütze*, seine Werke lassen im neusachlichen Ambiente auch romantisch-poetische Formen erkennen, die mit Sicherheit vom Elternhaus im Stoder herrühren.[160] Der Stodertal-Ski fand durch einen Großauftrag der Wehrmacht Anerkennung. Lokale Torläufe fanden damals auf der „Torlaufwiese" beim Poppengut statt, wo nach dem Krieg ein Skilift 200 m hinauf karrte. Riesentorläufe – auch nach 1945 eine alljährliche Tradition – wurden erstmals 1939 in der Nähe des Prielschutzhauses auf dem Schneefeld gestartet. Angesichts geringerer

160 Gabriele Spindler, Gemässigt scharf und nüchtern. Spuren und Rezeptionsstrukturen der Neuen Sachlichkeit in Oberösterreich. JbOöMv 147 (2002) 356.

Geschwindigkeiten dachten damals wohl nicht viele über die Gefahren dieser zum Teil schmalen Abfahrtspiste von 3 km Länge nach.[161]

Manchmal konnten sich die Bewohner zeitgemäßen Umtrieben nicht entziehen. 1940/41 wurden z.B. im Stodertal rassische Umfragen durchgeführt. Die Bewohner galten als endogame Bevölkerung mit wenig Migration; es wurde auf mehreren Bauernhöfen sowie im Mütterheim der NS Volkswohlfahrt in der Polsterlucke sogar gefilmt und Vermessungen von 437 Personen durchgeführt.[162] Eine Zeit lang war das Mütterheim auch beim Dietlgut untergebracht. Wie antiklerikal übrigens man im Stoder sein konnte, zeigt ein Geschehen besonderer Art: *während der NS-Zeit, kam der damalige Linzer Weihbischof Fließer nach Hinterstoder auf Visitation. Vom Pfarrer wurde er vor dem Ort empfangen, danach war ein Gottesdienst angesetzt. Doch als der Bischof eintraf, war die Kirche leer. Damals zur NS-Zeit, war Kirchentreue nicht erwünscht. In Hinterstoder hielt man sich, wie in anderen Orten der Region, stark daran.*[163] Schon im Herbst 1938 nahmen nur mehr 28% der Schulkinder des Stodertales am Religionsunterricht teil, in Vorderstoder waren es immerhin 60%. Das Sagen hatte dort jetzt der Steinerwirt als Bürgermeister. Liselott Schwarz-Messany erinnert sich an das schlichte Dörflein an der Steyr jener Kriegsjahre: *Der Dorfkern bestand nur aus wenigen Häusern, einer Kirche, an die sich der Friedhof anschloss, zwei kleinen Lebensmittelgeschäften, einem Gemeindehaus, in dem die Arztpraxis samt der Apotheke untergebracht waren, einem Postamt, der Schule und der Gendarmerie.*[164]

In den letzten Kriegsjahren veränderte sich manches. Graf Hoyos, der mit antinazistischen Kreisen Kontakt hatte, brachte zur Sicherheit seine Frau Helga mit zwei kleinen Söhnen 1943 zu seinem Schwiegervater Amann auf das Fröstlgut. Das war nicht die einzige Familie, die hier Schutz suchte. So fand die bekannte Hellseherin Bianca Gräfin Beck-Rzikowsky („Madame Silvia") zunächst bei den Eulenburg Quartier und wohnte später bei Meta Burgerhout. Auch die Schwiegereltern von Lieselott Messany waren aus Berlin „bombenverlagert". Für noblere Gäste dienten dabei das Jaidhaus oder Villen als Domizil.[165] Die Schriftstellerin Brita Steinwendtner (*1942), die in einem Bauernhof auf der Farnau aufwuchs, erinnert sich: *In Hinterstoder sehe ich meinen Anfang. Ich habe lebhafte Erinnerungen seit dem zweiten Lebensjahr (zur Jahreswende 1944/45) … da sind die Bomber drüberflogen, das ganze Tal hat gedröhnt.* (Es gab auch Bombenabwürfe im Stodertal.) Und den Jahresrhythmus in ihrer Vorschulzeit bedenkend: *Im Winter hatten wir fast zwei Monate keine Sonne, nur den Widerschein von der südlichen Talseite – im Sommer geht die Sonne den ganzen Gebirgszug entlang und hat in jedem Monat ihre charakteristischen Einschnitte.*[166] Dieses Stodertal muss man sich in Kriegstagen als „Friedensinsel" vorstellen, man lagerte so-

161 Angerhofer, Hinterstoder und seine Berge, 76, 85.

162 www.coltempo.hu/catalog/margit_berner.

163 Martin Kranzl-Greinecker, KIZ Ausgabe 1999/06, 1999-02–23.

164 Schwarz-Messany, Tiden des Lebens, 100.

165 Schwarz-Messany, Was ich noch sagen möchte, 49, 75.

166 Www.diepresse.com/home/kultur/literatur. Die Autorin meint natürlich: Nordabhänge = Schattseite, Südabhänge = Sonnenseite.

gar Teile universitärer Institute von Graz dorthin aus. Und im Pfarrhaus Vorderstoders tauchte die Familie des inhaftierten Landeshauptmanns Heinrich Gleißner unter. Da urlaubten sommersüber Gegner und Befürworter des Regimes als Nachbarn; ihre Gäste waren ein Spiegel der Vielfalt. Während die ältere Generation („Standesherren") Einladungen zum Nachbarn höflich nachkam, schlossen ihre Kinder zum Teil Lebensfreundschaften mit der einheimischen ländlichen Jugend. Der kleine Philipp von Eulenburg etwa ging 1943 in die Dorfschule von Hinterstoder.[167] Doch bald kam es zu neuen Schüben von Einquartierungen und Beschlagnahme von Wohnraum – Rheinländer, Südtiroler, Schlesier und Volksdeutsche. Schon 1944 befanden sich über 100 Bombengeschädigte und Flüchtlinge aus Wien und Deutschland allein in Vorderstoder, deren Zahl bis Kriegsende auf 600 anwuchs. In Hinterstoder wohnten 1254 Flüchtlinge. Durch Anordnungen sollten die Haarstuben bewohnbar gemacht werden, vier Notbaracken entstanden; zusätzlich wurden Erdhütten für die Flüchtlinge in der Hanselbauernau und Zanseggerhalt sowie in Hinterstoder gegraben. [168] Kurz zuvor ging das württembergische Huemgut durch Tausch an Marie von Eulenburg-Hertefeld. Auf einer Liegenschaft Eulenburgs weideten übrigens kurzfristig auch 34 Lippizaner, die Alois Podhajsky aus dem Osten hingebracht hatte.

Ende April 1945 schickten hohe Prager SS-Funktionäre deren Frauen und Angehörige in das Stodertal. In den ersten Maitagen rollten 50 LKW's der Truppen vom Fliegerhorst Wels ins Gebiet. Und dann fluteten vor dem amerikanischen Angriff bei Kriegsende SS-Truppen in die „Alpenfestung". *In May of 1945 ... there was a huge assembly of German SS Wehrmacht preparing for a final battle ... A battle that was part of Hitler's redoubt ... to stop the invaders. The elite troops retreated into the Alps, where the mountains and difficult terrain would have made a final stand last longer and cost more lives.*[169] Was am Chaostag des 6. Mai 1945 geschah, als die Amerikaner bereits in Kirchdorf standen, schildert der Schriftsteller Ringler eindrucksvoll: *Die Straße ist hoffnungslos verstopft, die einen wollen ins Ennstal, die anderen Richtung Klaus ... Ich finde meinen Wagen unversehrt. Während ich im ersten Gang schrittweise weiterschleiche, entdecke ich meinen Vater am Wegesrand. Herzliche Begrüßung und Glückwünsche zur Flucht aus der Gefangenschaft. Er gibt mir den Rat, den Weg über Hinterstoder zu versuchen. Meine Leute wären größtenteils schon in Liezen. Es folgt eine abenteuerliche Fahrt gegen den Strom der Fahrzeuge. In Hinterstoder stolziert ein abgerüsteter General umher – als wäre er hier zur Erholung.*[170] Pikant war diese Zeit u. a., weil sich auch andere im Tal befanden, z. B: ein Dachau-Flüchtling oder der Widerstandskämpfer Franz Draber (1913–1996), der wegen kommunistischer Umtriebe in Steyr 1942 verhaftet, zum Tod verurteilt wurde, aber fliehen und sich verkleiden konnte und nach Ostern 1945 als „Schafhirte" in Stoder überlebte.[171]

---

167 Mitteilung von Siegwart, Graf zu Eulenburg, 14. Oktober 2011.

168 Pfarrchronik Vorderstoder, 1944. Gemeindechronik Vorderstoder 98, 106. Enichlmayr, Gemeindechronik, 627.

169 Amerikanisches posting vom August 2010 aus: Cutting Edge Publishing.

170 Ralf Roland Ringler, Illusion einer Jugend (1977) 277.

171 Amtsblatt der Stadt Steyr 5a (2005) 13.

Bevölkerungsentwicklung in Stoder 1869-2011

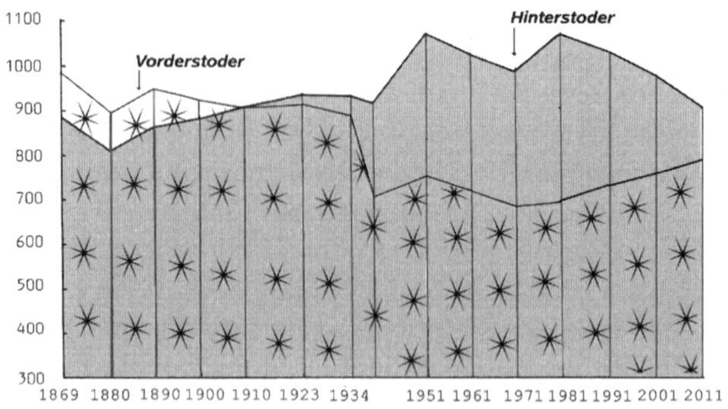

D2: Bevölkerungsentwicklung im Stoder 1869–2011

Bei Kriegsende 1945 wohnten im Stodergebiet daher weit mehr als doppelt soviel Menschen, wie die Einwohnerzahl der letzten Zählung ausmachte, dazu lagerten für kurze Zeit tausende Soldaten. Die deutschen Militärs wurden zwar bald in Lagern des Alpenvorlandes konzentriert, Flüchtlinge und Vertriebenen aber blieben einige Zeit; zuweilen lebten sie in Erdställen und anderen Notunterkünften. Ein Teil der Soldaten flüchtete mit organisierter Zivilkleidung übers Gebirge. *Die Straßen waren mit Kriegsgut überschwemmt. Metallkisten, Werkzeuge, Drahtrollen ... lagen wild durcheinander,* sogar intakte Kampfflugzeuge standen in Hinterberg.[172] Das „letzte Aufgebot" der Deutschen Wehrmacht verteilte sich ebenso auf das Ausseerland, SS-Angehörige beim Baumschlagerreith flüchteten über den Salzsteig. Obwohl den Amerikanern als Besatzer doch eher ein guter Ruf vorauseilte, gab es auch bei ihnen „schwarze Schafe". Ein Beispiel für viele: Ein CIC-Agent nutzte den Schmuck von Ingeborg von Schoenebeck im Griesserhaus zur persönlichen Bereicherung; vor Rachejustiz war man in der ersten Zeit nicht gefeit und Zwangsverwaltungen wurden eingerichtet. Eine Zeit lang dachten manche darüber nach, wie man das Besitztum des „ausländischen" Adels verteilen könnte.

172 Schwarz-Messany, Tiden des Lebens, 89.

Fremdenverkehr im Stoder – vom sozialen Phänomen zum Wirtschaftsfaktor

Soziale Phänomene der Nachkriegszeit

Der Stoder war nach dem Zweiten Weltkrieg eine idyllische intakte Landschaft geblieben.; nach der Währungsreform legte die Post 1947 eine Briefmarke mit bekanntem Blick im Stodertal auf. Ein Teil der Gesellschaft befand sich jedoch im Umbruch. Gerade bei der einstigen Jugend, die durch Partei und Reich verführt nicht mehr in die alten bäuerlichen Bahnen zurück wollte, machte sich eine gewisse Umorientierung und Orientierungslosigkeit breit. Neue Lebensformen dieser Umbruchsjahre lockten, „Arbeiter" statt „Knecht" hieß mancherorts die Devise. Auch manche „Heimkehrer" aus dem Krieg fanden sich nicht mehr zurecht. Das führte zu massiver Abwanderung (vor allem im oberen Stoder), während letztmalig die Bauern ihre Getreidefelder zur Selbstversorgung intensiver nutzten; der Trend ging allerdings zur Grünlandwirtschaft. Diese „Reagrarisierung" ist aus der Zeit heraus zu verstehen, in Hinterstoder schnellte vorübergehend der Anteil der Beschäftigten in der Land- und Forstwirtschaft auf fast 50 %, in Vorderstoder sogar auf 68 % hinauf. Im Zusammenhang mit diesem Vorgang überrascht nicht, dass die Egartenwirtschaft in der Fläche kurzfristig um 35 % (1934–1951) anstieg; die landwirtschaftliche Nutzfläche nahm um fast 20 % zu. Ab 1953 setzte ziemlich rasch der Umkehrtrend ein, die letzten alten Hausmühlen verfielen.[173] Noch 1948 war der Bevölkerungsdruck spürbar, die meisten Flüchtlinge hatten vorübergehend auf den Bauernhöfen Arbeit gefunden. Die Selbstversorgung vieler Bauern war kurzfristig noch ein Stellenwert, wie man (zum Unterschied der Felder um Windischgarsten) aus der stabilen Bedeutung des Brotgetreides ablesen kann. *Die alte Autarkie der Bauern hatte ihren tiefen Sinn, auch für die Allgemeinheit und vor allem in den Zeiten der Not, wie nach den Kriegen, als Städter zu den Bauern kamen, um Lebensmittel zu erwerben.*[174] Und Evakuierte gab es damals genug, die mit dem „Hamsterrucksack" zu Bauern im Stoder gingen. Beim Prentnergut wohnten z. B. ein Wiener Major mit Frau und Kind; die Eltern verdingten sich als Knecht und Magd. Eines Tages

173 Krawarik, Das Becken von Windischgarsten, 93.

174 Roland Girtler, Wandel und Untergang der alten bäuerlichen Kultur, in: Girkinger-Limberger, Pyhrn-Eisenwurzen, 115.

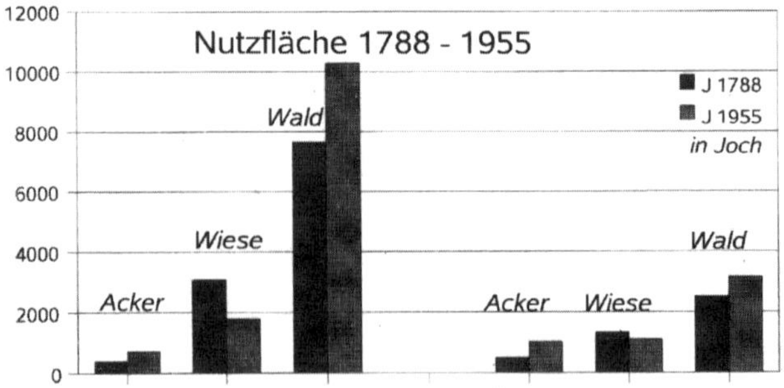

D3: Nutzfläche 1788–1955

erschien der Major beim Nachbarn Messany und bat den einstigen Großwildjäger, sich ein Buch ausleihen zu dürfen. Im Gespräch wurde bekannt, dass seine Frau Opernsängerin wäre. Darauf folgte eine Einladung für nächsten Tag – es wurde in einer freudlosen Zeit ein wunderbarer musikalischer Abend mit Hochgenuss.[175]

Fast gleichzeitig setzte im Stodergebiet eine weitere Veränderung ein. Die Stückzahl der Rinder nahm 1950–54 um über 5% ab; die alte Form der Almwirtschaft war im Umbruch. Wenige Jahre vorher hatte es noch auf Almen Stoders Butterzeugung gegeben. Von einzelnen gemischten Alpen brachten Pferde die Milch ins Tal zum Molkereiwagen.[176] Das seit dem 19. Jh. heimische Blondvieh (Murbodner) musste in vielen Fällen dem Braunvieh weichen, das für die Aufzucht im Gebirge besser geeignet schien. Vor allem in Hinterstoder kam es mehrere Jahre zu Überschlägerungen und in Folge zu groß angelegten Aufforstungen. Übrigens wurde das Ullerspergsche Forstgut (272 ha) sowie die Liegenschaften Württembergs (3978 ha) bis 1947 direkt von den Amerikanern verwaltet. Die Zuwaldung der Almen des Stodertales ist auf Luftbildern um 1960 sehr gut zu erkennen. Um 1950 war der „Flötzersteig" letztmalig aktiv.

Allmählich verließen die Flüchtlinge und „Fremdarbeiter" (Polen, Ukrainer) das Gebiet, noch 1949–51 (als die große „Heimkehr" schon vorüber war) trat ein Bevölkerungsverlust von 126 Menschen (7%) ein; in manchen Quartieren wie der Prieler Villa blieben einquartierte Flüchtlinge bis 1953.[177] Gar nicht wenige kamen später als Urlaubsgäste wieder, weil sie im Stoder trotz der Entbehrungen nach der aufwühlenden Zeit ihren Frieden gefunden hatten; drei Beispiele dazu: die ersten Gäste kamen zum Großgruber bereits 1945, im selben Jahr verbrachten einst Evakuierte die Ferien beim Kreil, 1946 auch beim Krapfweiher und 1947 kam ein ehemals Kriegsgefangener auf den Zansegger Hof zur Erholung. Das hatte wohl auch mit der Einstellung und Fürsorge der Bevölkerung zu tun. *Die Stöderer, wie sie sich*

175 Schwarz-Messany, Tiden des Lebens, 91.

176 Miglbauer, Strukturwandel, 255.

177 Differenz aus Gemeindeverzeichnis 1949 und Volkszählung 1951. Mitteilung von Siegwart Graf von Eulenburg, 14. Oktober 2011.

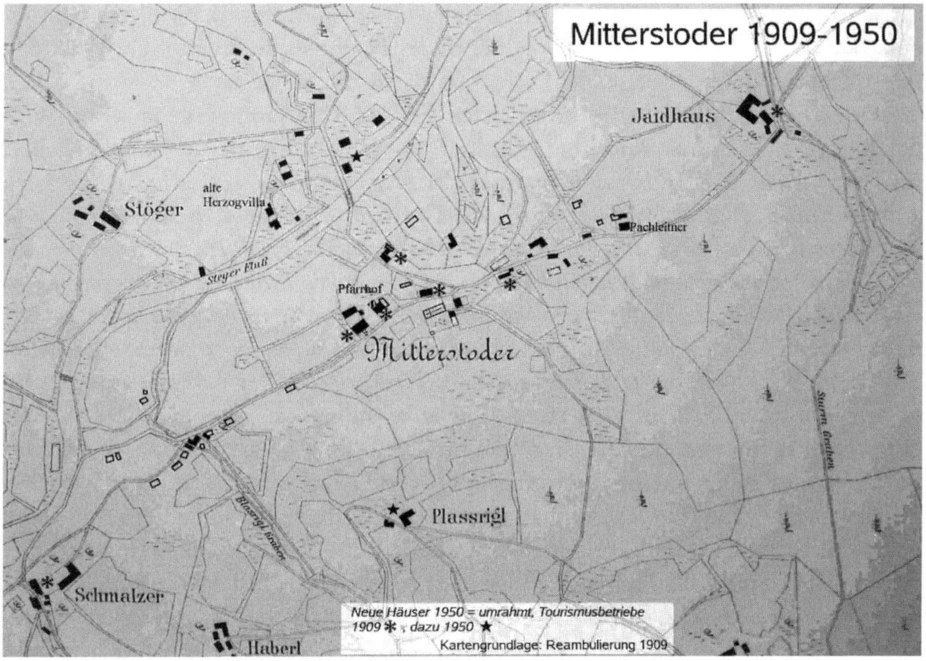

K9: Mitterstoder 1909–1950

selbst nannten, hielten stets brav zusammen, ob es sich um nachbarliche Hilfe oder um die Abwehr von auswärtigen Zumutungen handelte, sie bildeten eine eigene winzige „Republik" innerhalb der Republik Österreich und sie waren stolz darauf. Im Hochwinter gab es Skiwettfahrten und Faschingsfeiern mit Maskenumzügen, dabei ging es ebenso laut wie fröhlich zu.[178] Wenn man dazu die Berichte R. Girtlers (Aschenlauge) über das Leben der Zwischenkriegszeit im größeren Zusammenhang vergleicht, bestätigt diese Aussage: Im Stoder hatte sich in mancher Weise die klassische Bergbauernkultur mit ihrem aus der Alltagsarbeit genommenen Gemeinschaftssinn bis in die Nachkriegszeit bewahrt.[179] Neben dieser Sicht des Städters gab es auch andere Sichtweisen. Pfarrer klagten dort mehr als einmal über den Opfersinn und die nötige Geduld im Umgang als Seelsorger. Was für die derbe bäuerliche Welt wichtig war, entschlüsselt ein damals von Bergbauern gehörtes Sprichwort: „Wenn Weiber sterben – neue erben, Viehverrecken, das ist Schrecken". Freilich beklagte Robert Angerhofer 1949 erste „Erosionserscheinungen" von Kultur und Tradition, indem er über die Stöderer urteilte: *Leider verlieren sie allmählich den Hang zum Behalten alter Bräuche.* Auch die Wilderei schien ihm zuende zu gehen.[180] Noch in den 1920er Jahren hatte ein Kleinbauer am Tamberg gewildert, war abgepasst und vom

---

178 Krawarik, Erinnerungen, 240.

179 Girtler, Aschenlauge, 174f. Girtler, Sommergetreide, 356f.

180 Angerhofer, Hinterstoder und seine Berge, 28 und 33.

Gendarm talabwärts geführt worden. Bei der Hochleiten warf der Wilderer diesen den Hang hinunter und entkam – keiner in der Nachbarschaft verlor ein Wort darüber. Der Wilderer galt als „Held", der Gendarm als „Schuft".[181]

Der Tierarzt Dr. Franz Krawarik, der 1947–50 im Gemeindehaus von Vorderstoder seine Praxis aufschlug, schildert in seinen Erinnerungen das Leben im Bergwinter: *Zur Weihnachtszeit war das Stodertal meist zu geschneit und blieb es monatelang bis zum Frühjahr. Das stille Dörflein wurde noch stiller, die täglichen Kuhglockenklänge waren durch das seltene Schellengeläute der Pferdeschlitten abgelöst … Die Sommerwege und Wiesenpfade lagen unter hohen Schneedecken begraben, ein ganz neues Wegenetz war jetzt in Gebrauch, die so genannten Schneebahnen. Auf ihnen wurden Holzstämme zu Tal gebracht, auch führten sie von und zu jedem größeren Bauernhof. Vom Vieh und Holz lebte die Bevölkerung und die Holzfällerarbeit war im Winter eine Hauptbeschäftigung der Gebirgler.*[182] Sicher war es ebenso der Beginn eines Umbruchs und der kam im Stodertal früher, als im Stoderpassland. Das hatte vermutlich auch damit zu tun, dass General Mark Clark, seit Juni 1945 US-Hochkommissar und Oberkommandierender in Österreich, seine Ferienresidenz mit seinem Stab in das Dietlgut und später in die Jochems-Villa Hinterstoders verlegte; das sorgte für Aufwind.[183] Liselott Messany erzählt davon: *Als die Amerikaner nach Hinterstoder kamen, kam mit ihnen auch General Clark. Er fand Gefallen an dem Haus am Haistriegel und versprach Frau Jochems, sie per Flugzeug nach Hause, nach Den Haag zu bringen, wenn sie ihm dafür ihr Haus vermieten würde.*[184] Clarks Wirken in Österreich war geschätzt, 1947 bekam er den Ehrendoktor der Universität Wien verliehen. Und in Hinterstoder wurden seine „Weihachtsbescherungen" in unmittelbarer Nachkriegszeit legendär. Sein Gast war mehrmals der alliierte Oberbefehlshaber (und spätere US-Präsident) General D. Eisenhower. Clark selbst machte 1950 den Spatenstich zum Bau der vierklassigen Volksschule und übergab eine Spende für neue Kirchenglocken. Mark Clark war begeisterter „Jäger", der den begeisterten „Fischer" Eisenhower „bekehren" wollte. Was dabei geschah, kolportiert man sich heute noch in Hinterstoder: *Der US -Hochkommissar wollte seinem Kollegen aus Deutschland schon zeigen, was Jagdfieber sein kann und ihm zu einer erfolgreichen Strecke verhelfen. Am Tag vor der vereinbarten Jagd schickte er unzählige Treiber in das Revier, um äußerst diskret eine Gämsenherde auf Schussdistanz zu Eisenhower zu treiben. Der Plan gelang. Eisenhower kam, sah und schoss. Mühelos errang er eine stattliche Jagdbeute.* Clark war sich sicher, die Begeisterung in Eisenhower geweckt zu haben, doch dieser bemerkte dazu später im Gespräch mit Offizieren: *„Ich weiß nicht, was Clark mir immer erzählt, wie hart, anstrengend und entbehrungsreich die Jagd ist, das kann ich nicht bestätigen. Bei mir war das ganz anders …"*.[185]

181 Ramsebner, Erzählungen (über Wilderei, Tonband II).

182 Krawarik, Einnerungen (geb. Manus 1969) 237.

183 Enichlmayr, Chronik, 628.

184 Schwarz-Messany, Was ich noch sagen möchte, 83.

185 Hinterstoder pur 2009 (Heinz Schachner), 19.

Abb. 37a: Colonel Yale mit Stoderer Kindern

Abb. 37b: Amerikaner beim Dietlgut 1950

Die frühen 1950er Jahre werden in der Regel gekennzeichnet durch Landflucht ohne wesentlichen Siedlungsausbau und mit geringen Verdienstmöglichkeiten. Im Detail wird man zwischen Stodertal und Stoderpassland differenzieren müssen. Das ist schon im radikalen Rückgang der Agrarbevölkerung in Hinterstoder 1951 (zu 1934) auf ca. 20 % erkennbar, während diese in Vorderstoder zunächst fast stabil geblieben war (60 %). Von der Typisierung her war Vorderstoder eine Agrargemeinde, Hinterstoder aber durch „Subindustrialisierung“ charakterisiert. In der Tat übertraf in diesen Jahren bei der Wohnbevölkerung der Sektor „verarbeitendes Gewerbe“ die Land- und Forstwirtschaft.[186] Freilich war für die rasche Zunahme der gewerblichen Bevölkerung (+15 %) im Stodertal weitgehend die Kriegszeit verantwortlich gewesen. Dort verschrieb man sich wesentlich rascher dem Fremdenverkehr und nicht agrarischen Sektoren – und 1948 zählte man bereits 17000 Übernachtungen, in Vorderstoder waren es fast 7000 Nächtigungen.[187] Der Aufenthalt Kardinal Innitzers im Pfarrhof Vorderstoder im Sommer 1950 blieb ein kaum beachtetes singuläres Ereignis. Der Ansatz hielt nicht, was er versprach, zu sehr litten viele unter der Nachkriegszeit.

Hans Fessl sah sein Dietlgut damals als *ein beliebtes Ausflugsziel für Kraftfahrer, Talwanderer, Touristen und Skifahrer*, Anton Pichler, bei dem sich die Tankstelle im Ort befand, sprach bei seinem Gasthof zur Post von *Fremdenbeherbergung und Touristenlager.* Maria Muck in der Pension Prielkreuz bewarb ihre 15 adaptierten Zimmer *mit herrlich staubfreier Lage und vorzüglicher Wiener Küche*. Franz Wieser von Gasthof und Pension Schmalzerhof (durchaus landwirtschaftlich orientiert) schwärmte von *schöne ruhige Lage, Zimmer mit Fließwasser;* August Schachner und

186 Greiner, Windischgarsten, 41f. Miglbauer, Strukturwandel, 40.

187 Gantioler, Marketing, 18.

Anton Hackl boten ihre Pension Enzian bzw. den Gasthof Gausrab durch *Fremdenzimmer mit voller Pension* an. Die „Pension Angerhof" am Schwarzbach warb mit *sehr schöne, staubfreie Lage in Ortsnähe mit Badeplatz an der Steyr*. Mehrere Betriebe (Dietlgut, Jaidhaus, Gressenbauer) schönten ihre Bauernwirtschaft zu „eigene Meierei". Hans Grabner (M 53 = H 8, „Wallnerschneider") führte ein „Fremdenheim". Diese etwas unbeholfene Touristenwerbung, die an Anachronismen der Zeit vor 1945 erinnerte, fand ihre Ausnahme bei Josef Brandtner von der Schrenkenzieheralm, *das Herz des Huttererbodengebietes*. Daneben gab es auch die ganzjährig bewirtschaftete Huttererbödenhütte, die pachtweise betrieben wurde. Die Kaufhäuser Pachleitner und Blaimschein sorgten für Waren des Touristenbedarfs aller Art; zwei Friseure in Hinterstoder signalisieren, dass man als Tourist in Stoder auch gern gesehen werden wollte. Im Vergleich dazu war die Werbung für die Betriebe Vorderstoders wesentlich nüchterner oder überhaupt nicht vorhanden.[188] Das hing doch auch mit der anfangs wohl politisch motivierten Rivalität von Steiner und Stocker zusammen; man wusste sehr wohl über „Nazi" und „Antinazi" in der Bevölkerung Bescheid und es war leicht, Stöderer und Gäste „aufzuhussen". Der junge Stockerwirt, der 1941 als Soldat ein abgewirtschaftetes „Biergasthaus" übernommen hatte, war 1949 kurz davor, aufzugeben und bei den Steyrwerken arbeiten zu gehen. Nach dem Ableben des Steinerwirtes (1952) entfaltete sich dann im Ortszentrum allmählich eine gesunde wirtschaftliche Rivalität um Gäste, die den Ort positiv veränderte. Noch in den 1960er Jahren war für die Urlauber dieser latente Wettbewerb deutlich zu spüren.[189]

Wenn wir dazu die Zahlen des Fremdenverkehrs des Jahres 1951 vergleichen, wobei es in Stoder nur 17 gewerbliche Betriebe (14/3) mit 612 Betten (472/140) gab, erkennt man deutlich die damalige Ausgeglichenheit: 8435 Übernachtungen in Hinterstoder standen 7523 Nächtigungen in Vorderstoder gegenüber. Die Sommerfrische überwog bei weitem und schon damals hatte die Privatvermietung, u. a. am Bauernhof, ihren Stellenwert.[190] Der dreijährige Heribert Sasse, Jahrzehnte später als Theaterintendant begehrter Vortragender in Hinterstoder, gehörte mit seinen Eltern 1948 zu den ersten Feriengästen der Tambergau, wo zehn Sommerwochen im Gausrabenhof logiert wurde.[191] Die Familie war noch bis in die 1960er Jahre Stammgast. *Er hat sogar am Hof mit gearbeitet, durfte manchmal Traktor fahren und gegen Abend die Kühe in den Stall eintreiben,* erinnert sich der Gausrab (Hackl) heute.[192] Das waren noch naturverbundene „Ferien vom ich".

Dieser geistige Aufbruch Hinterstoders noch in den späten 1940er Jahren wird auch durch das Baugeschehen untermauert. In Vorderstoder war es 1948 der Neuaufbau der Stockerhütte, der erwähnenswert ist. Beim Stockerwirt und Hanselbauer wurden Transformatoren eingerichtet, es gab noch zahlreich E-Eigenan-

188 Angerhofer, Hinterstoder und seine Berge, Anhang.

189 Ramsebner, Erzählungen (Tonband II).

190 Fremdenverkehr in Österreich 1956/57,BzöSt H 27 (1958) 62f.

191 Hinterstoder pur, Sommer 2005, 4.

192 Interview mit Fam. Hackl, Gausrab, am 30. 8. 2011.

Abb. 38a: Schaffermühle – typisches Privatquartier Vorderstoders nach 1950

Abb. 38b: Gasthaus Alpenrose, Hinterstoder eröffnet um 1950

lagen.[193] In Hinterstoder begann bereits 1946 die Errichtung des E-Werkes am Weissenbach und 1948 begann die Einbindung in das Netz der E-Werke Hofmann in Kirchdorf. Damals brach man das Tischlerhäuschen (M 39 = H 25) ab und führte bis 1949 einen Neubau auf. Dazu kamen immerhin sechs Hausumbauten. 1950–54 war der Auftrieb bereits sichtbar. Der Umbau beim Griesser, der Doberervilla und Haistriegl, von Post und Blaimschein, der innere Ausbau des Stögerhofes sowie der Neubau der Volksschule, GH Alpenrose, dem „Sonnhof" (Grabenhütte, 1947) und des Feuerwehrgebäudes – insgesamt über 20 größere Baumaßnahmen – spricht eine deutliche Sprache.[194] Im Juli 1953 eröffnete gar das „Jaidhauser Bad" oberhalb des Weges zum Spintriegl. Als Landeshauptmann Gleissner am 28. März 1954 nach längeren Umbaumaßnahmen das *Landesjugendheim Edtbauernalm* eröffnete und der erste Skikurs auf den Hutterer Böden stattfand, gab es erst eine einfache Materialseilbahn, mit der die Gäste versorgt werden konnten. Solche bäuerlichen Materialseilbahnen gab es nach dem Krieg mehrere im Stoder, eine besonders steile Bahn führte zum Geislitzkogel hinauf; auf diesem Weg wurden die Milchkannen ins Tal transportiert.[195] Mitten in diesem Aufbruch konnte auch die neue Volksschule mit Lehrerwohnhaus die Pforten öffnen, gebaut hat man damals sehr lange … Bei dieser Feier erklang auch das inzwischen zum Volkslied gewordene „Stöderer Hoamatliad" des Stodertaler Mundartdichters und Oberlehrers i. R. Karl Seuffert (1882–1952). Er war neben Josef Angerhofer die zweite poetische heimatverbundene Persönlichkeit der Zwischenkriegszeit an der oberen Steyr gewesen.[196]

193 Gemeindechronik Vorderstoder, 114.

194 Häuser und Wohnungszählung 1961, Hinterstoder.

195 Girtler, Viechdoktor, 213.

196 Siehe dazu: Krawarik, Poesie in Medien, 116.

Abb. 39a: Eulenburg-Verwandtschaft in Stoder 1953

Abb. 39b: Trachtenkapelle 1967

O wia schön is's in Stoder,
wia wo anders nöt bald,
siagst rundum grawi Felsberg
hoch übern grean Wald.
Durch das sammatgrean Tal Ja,
rauscht silberhell dö kar' Steyr,
und wia d'Abendröt' schö^n glüaht
obm in Gmäu'.

Grad so tiaf und so felsenfest
als wia d'Berg in das Rund',
san a mir da verwachsen
In der Hoamat ihr'n Grund.
dir leb'm ma, dir sterb'm ma
und du deckst üns amal,
o du Hoamat, du mei^n liabs's,
Schön's Stodertal!

Inzwischen war das Stodergebiet an das Telefonnetz angeschlossen worden, was angesichts der oft abseitigen Streulage der Gehöfte wohl eine Leistung war – in Vorderstoder hatte es im Winter 1947 nur drei Telefonnummern gegeben. 1957 vollendete der Bau der Ortswasserleitung im Stodertal (Quellgebiet Blasriegl) den ersten Schritt zur modernen Grundversorgung des Ortszentrums im Tal. Eine andere Frage war die enge staubige Landstraße, die den Stoder durchzog. Um 1950 waren Privatautos noch selten und der Autobus wusste auf der Verbindung Vorderstoder-Hinterstoder schon genau, wo er auf den entgegen kommenden Milchwagen warten musste. Ein lang gedienter Autobuschauffeur erzählt vom Abenteuer: *Wenn ich zum Beispiel im Winter nach Hinterstoder gefahren bin, mussten die Fußgänger, die mir begegneten, auf den Schneeriedel am Straßenrand, damit ich überhaupt vorbei kam, so schmal war die Straße. Der Autobus hat die ganze Straße gebraucht. 23 Jahre lang bin ich diese Strecke gefahren. Damals hatte die Straße, eine Schotterstraße, noch eine Steigung von 23 Prozent.*[197]

Bei Vorderstoder fällt die Bautätigkeit des Jahrzehnts 1950–59 eher bescheiden aus: Einige Bauern bauten aus (Zansegg, Lugis, Immerl, Unterbucheben, Lettweyer), zum Teil schon für Gästezimmer; die Trafik entstand und die Volksschule neben dem Gemeindehaus. Das „Weekendhaus“ gab es damals schon, allerdings in Form alter angekaufter Kleinhäuser. An Infrastruktur mangelte es klar, ein winziger

197 Girtler, Sommergetreide, 309.

Abb. 40a: Buchebnerreit (Hinterstoder) frühes Feriendomizil

Abb. 40b: Neue Seilbahn um 1960

„Konsum" war zu wenig, ein gelegentliches Wanderkino beim Steinerwirt war eher eine Kuriosität denn eine Attraktion. Übrigens gab es in Hinterstoder wirklich ein Kinogebäude, das man aus dem Wirtschaftsgebäude des einstigen Kleinbruderhofes adaptiert hatte und später als Pfarrkindergarten dienen sollte. Als 1951 der Fremdenverkehr um 10 % zurück ging, regte sich Aktivität: Gemeindesekretär Felix Auzinger wurde Obmann des neuen Fremdenverkehrsverbandes in Vorderstoder.[198] Die Mittel allerdings waren beschränkt und zunächst blieb die alte Betriebsstruktur (wenige Gasthäuser, einige Privatquartiere) erhalten, wenn auch die gewerblichen Betriebe die Bettenanzahl zunächst erhöhen konnten. Wintergäste hatten rasch die Unzulänglichkeiten erkannt, mit dem Jahr 1954 sank die Nächtigungsziffer im Winterhalbjahr auf mehrere Jahre in die Bedeutungslosigkeit herab. Auch im Stodertal stagnierte die Gästezahl, um erst 1957 sprunghaft anzusteigen. In der Sommersaison zeigte sich allerdings ein Unterschied: Im oberen Stoder stagnierte der Fremdenverkehr auf mäßigem Niveau, im hinteren Stoder wurde seit 1955 die Sommerfrische immer beliebter. 1959 erreichte man fast 40000 Übernachtungen, während in Vorderstoder ca. ein Viertel davon erzielt wurde.[199]

Während in Hinterstoder der Bevölkerungsverlust weniger durch eigentliche Landflucht verursacht wurde und die gewerbliche Bevölkerung 1961 schon deutlich in der Mehrheit war, setzte in Vorderstoder mit dem Übergang zur Grünlandwirtschaft eine „Aushöhlung" der Agrarwirtschaft ein; die Agrarbevölkerung verlor 1951–1961 über 16 % ihrer Anteile; gleichzeitig verlor der Ort ca. 45 % seiner landwirtschaftlich Berufstätigen – es war der letzte „Landarbeiterschub", der frei zur Disposition stand. Die Verkehrsabgeschiedenheit, mangelnde Motorisierung und Erreichbarkeit, stellten Auspendler vor große Probleme. Manchen Winter war man im höchsten Gebirgsdorf im Süden des Landes richtig eingeschneit, was vor der Motorisierung mühevolle Arbeit bedeutete. Peter Rohregger (*1897), der alte

198 Gemeindechronik Vorderstoder, 138. Häuser- und Wohnungszählung 1961, Vorderstoder.

199 Fremdenverkehr in Österreich 1952/53–1958/59 (BzöSt 53).

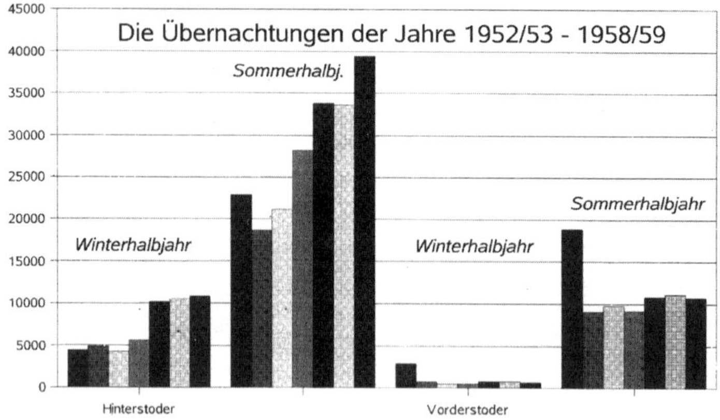

D4: Die Übernachtungen der Jahre 1952/53 – 1958/59

Stensberger, erinnert sich: *Früher als es noch keinen Traktor zum Schneeräumen gab, haben wir die Ochsen vor den Holzschlitten gespannt und so eine Wegspur gebahnt. Aber mühsam wars, denn ich musste ja vor den Ochsen gehen und ihn führen.*[200] Wenn auch zaghaft die Mechanisierung der Landwirtschaft einsetzte, blieb die agrare Struktur und Bodennutzung zunächst weitgehend erhalten. Die Umstellung auf die Milcherzeugung bewirkte einen Rückgang der Egartenwirtschaft um ein Viertel zugunsten eines mehrmähdigen Dauergrünlandes im hinteren Stoder. Die Berechnung des Ackerlandes 1945–1963 ergibt überhaupt einen Rückgang um 28 %.[201]

Die auffälligen Schwankungen (bis zu 50 %) bei den Übernachtungszahlen in Vorderstoder 1953–1957 auf mäßigem Niveau zeigen die Unsicherheit dieses Gebietes am Vorabend zum touristischen Übergang.[202] Die Ziffern des Fremdenverkehrsjahres 1956/57 vermitteln bereits einen großen Vorsprung Hinterstoders: Von den 44010 Nächtigungen entfielen fast 77 % auf das Sommerhalbjahr, in Vorderstoder betrug dieser Anteil bei 11612 Übernachtungen etwa 99 %.[203] Erstaunlich scheint dennoch die „touristische Leistung" Vorderstoders zu sein, die ab 1955 fast ausschließlich durch die Steigerung der Bettenzahl (um über 80 %) bei Privaten und Bauernhöfen erfolgt war. Waren das die wirtschaftlich richtigen Konzepte?

200 WIKU 193 (Jänner 1992) 17.
201 Miglbauer, Strukturwandel, 228.
202 Gantioler, Marketing, 18.
203 BzöSt H27, 62f.

Seilbahnen und andere Motive

Die wie von selbst jährlich steigende Übernachtungszahl zeigte bald eine Schwachstelle auf. In ganz Stoder war der Fremdenverkehr saisonal weitgehend auf die beiden Sommermonate gebündelt, die in Hinterstoder traditionell vorhandenen Ansätze zum Wintersport warfen aber Fragen zukünftiger Orientierung auf. Man wusste von anderen Urlaubergebieten in Westösterreich um die Bedeutung von „Aufstiegshilfen". Dabei waren in Hinterstoder die finanzwirtschaftlichen und landschaftlichen Voraussetzungen zum Unterschied vom Stoderpassland eher gegeben. Und es hatte ja schon kurzfristig einen Lift gegeben: 1948 hatte Georg Saxenhuber aus Steyr beim Gressenbauer einen „Schlittenlift mit Haltestange" montiert. War das ein Vergnügen für Groß und Klein, hinauf gezogen zu werden! Einige Jahre diskutierte man Alternativen, auch hinsichtlich der Infrastruktur. Eine Schweizer Aktionärsgruppe bot sich an, gegenüber einer geplanten Talstation ein „Nobelhotel" (140 Betten) zu errichten. Das wurde genauso verworfen wie das Projekt einer Gondelbahn. Dann stimmte die Gemeindevertretung unter dem dynamischen Bürgermeister Dr. Kurt Fessl (1955–1979) für die damals günstigere Variante eines Doppelsesselliftes in zwei Abschnitten. Nachdem 1958 die zukünftige Trasse abgeholzt worden war, war auch die Finanzierung durch ERP-Kredit und Eigenmittel der neuen Seilbahngesellschaft (12 Mio Schilling) gesichert. Die beiden Firmen Hamberger und Giral platzierten bis Sommer 1959 eine Materialseilbahn. Am 25. Dezember 1959 konnte der erste Abschnitt des Sesselliftes auf die Hutterer Böden freigegeben werden, die Eröffnung der zweiten Teilstrecke erfolgte am 27. Februar 1960. Landeshauptmann Gleißner befand bei festlichem Regenwetter: *Die neu geschaffene Seilbahn ist mit einem Prinzen zu vergleichen, der Hinterstoder aus seinem Dornröschenschlaf wach geküsst hat.*[204]

Diese Hössseilbahn hatte von Anfang an „Fremdenverkehrsfunktion". Wie ich auch selbst erfahren konnte, wurde damals die Seilbahnfahrt als „Erlebnis" empfunden, weil sie neue Fernblicke eröffnete und Besucher rasch in die gesunde Höhenluft transportierte. Diese Attraktion, das war die Absicht, sollte Saisonen verlängern oder den Winter als zweite Saison bewirken. Dadurch, dass die Nordhänge des Tales bei Mitterstoder oberhalb des schmalen Waldgürtels relativ flache Almmatten aufwiesen, hofften viele, der Wintersport werde sich nach oben verlagern.[205] Als modernen Schlepplift gab es bis zu diesem Zeitpunkt im Tal nur den Spintriegllift (seit 1953), wo die Kapazitätsgrenze erreicht schien. In Hinterstoder motivierten zu diesem mutigen Schritt also push- u n d pull-Faktoren. Und in der Tat entstanden kurz darauf mit dem Schullift (1960) und dem Ahornlift (1962) im Talboden weitere Schlepplifte.

Nicht von ungefähr waren in diesen späteren 1950er Jahren eine ganze Reihe baulicher Aktivitäten zu beobachten, allen voran 1956–58 der Dachgeschoßausbau des Prielschutzhauses, wo man aus dem Massenlager zeitgemäße kleinere Zimmer

---

204 www.hinterstoder.at/…/Sommer-Dorf-Leben_Gschichtln (Wussten Sie…).

205 Fessl, Auswirkungen, 5ff.

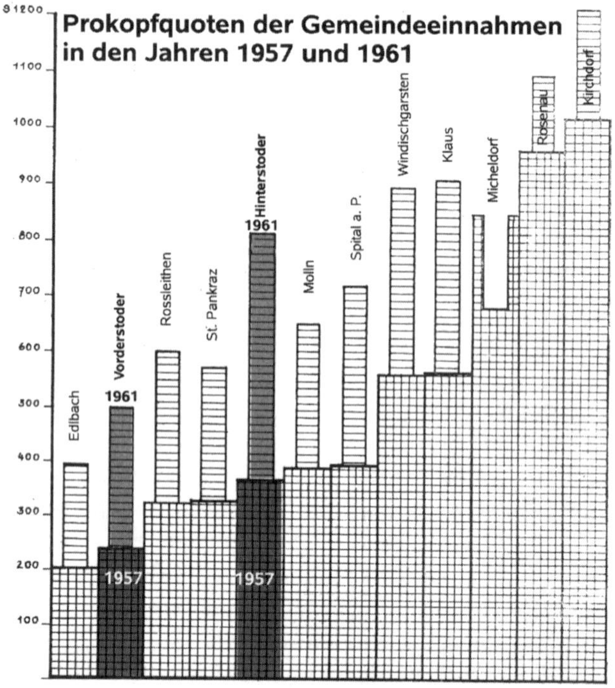

D5: Prokopfquoten der Gemeindeeinnahmen in den Jahren 1957 und 1961

schuf. 1958 begann auch der für längere Zeit geplante Um- und Ausbau des Pfarrhofes im Erdgeschoss und unterm Dach (Gästezimmer); der Pfarrer wollte an die alte Tradition der Touristenherberge anschließen. Von den 40–50 größeren Hausveränderungen dieser Jahre sind Umbauten beim Sturm, Geislitzkogel, dem Gasthof zur Post und der Trafik bzw. im Gasthof Fessl zu erwähnen. Aber es kamen jährlich etwa fünf neue Gebäude dazu: u.a. Windschek (1955), die neue Tankstelle am Ortseingang (1957) oder die Fremdenverkehrsbetriebe „Gasthof Polsterlucke" und „Alpenblick" (1960). Die Wiederaufbau-Konjunktur hatte eine eigene Dynamik bekommen.[206] Sie zeigte sich schon kurz nach der Seilbahneröffnung: Am 6. März 1960 suchten 650 Autos mit Tagesgästen einen Parkplatz, die attraktive Seilbahn wurde auch in Folge richtiggehend „gestürmt". Das gemahnte an die endgültige Staubfreimachung der Stodertalstraße in der Folgezeit – die Ortszentren Stoders waren ja erst seit 1954 staubfrei – war dies doch angesichts der Touristeninvasionen mit PKW ein Gebot der Stunde. Für Vorderstoder war die elegante „Überwindung" des Stockerberges im Straßenbau touristisch von Bedeutung. Anfangs war man vom positiven wie negativen „Rattenschwanz" der Seilbahnentscheidung doch überrascht, war doch der Ausflugsverkehr in diesen Dimensionen problematisch. Die größere Finanzkraft ermöglichte aber weitere Investitionen für

206 Häuser und Wohnungszählung 1961, Hinterstoder.

Abb. 41a: Gottfried Riedler, Bgm. Vorderstoders

Abb. 41b: Kurt Fessl, Bgm. Hinterstoders

die Infrastruktur: Parkplätze und Verkehrserschließung, Wasserversorgung und Kanalisation sowie Vereinsförderung. Neue Arbeitsplätze kamen zunächst nur zaghaft und die Hoffnung, die Landflucht aus dem Stoder stoppen zu können, erfüllte sich nicht. Gegen Ende der 1950er Jahre hatte Hinterstoder die zwei anderen Beherbergungszentren der Region (Windischgarsten, Spital am Pyhrn) bei der Anzahl der Beherbergungsbetriebe (30) immerhin hinter sich gelassen. Das rasche Wachstum motivierte im Stodertal zu wirtschaftlichen Überlegungen für den Ausbau dieses Wirtschaftssektors. Nun – so einfach war das nicht: Wiederholt stellten sich zunächst große Grundbesitzer des Tales gegen den Ausbau touristischer Infrastruktur. Gescheiterte Pläne wie das Projekt eines Kur- und Sportzentrums auf den Hutterer Böden (1964) oder die Idee eines Erholungsheimes der Arbeiterkammer am Plaisbach (1968) sorgten für Unmut. Etliche Gastbetriebe im Ort hatten um- und ausgebaut, eine Jugendherberge war errichtet worden. Das rasch wachsende Steueraufkommen Hinterstoders 1957–1961 schien ein Signal für den richtigen Weg zu sein. Das Wachstum der privaten Betriebe finden wir in Vorderstoder wieder – ganz ohne Seilbahn – weil hier die ländliche Bevölkerung kleinweise den Zuverdienst in die Hand nehmen wollte. Die Prokopfquoten der beiden Gemeinden erhöhten sich in diesem Zeitraum fast ident um 220/210 %.[207]

Mit dem Jahre 1960 war auch in Vorderstoder die Anzahl der Urlaubsgäste – allerdings im Sommer – sprunghaft gestiegen. Über 70 Baumaßnahmen in den 1960ern sind ein Zeichen für die Konjunktur. Jährlich moderate Steigerungen setzten vor allem in der Sommersaison ein. Das Verhältnis Sommerfrische-Wintersport pendelte viele Jahre bei zwei Drittel zu ein Drittel dahin. Die Urlauberfamilie Roddeck aus Berlin, die ab 1960 nach Vorderstoder kam und nach einem Jahr

207 Krawarik, Das Becken von Windischgarsten, Karte 52 (nach Greiner).

auf der Vorderramseben dann über 40 Jahre auf der Hinterramseben logierte, erinnert sich: *Es war einfach aber idyllisch und kein Massentourismus. Das war einfach, aber trotzdem, die Wirtsleute haben sich soviel Mühe gegeben, gingen z. B. auf die Alm mit uns. Mit den Wirtsleuten saß man gemütlich beisammen.* Und schwärmend zum Interviewer: *Grüßen Sie mir mein Vorderstoder!* [208] In Hinterstoder hingegen stagnierte und schwankte zunächst die Zahl der Winterurlauber nach sprunghaftem Anstieg 1959/60 die nächsten Jahre. Erst als 1965 die seit 1961 rückläufige Sommersaison einen Tiefpunkt erreichte (knapp über 40000 ÜN), überstieg die Zahl der Wintergäste erstmals jene der Sommerfrischler (freilich war die Nächtigungsdauer kürzer). Das waren erste Anzeichen einer strukturellen Wende. Dabei entfalteten beide Stoder ein unterschiedliches Angebot. Während bis zur Mitte der 1960er in Vorderstoder die Steigerung der Bettenzahl ganz wesentlich durch Übergang von Privatbetrieben zu Pensionen erfolgte, erhöhte sich angesichts lockender Wintersaisonen in Hinterstoder die Bettenkapazität durch das Angebot von Privatbetrieben erheblich. Zahlreiche Besitzer von kaum fertigen neuen Siedlungshäuschen im Stodertal begannen zu vermieten.[209]

Das war ökonomisch eine Gratwanderung. Wichtige Veränderungen geschahen zwar durch den Verkehrsausbau, es fehlte im Stoder aber der Aufbau „verlängerter Werkbänke"; dadurch konnten kaum neue Arbeitsplätze entstehen. Die insgesamt im Stodergebiet ungefähr gleichbleibende Zahl der Sommerfrischler und die nachhaltige Entfaltung des Wintersports ab 1965/1968 entwickelten sich dezentral. Anderswo im Alpenraum kam es zu überstürzter Trendumkehr und starkem Wachstum. Für diese frühen Jahre des touristischen Aufbaus war es im Stoder typisch, durch Empfehlung von Freunden („Mundpropaganda") die ersten Urlaubsversuche zu starten. So war es auch bei Frau Eva Potuznik aus Wien, die bei einer Autofahrt 1965 mit Freunden das idyllische Tal kennen lernte. *Wir haben zuerst wirklich viele Jahre bei Familie Schmeissl (*Tankstelle*) gewohnt und sind nachdem sie gestorben waren zur Familie Hackl gekommen.* Es lockten *Ruhe und Landschaft* und man war sommers wie winters häufig wandernd unterwegs und mobil. Der Sohn lernte dort Skifahren. Über 40 Jahre blieb die Familie dem Stodertal treu.[210] Durch einen Berufskollegen wurde die Kölner Familie Kämmerling 1964 auf den Stockerwirt aufmerksam und verbrachte dort schöne Wochen. Heute erinnert sich die Tochter, *dass der Umgang in der Pension recht familiär war ... Die Umgebung war traumhaft schön, aber das Dorf ist mir sehr „dörflich" in Erinnerung ... Der Ausguck hinter dem Haus mit Blick auf die Sternschnuppen war noch das Beste! Wir haben anstrengende und erbauliche Wanderungen unternommen, waren aber auch oft am Gleinkersee zum Baden. Alles in Allem war es ein erholsamer Urlaub mit Bergen, See und netten Menschen ...*[211]

---

208 Interview mit Waltraud und Alfred Roddeck, Berlin-Spandau, am 4. 9. 2011.

209 Der Fremdenverkehr in Österreich, Beiträge zur Statistik 67 (1961)- 227 (1970).

210 Interview mit Frau Eva Potuznik, Wien, am 25.8. 2011.

211 Email 12. 11. 2011 von Freya Eisemann, Köln, über ihre Aufenthalte in Vorderstoder in den 1960ern.

Abb. 42a: Stockerwirt um 1965

Abb. 42b: Bergrast einer wandernden Jugendgruppe 1965

Auch Leitbilder der Gesellschaft haben durch ihre Aufenthalte im Stoder indirekt für die Region geworben. Bekannt sind Urlaube dieser Jahre vom bildenden Künstler Herbert Boeckl (+1966), dem langjährigen Bürgermeister von Linz Ernst Koref (+1962) in der Pension Enzian, dem Entertainer und Kabaretisten Maxi Böhm, sowie 1964 im Prielkreuz vom Schlagersänger und Filmschauspieler Peter Alexander. Im August 1963 verstarb hier der Urlaubsgast Oscar Pollak, Chefredakteur der Arbeiterzeitung, im Juni 1964 der „Islandmaler" Oskar Just, der sich das „wildromantische Kesseltal" zur Wahlheimat erkoren hatte. 1961 genoss im Tal die Opernsängerin Hilde Zadek (*1917) etliche Frühsommertage in ihrer Jaidhauservilla (Nr. 66), die sie letztlich über 40 Jahre genießen sollte. Als sie kurzfristig für L. Rysanek in der Wiener Oper einspringen musste (Tosca 12. Juni 1961), schaffte sie gerade noch den Termin; bei damaligen Verkehrsverhältnissen grenzt das fast an ein Wunder.[212]

Der Aufschwung durch den Seilbahnbau und die rasch zugenommene Gästezahl in der Region führten zur Konzentration in der Werbung. Ein englischer Reiseführer führte bereits 1968 an: *Hinterstoder is developing as a winter-sport* resort.[213] Die 1969 gegründete *Fremdenverkehrsgemeinschaft Pyhrn-Priel* mit dem Ziel einer besseren Gästebetreuung umfasste den Gerichtsbezirk Windischgarsten und die Gemeinde Klaus. Dies war der erste Verband im österreichischen Tourismus, der sich als *historisch gewachsene Kleinregion* präsentierte. Es gab nun ein gemeinsames Informationsbüro und bzw. Interessensvertretung sowie Gästekarten, die Eintritte verbilligten, aber auch abgestimmte Ortsabgaben. Das wäre ohne eine regional wachsende Fremdenverkehrsgesinnung nicht möglich gewesen.[214] Sprunghaft war

212 Members.chello.at, Der Juni 1961 (6. Jg., Heft 7). Hinterstoder pur Sommer 2006, 21. Hilde Zadek und Volkmar Parschalk, Die Zeit ist ein sonderbar Ding. Mein Leben.

213 Michael B. Winch, Austria (1968) 35.

214 Fessl, Auswirkungen, 64.

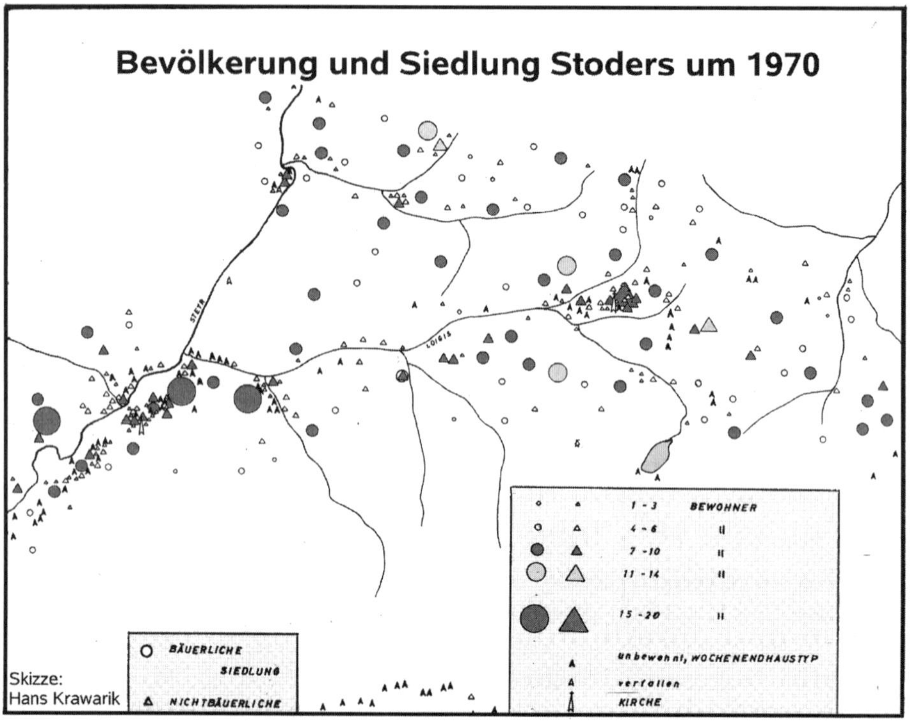

K10: Bevölkerung und Siedlung Stoders um 1970

in Stoder die Fremdenabgabe und Getränkesteuer in den 1960er Jahren empor geschnellt, wobei nicht nur steigende Urlauberzahlen sondern auch ein dynamisch einsetzender Ausflugsverkehr eine Rolle spielte. Die Ausflügler wiederum kamen oft wegen der „Seibahn-Attraktion“, wodurch man innerhalb kürzester Zeit in Höhenlagen das Panorama bewundern konnte. Und schon gab es neue Ideen, der Herzog von Württemberg wollte sich als „player“ einbringen: Im Sommer 1969 plante er nach enger Kommunikation mit dem Bürgermeister, im Talschluss Hinterstoders einen Doppel-Sessellift auf die Bärenalm („Schafferkogel“) zu führen, Touristiker meinten es wäre eine erste Etappe zur Anbindung an das Skigebiet Tauplitz. Das bedeutete auch einen weiteren Straßenausbau in Hinterberg.[215] Dieser Sessellift auf die Bärenalm und anschließend die Schlepplifte Steinerreit und Himbeerlucken waren deshalb möglich, weil durch das Almschutzgesetz (19. April 1921) und die Gründung einer „Weidegenossenschaft Schafferreith“ die Zuwaldung des Gebietes unterbunden worden war und man dadurch keine großen Schlägerungen durchführen musste.[216] Wenn es auch nicht zur geplanten Bildung einer „AG“ kam, versprach das Ski-Erweiterungsgebiet viel. In diesen ersten Jahren war die Bäre-

215 WIKU 1 (Juni 1969) 4.

216 Nowak, Traunviertel, 39.

Abb. 43: Wanderparadies Stodertal, Blick vom Öttlberg zum Salzsteig (1968)

nalm mehrfach Austragungsort von regionalen Meisterschaften in Oberösterreich. Aber es war auch durchaus bekannt, dass dort die Schneedecke im Mittel bloß ~60 Tage (Hutterer Böden 104 Tage) Massenskilauf ermögliche.[217] Das signalisiert die Euphorie dieser Zeit. In diesem Jahr wurde von der Seilbahngesellschaft der Sonnkogel-Schlepplift realisiert, 1970 der Ahornlift umgebaut, zwei Jahre später der Alm-Schlepplift errichtet und 1972 der Doppelsessellift parallel zur Höss-Bahn; insgesamt war das eine neue Betriebslänge von 3,9 km und eine Beförderungskapazität von 2600 Personen.[218] Seit 1974 stand Rudolf Rohregger, vorher Sportwart und Skilehrer, als Obmann dem Skiklub Hinterstoder vor, der werbewirksame Erfolge feierte. Die Rennläufer Hans Kniewasser und Peppi Prieler wurden zu Aushängeschildern für das Wintersportgeschehen. Die Pistenpräparierung dieser Zeit war zuweilen noch abenteuerlich. *In den 1960er Jahren zogen verwegene Skifahrer noch eine zwei Meter breite Handwalze hinter sich her und fuhren zu zweit die steilen Hänge hinunter. Ein gewagtes Gespann, denn der Mann vorne hatte die gesamte Schublast zu tragen, der „Bremser" hinten konnte im Schneestaub kaum sehen und folgte, dem Unternehmen ausgeliefert, in wilder Fahrt.*[219] 1975 wurde der Hösslift eröffnet und der Schullift modern umgebaut, der letzte Ausbau betraf 1977 den Hirschkogel-Schlepplift. Die höheren Einnahmen wurden in den 1970ern in neue Infrastruktureinrichtungen für den Tourismus investiert: Tennisplätze, Minigolfplatz, Asphaltstockbahn. Viele Urlauber suchten allerdings bewusst die herrliche Einsamkeit und Ruhe des Tales. Frau Maria Smahel aus Wien – ihre Verwandten,

---

217 Reitinger, Raumordnung, 300.

218 Fessl, Auswirkungen, 52.

219 Hinterstoder pur, Winter 2008/09, 5.

die sie ins Stodertal brachten, urlaubten schon seit 1956 dort – erinnert sich an die frühen Jahre nach 1972 am Buchebnerreit im Weissenbachtal (800 m): *Im Stoder war es immer schon familiär und im Urlaub am Bauernhof war „Tante Ida“* (= Besitzerin Ida Pernkopf) *sehr engagiert. Unter drei Wochen haben wir nicht Urlaub gemacht. Wenn man nach Wien zurück kam, war man erholt.* Die Gastfamilie wohnte in einer Ferienwohnung, die die Pernkopfs nach dem Neubau ihres Hauses (oberhalb) 1956 im alten Bauernhaus eingerichtet hatten. Einige Jahre quartierte man im Winter im Jaidhaus, dann aber auch im Buchebnerreit; freilich war der Anfahrtsweg für das Skivergnügen weit und die *Straße für den Bauern schwierig zu pflegen. Wie die Kinder noch klein waren, waren wie manchmal im Juni, Juli und im Herbst dort, die Kinder haben es genossen,* erzählt der „Stoderfan“.[220] Die Gastlichkeit und der familiäre Sinn wurde also in beiden Stoder groß geschrieben – Urlaub war noch soziales Erlebnis.

Strukturwandel der Landwirtschaft

Für die Landwirtschaft selbst hatte dieser Wandel extreme Auswirkungen. In Hinterstoder änderte sich zwar kaum die Zahl der Agrarbetriebe, der Trend vom Vollerwerb zum Nebenerwerb nahm aber deutlich zu. Der Vergaltungsprozess der Almen bei ihrer Extensivierung (Jungviehaufzucht) war bis 1975 abgeschlossen. Wo sich einst Egärten ausbreiteten, unterstützte jetzt Dauergrünland die Milchwirtschaft. Es war die Zeit stärkster Abwanderung, neue Bodenspekulation setzte ein.[221] Im Jahrzehnt 1969–1979 schrumpfte die landwirtschaftliche Nutzfläche um 20 %, die Ackerfläche um 65 % (258 ha > 91 ha), die bewirtschaftete Almfläche um 40 %.[222] Diese Vorgänge sind auch bei Steinwendtners „Rote Lackn“ poetisch verwoben, wenn von nicht leistbarer Mechanisierung, dem Abbau der Melkkühe und Umstellung auf Schafe und dem Zuverdienst durch zwei Fremdenzimmer erzählt wird. Es wird noch das Wanderparadies angesprochen: *Nur Fremde kühlen ihre Füße im Teich, wund von langer Wanderung entlang der Markierungen …“.* Bauernkinder suchen Arbeit bei der Seilbahn, im Gewerbe oder bei der Post.[223] Zu eben dieser Zeit (1975) hat Hannes Loderbauer seinen Führer „Wandern und Bergsteigen im Stoder-, Steyr- und Garstental“ herausgegeben.

Es lohnt sich in dieser Frage am Beispiel Vorderstoders die Analyse zu vertiefen. Der erste Umschwung war Mitte der 50er Jahre durch die enorme Erweiterung des Bettenangebotes durch Privatvermieter erfolgt; diese stammten zu einem Anteil bereits aus dem Bauernstand. Der nächste Sprung setzte um 1962 ein, als die gewerblichen Betten und zwar durch Wechsel bäuerlicher Vermieter zu Fremdenpensionen rasch anstiegen. Einige Bauern mit Sinn für ein neues Geschäft begannen jetzt aufzustocken oder mit Um- und Ausbaumaßnahmen. Die Gesamtzahl der Betten erhöhte sich 1960–65 um 54 %. 1960–64 – eben erst hatte das

220 Interview mit Frau Maria Smahel, Wien, 8. 9. 2009.

221 Miglbauer, Strukturwandel, 256.

222 Reitinger, Raumordnung, 201.

223 Steinwendtner, Rote Lackn, 7, 16, 20.

Abb. 44: Grasegg – charakteristische bäuerliche Pension der 1960er

Dorfzentrum eine Straßenbeleuchtung und eine neue Volksschule erhalten – verändert sich rasch das Angebot. Neben den Gasthäusern Steiner und Stocker, die ausbauten, suchten mehrere Bauerngüter um die Konzession einer Fremdenpension an; noch war es weitgehend alter Baubestand, in dem das stattfand. 1965 gab es sieben neue Fremdenpensionen (Vorderramseben, Löger, Saukogel, Hanselbauer, Grasegg, Hochleiten, Baumschlagerberg) von denen vier dazu die Konzession einer Jausenstation bekommen hatten.[224]

Dazu gab es noch 29 Privatvermieter. Darunter waren wohl auch drei Vermieter von in den 1950er Jahren neu errichteten Siedlungshäuschen. Der Pfarrhof und 11 ältere Kleinhäuser wie Lotter, Schneiderpeter, Schaffermühle, Grabenhütte, Paderau oder Furtwagner standen einem etwa gleich großen Anteil privat vermietender Bauerngüter gegenüber.[225] Die meisten dieser nicht gewerblichen Vermieter boten zum Unterschied von den Pensionen nur wenige Fremdenzimmer an. Die Pensionen investierten in den neuen Broterwerb. So bauten in diesen Jahren der Stocker zweimal neue Zimmertrakte aus und der Steiner mehrmals um, der Löger errichtete 1962 einen Speisesaal, der Filzmoser adaptierte ein Nebengebäude, der Hin-

224 Gemeindechronik Vorderstoder, 151–162 (Vorderramseben, Hanselbauer, Löger, Baumschlagerberg).

225 Prospekt Vorderstoder 1965/66: Zansegg, Herzog, Lugis, Immerl, Michl im Hof, Unterbucheben, Filzmoos, Großgrub, Grasl, Kreil, Mittermair und Krapfweiher.

terramsebner baute 1968 einen Saal an. Diese Beispiele könnten beliebig fortgesetzt werden. Wenn man nun das Bettenangebot im Lichte der Vermietergruppen sieht, ist der dominante Einfluss von „Urlaub am Bauernhof" – der Gästering bestand seit 1975 – zu erkennen. Die Hälfte aller Vermieter waren Bauern und über 50 % der Betten standen in Bauerngütern. Der eigentliche Motor für eine jährliche durchschnittliche Steigerung von 1000 Nächtigungen waren ganz klar die Landwirte. Dabei gab es Abstufungen. Einige Fremdenpensionen gaben zum Teil schon in den frühen 1960er Jahren ihre Landwirtschaft auf, andere Bauerngüter, z. B. Stoderegg oder Hotz, wurden von nichtbäuerlichen Privaten erworben.

Zu diesen „Erosionserscheinungen" in der Agrarwirtschaft und dem neuen Erwerb im Fremdenverkehr kamen mehr und mehr auch andere interessante Einkommensquellen: Verpachtung und Verkauf von Grundstücken. Dabei trafen Bauern auf Interessen situierter urbaner Bürger, die die Errichtung von Wochenendhäusern anstrebten; eine starke Welle solcher Weekendhäuser überrollte das Stodergebiet in der zweiten Hälfte der 60er Jahre. 1971 gab es bereits 172 davon. Noch bis zum Seilbahnbau waren solche Nebenwohnsitze abseits einstiger Villenbauten eine Besonderheit gewesen. *Bis 1960 traten nur Adelige, Industrielle, Freiberufler und Selbständige als Wochenendhaus-Besitzer auf.*[226] Erst mit dem in den 1960ern einsetzenden Bauboom rückte allseits die monofunktionale Nutzung der Gebäude stärker in den Vordergrund, allmählich veränderten sich Gebäude einst kleiner landwirtschaftlicher Betriebe zu Arbeitnehmerwohnstätten. Fast gleichzeitig entwickelten sich erste lockere Weiler von Siedlungshäuschen Einheimischer, wie die Fröhlichsiedlung in der Vordertambergau. Mit diesen Vorgängen brach das Traditionsgeflecht Vorderstoders erstmals auf. Viele Stammgäste waren aus sozialer Verbundenheit in den Stoder gekommen. Die Weiterempfehlung durch diese Gruppen garantierte im Stoderpassland und abseits vom Dorfzentrum Hinterstoder ein Wachstum, das bald zur kommerziellen Verpflichtung wurde.

Nun ist dabei auch die weitere Entwicklung von Bedeutung. Vorderramseben und Lögergut mutierten bis 1978 zu Gasthäusern, die Zahl der Fremdenpensionen verdoppelte sich, das Bettenangebot beinahe (321 >> 604). Die Übernachtungen stiegen von 20000 auf 50000. Der Anteil gewerblicher Betten von 43 % auf 75 %. Die Pensionen mit einer höheren Zimmeranzahl ergänzten sich aus bäuerlichen Privatvermietern: Rotbuchner (seit 1967), Hinterramseben, Hochleiten, Kernhof, Lugis, Mittermair, Unterbucheben, Großgrub. Nur das 1971 errichtete „Haus Tamberg" war eine Ausnahme. Man wird also behaupten können, dass das bäuerliche Segment weiter den Ton angab. Dabei hörten auch einige Bauern als Vermieter auf (Herzog, Immerl, Michl, Filzmoos), sowie die meisten der Kleinhäuser mit altem Baubestand. Die Entscheidung war meist dadurch begründet, dass bei der Anpassung an den Zimmerstandard erhebliche Investitionen notwendig geworden wären. Andere wiederum investierten doch, so der Kreil (Wohnhausneubau 1966), Grasegg (Dependance 1969) oder Rotbuchner (Ausbau 1970). Einige nicht bäuerliche Privatvermieter begannen mit dem Angebot nach Umbauten

226 Miglbauer, Strukturwandel, 150.

Abb. 45 Bauerngut – Jausenstation – Pension (Vorderramseben) – typisches Beispiel für eine touristische Ansichtskarte um 1965

(1966 Pörleiten) oder Neubauten (Kriechhammer/Alpenblick 1966, Antensteiner 1967, Baumschlager und Gantioler 1974); der Steinerwirt stellte 1973 in seinen Obstgarten eine völlig neue Pension hin, ähnlich wie ein Jahr später der neue Besitzer vom „Schoiswohl". Der Stockerwirt eröffnete 1977 sein Hallenbad. Der Bauernhof Zansegg baute zum Ferienhof aus. Auch Bruno Glöckl (V 61) errichtete neben seinem Althaus 1976 einen Neubau (V 108). Letztlich ging die Zahl der Privatvermieter von 29 über 24 (1972) auf 18 zurück. Es setzte ebenso neues touristisches Engagement bei Schutzhütten ein; so führte seit 1977 eine Materialseilbahn zur Zellerhütte. Die Anbieter von Urlaub am Bauernhof machten nun zwei Drittel der Vermieter aus (*K 11*, S. 211).[227]

Diese Analyse ergibt also eine zweistufige Entfaltung touristischer Infrastruktur von 1960 bis 1978. *War der Fremdenverkehr für viele vorerst nur eine zusätzliche Einkommensquelle, so wurde dieser allmählich zur Haupteinnahmsquelle. Die Entwicklung von vorerst bäuerlichen Betrieben zu Gewerbebetrieben im Fremdenverkehr ist vor allem in den 70er Jahren rapide voran geschritten.*[228] Die nichtbäuerlichen Privatvermieter konnten kaum mehr einen Anteil von 10 % (der Bettenanzahl) stellen. Diese Darstellung vermittelt auch, wann für Vorderstoder der Fremdenverkehr zum bestimmenden Wirtschaftsfaktor wurde. 1978 vermietete etwa die Hälfte der Bauern im Stoderpassland nicht, wenn auch manche durchaus in anderer Weise am Ne-

227 Prospekt 1977/78 Vorderstoder. WIKU 63 (September 1977) 8.

228 Gantioler, Marketing, 16.

benerwerb Anteil hatten; z. B. der Schaffer (1962) bzw. der Hackl (1974) durch ihre Schleppliftanlagen.[229] Dabei darf man nicht außer Acht lassen, dass diese Landwirte in ihrer Mehrheit Großbauern waren. Etwa die Hälfte aller LFW-Betriebe erreichten über 30 Hektar (in Hinterstoder einschließlich der Gutshöfe kaum ein Drittel).

Vergleichsweise war die bäuerliche Entwicklung Hinterstoders extremer und anders. Das bäuerliche Segment war zunächst geringer, wenn man nur die größeren Vollerwerbsbetriebe (ca. ein Fünftel) berücksichtigt. Im Bereich der Tambergau war um 1960 noch die alte Struktur vorhanden: Gasthaus Gausrab und Privatvermieter Karlhub waren allseits von Landwirten umgeben. Ebenso traditionell ging es auf den höheren Lagen der Farnau zu; auf der Prielseite gab es neben dem Großgrundbesitz (Württemberg, Eulenburg) ebenfalls noch einige reine Bauerngüter: Goier, Schelchenbauer, Nicker, Klinser. Insgesamt zehn ursprüngliche Agrarbetriebe vermieteten, zum Teil galten sie, z. B. Dietlgut, Jaidhaus und Johannishof, als renomierte Beherbergungsbetriebe; auch Rinner und Popp boten einige Zimmer an. Vor allem in Mitterstoder waren etwa 15 nicht bäuerliche Fremdenverkehrs-Betriebe situiert. Die Mischung aus bekannten Pensionen und Quartieren (Enzian, Prielkreuz, Post, Dolmervilla, Pichler), Gasthäusern neueren Datums (Alpenrose) und Privatvermietern in älteren Kleinhäusern (z. B. Blasriegl, Pernegger, Wallnerschneider, Sonnhof) deckten weitgehend den Bedarf ab.[230] Übrigens wurde 1960 das Eulenburg-Hertefeldsche Erbe verteilt: Ingeborg von Schoenebeck (geb. Eulenburg) erhielt Prieler, Griesser und Huem, ihr Bruder Wend von Eulenburg die Prieler Villa samt arrondierten Jagdgebiet Spitzmauer (Klinseralm). Das Prielergut selbst kam 1965 durch Tausch an ihren Sohn Wilfried, Baron von Engelhardt. Aus dem Teilbesitz Huem erwarb 1962 Sigwart von Engelhardt, der jüngste Sohn Ingeborgs aus erster Ehe, ein Grundstück und erbaute sich eine eigene Villa (H 149 = An 27). Schon 1947 hatte Fürst Friedrich-Wend und Marie von Eulenburg neben dem Stegergut auch den Johannishof verkauft, weil für den Wiederaufbau im Stammsitz am Niederrhein Finanzmittel gebraucht wurden. Der Käufer Dorls wollte vergeblich durch Kahlschlägerei Gewinn erzielen und verkaufte 1954 den Johannishof an Obstl. i.R. Albert Spanyi de Dömehaza (1921–1997). Ingeborg von Schoenebeck machte aus ihrem Restbesitz für die sechs Kinder eine Privatstiftung und nannte sie „Privatstiftung Eulenburg und Hertefeldscher Erben".[231] In diesen Nachkriegsjahren wurde Stoder zum zentralen Familienmittelpunkt der Eulenburgschen Verwandtschaft.

Mit dem Seilbahnbau hatte eine unvorstellbare Dynamik eingesetzt. Allein in Mitterstoder entstanden in den 1960er Jahren über 15 Siedlungshäuschen, deren Besitzer Zimmer anboten. Schon 1960 war die Frühstückspension Alpenblick und der Gasthof Polsterlucke sowie das Hösshaus Kurt Fessls errichtet worden. Das anfänglich schmale Bettenangebot wuchs rasch an. Bald folgten das Berghaus Hutte-

229 Gemeindechronik Vorderstoder, 154, 300.

230 Häuser und Wohnungszählung Hinterstoder 1961.

231 Mitteilung von Siegwart Graf von Eulenburg, 14. Oktober 2011.

Abb. 46ab: Traditionelle gewerbliche Kleinpensionen im Stodertal (Haus Enzian, Pension Pichler)

rer Höss, die Frühstückspension Kornelia (M 159 = H 11) und Gasthof Christal (M 168 = H 22), 1966 dann der Stoderhof. Die alte Huttererbödenhütte erweiterte ihr Bettenangebot. Seit 1964 gab es eine moderne Jugendherberge im Ort („Jutel"). Es war also zunächst ein Schub nichtbäuerlicher Vermieter, die das Angebot erhöhten.

Erst um und nach 1970 entfaltete sich im Stodertal dann eine neue Fremdenverkehrsstruktur. Einige Anbieter bauten aus und stiegen auf: Poppengut (1971 Hotel, 1975 Pension) und Gressenbauer (1971 Pension, 1972 Gasthaus), 1971/1973 Sturmgut (Berghof), wo schon 1966 mit dem Neubau begonnen worden war. Frühstückspensionen wurden errichtet (Mayr 1973, Wallner 1974, Sonnfeld 1977, Inge 1977); das Ferienhaus Pernegger entstand damals, wobei ein Teil der alten Villa Bergfried (M 65 = H 6) abgerissen und Anbauten durchgeführt wurden. Allein in den Jahren 1973–1978 stieg die Anzahl gewerblicher Betten um fast 200 %, in der Wintersaison verdoppelte sich die Gästezahl. Zusätzlich setze auch „Urlaub am Bauernhof" ein (z. B. 1975 Bruderhof), in ganz Stoder traten um 1975 etliche Bauerngüter dem „Bäuerlichen Gästering der österreichischen Waldalpen" bei. Das Segment „Urlaub am Bauernhof" stieg bei den Übernachtungen von 1 % auf fast 5 %.[232] Immer neue Besitzer von Ein- und Zweifamilienhäusern wurden Privatvermieter, andere hörten nach einigen Jahren auf; so schrumpfte die Zahl von über 90 Privatvermietern (1965) allmählich zusammen. Auch ortsfremde Familien begannen nun zu investieren: 1975 entstand auf den Hutterer Böden das „Berghotel" mit einer Kapazität von 122 Betten. 1970–75 wurde auch das Prielschutzhaus durch einen Anbau erheblich erweitert und dann die Jugendherberge ausgebaut. 1978 zählte das Prospekt Hinterstoder schließlich zwei Hotels, elf Gasthöfe, acht Pensionen, zehn Frühstückspensionen und 60 Privatvermieter.[233] Ein Jahr später sperrte die Fremdenpension Enzian von Elfriede Schachner aus Altersgründen zu; auch das alte Gebäude (von 1844 !) hätte eines Investitionsschubs bedurft, der sich nicht

232 Reitinger, Raumordnung, 217.

233 Prospekt Hinterstoder 1978.

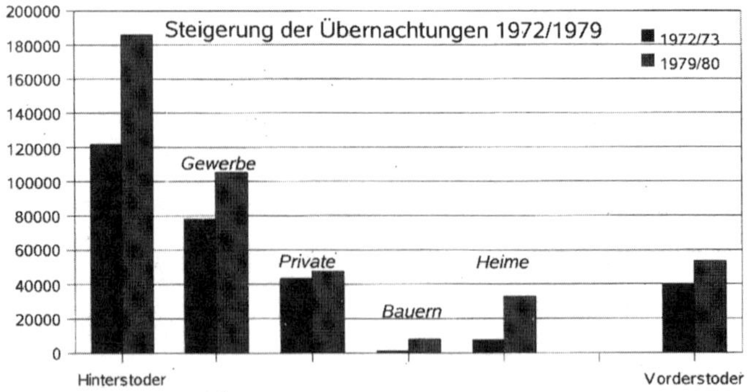

D6: Steigerung der Übernachtungen 1972/1979

mehr auszahlte. Fast jedes der älteren Häuser des Dorfzentrums hat eine bewegte Geschichte. Dem alten Schustermichlhäusel (H 67 = P 9) war 1905 eine Tischlerwerkstatt angefügt worden, in der (nach Stillegung) 1934–1949 eine Schulklasse Hinterstoders ausgelagert war. Nach dem Erwerb durch A. Schachner (1931) wurde 1934 ein zweiter Stock aufgemauert und dann über 35 Jahre eine Frühstückspension mit sieben Zimmern betrieben, die seit 1950 Elfriede Schachner führte.[234]

Der Druck des Tourismus auch auf bäuerliche Betriebe war größer geworden. Die Hektarsätze Stoders wurden ein Drittel geringer als die um Windischgarsten eingestuft. Innerhalb von etwa 20 Jahren (1955–1978) war in Hinterstoder die Zahl der Vollerwerbsbetriebe von 42 auf 15 zurück gegangen. Damals lagen im Stodertal von 126 Agrarbetrieben 105 unter der 10 ha – Grenze.[235] Freilich schienen die Konsequenzen im Stoder insgesamt schaumgebremst, waren doch durch viele Jahre Bauernhöfe durch Zimmervermietung sowie Urlaub am Bauernhof in den Tourismus bereits integriert. Etliche Bauerngüter waren zu Pensionen geworden. Der Nebenverdienst im Tourismus war für Bauernkinder in Stoder durchaus interessant und verhinderte zuweilen auch eine Abwanderung. Die wachsende Disparität zwischen Ausgaben und Einnahmen in der Landwirtschaft drängte viele zur Entscheidung. Es muss allerdings betont werden, dass im Jahrzehnt 1960–70 der Stoder gleichmäßig in beiden Gemeinden insgesamt einen Wohnbevölkerungsverlust von 73 Personen aufwies. Es war die Zeit, in der entweder Zentralräume oder zentrale Orte einer Region (z. B. Windischgarsten im Pyhrn-Priel-Gebiet) anwuchsen und das Umland bestenfalls stagnierte. Diesem Bild entspricht auch grundsätzlich die Zunahme des Dienstleistungssektors auf kosten des Industrie- und Gewerbesektors – man nennt diesen Vorgang „Trend zur nachindustriellen Dienstleistungsgesellschaft". Bei der Entwicklung des Agrarsektors zeigen sich aber deutliche Un-

---

234 Interview mit Werner Laska, 31. 8. 2011. Häuser und Wohnungszählung Hinterstoder 1961.

235 Die Land- und Forstwirtschaftliche Betriebszählung 1980. BzöSt 660/4 (Wien 1983) 144, führt allerdings 24 Vollerwerbsbetriebe und 9 Zuerwerbsbetriebe an.

terschiede. Im stärker viehwirtschaftlich geprägten Vorderstoder arbeitete noch etwa ein Drittel der Berufstätigen in der Landwirtschaft und zwar überwiegend zu- und nebenerwerblich. Dabei gab es 1981 nur mehr 38 große und kleinere Bauernhöfe in dieser Gemeinde. In Hinterstoder waren rund 50% im tertiären Wirtschaftszweig tätig (Vorderstoder nur 16%), in der Landwirtschaft kaum 21%, was seit 1961 fast eine Halbierung bedeutete. Das bestätigt die großen Fortschritte des Stodertales in die touristische Richtung. Wenn wir dazu die wirtschaftliche Zugehörigkeit der Berufstätigen seit 1951 durchsehen, zeigt sich in der Landwirtschaft d e r entscheidende Wandel 1961–1971 und zwar ein Verlust von 54%. Die zur Beherbergung zählende Bevölkerung war bis ungefähr 1970 stabil geblieben (also durch den Seilbahnbau nicht unmittelbar gewachsen), schnellte dann aber im siebenten Jahrzehnt um 45% hinauf. Vom eigentlichen Beherbergungsgewerbe wurden im Stodertal fast doppelt soviel (125) Leute ernährt, als in Vorderstoder (66). Diese Entwicklung wird bei den Wirtschaftssektoren der Wohnbevölkerung nicht so deutlich sichtbar, wie die kontinuierliche Abnahme in der LFW 1951–1981 widerspiegelt (32%–27%–20%–15%).[236] Es gibt aber noch andere Indizien: Innerhalb von wenigen Jahrzehnten waren im Stodertal 22 Bauernbetriebe verkauft worden, 16 Betriebe waren nun nicht mehr bewirtschaftet und um 1980 führten Rentner 40% der agraren Nebenerwerbsbetriebe, weil Jugend anderswo lebte.[237] 1963–1986 verlor das Stodertal 25% seiner bäuerlichen Betriebe, wobei Betriebe unter 10 ha um 60% abnahmen und aufhörten. Fast 50% aller Betriebe waren aber jetzt überhaupt „viehlos“. Bemerkenswert ist vor allem, dass einige größere Betriebe (z.B. Jaidhaus, Popp) mit der Viehwirtschaft gebrochen hatten (*K 12*, S. 212).

Vorderstoder, wo die Grenze zum bäuerlichen Nebenerwerbsbetrieb bereits bei 40 ha lag, zeigte eine äußerst negative Pendlerbilanz (–60), während im hinteren Stoder die Bilanz ausgeglichen schien. Außerdem wurden im Winter 1977 in Hinterstoder bereits 50 Leute durch die Seilbahngesellschaft beschäftigt (1960 erst 10). Die nähere Darlegung vermittelte ganz neue Facetten der Entwicklung; „nackte Statistik“ allein verschleiert manchmal komplexe Vorgänge. Vergleichen wir dazu beispielsweise die Ankünfte/Übernachtungen der beiden Gemeinden 1972 zu 1982. Im ersten Jahr werden 65% (Hinterstoder) bzw. 61% (Vorderstoder) der Betten in gewerblichen Betrieben und 23% bzw. 35% bei privaten Betrieben angegeben. Zehn Jahre später betragen die Ziffern 50% (H) und 85% (V), sowie 18% bzw. 15%. Von den privaten Betten standen 6% (H) bzw. 7% (V) in Bauernhöfen.[238] Was war geschehen? Wesentlich mehr bäuerliche Betriebe waren in Vorderstoder zu „Gewerbebetrieben“ mutiert. In Hinterstoder machte um 1980 der Anteil der Ferienwohnungen schon ~5% aus, in der Jugendherberge, die 1976 stark erweitert worden war, übernachteten immerhin 12%, auch in Erholungsheimen nächtigten einige Prozent Gäste. Gleichzeitig hatte sich die Zahl der Fremdenverkehrs-

236 Miglbauer, Strukturwandel, 177, 399.

237 Reitinger, Raumordnung, 200f.

238 Fremdenverkehr in Österreich 1972. BzöSt 324 (1973) 164, 228. Fremdenverkehr in Österreich 1982. BzöSt 685 (1983) 272, 338.

betriebe in Hinterstoder fast verdoppelt (65/128), in Vorderstoder aber nur mäßig erhöht (33/43). Diese Ergebnisse erklären in einer Kleinregion „hautnah", warum bereits um 1980 der Staat Österreich bei der Beteiligung der LFW am Tourismus im internationalen Vergleich bei weitem an erster Stelle lag.[239]

Die Rückkehr zur Landwirtschaft schien in beiden Fällen nicht mehr möglich, alte Strukturen waren zerfallen, Qualifikationsstruktur und materielle Ansprüche waren deutlich gestiegen. In Vorderstoder dürfte die Akzeptanz touristischer Innovation nach anfänglichem Verzögerungseffekt in bäuerlichen Kreisen groß gewesen sein. In Hinterstoder verlief die Entwicklung merkbar anders. In den zentralen Teilgebieten entfaltete sich nach dem Seilbahnbau ein wahrhafter boom an Hotels/Gasthöfen (518 Betten) bzw. Pensionen/Frühstückspensionen (402 B) aus großteils einheimischer aber nichtbäuerlicher Wurzel. Gleichzeitig wuchs in zwei Schüben die Zahl der Privatvermieter (403 B) stark an und erhöhte den Konkurrenzdruck. Letzten Endes konnten sich mehrere Bauern diesem Trend nicht entziehen. Hier bestätigte sich die These, dass Seilbahnen an eine größere Zahl von F-Betrieben gebunden sind. Das statistische Wachstum der gewerblichen Betriebe in Hinterstoder: 1954/11, 1964/22, 1970/26, 1977/34, verglichen mit Vorderstoder (1954/3, 1964/9, 1977/18) kann allerdings die näheren Zusammenhänge dieser Entwicklung sowie die Auswirkungen nicht erfassen.[240] Die im Stodertal eindeutig bevorzugten ökonomischen Effekte als Mittel der Maximierung nützten die wachsende „Flucht aus dem Alltag" zu neuen quantitativen Maßstäben.[241] Hinterstoder vermittelte zeitweise den Eindruck, dass der Tourismus nicht mehr dem Menschen dienen würde, sondern dieser umgekehrt für den Tourismus lebe.

Die Früchte des neuen Weges wurden beim Steueraufkommen der Gemeinden sichtbar. Während die Gemeinde an der Steyr 1976 pro Kopf im österreichischen Durchschnitt war (3317 S), erreichte das Stoderpassland kaum ein Fünftel dieses Aufkommens. Dabei waren aber die Einnahmen aus der Getränkesteuer – bekanntlich ein Indikator für den Fremdenverkehr – mit rund einem Drittel bei beiden Gemeinden gleich hoch. Allerdings wies Hinterstoder mit Abstand den höchsten Anteil in der Region an gemeindeeigenen Steuer auf. Und diese Gemeinde investierte seit Jahren einen Großteil des Werbebudgets in den Winterfremdenverkehr, um die „zweite Saison" aufzubauen.[242] In diesem Fall zeigte sich die kreativ-schöpferische Art, mit den finanziellen Mitteln die Weiterentwicklung zu wagen.

---

239 W. Pevetz, Fremdenverkehr und Landwirtschaft in Österreich, in: Berichte über Landwirtschaft 61 (1983) 273.

240 Fessl, Auswirkungen, 56.

241 Keplinger, Kultur- Naturtourismus, 26f.

242 Mayrhofer, Fremdenverkehr, 36.

Neue Strukturen des Fremdenverkehrs

Seit den späteren 1960er Jahren war also eine überdurchschnittliche Entwicklung eingetreten. Man konnte nun mit Recht sagen, dass die Bereitschaft der Bevölkerung für den Tourismus sensibilisiert und gegeben war. Parallel zu dieser Entwicklung entfaltete sich aus kleinen Anfängen die Kultur der Zweitwohnsitze. Ihr Siedlungsbild wirkte anfangs als landschaftszerstörende *Zersiedlung* – nicht nur auf den Hutterer Böden, bis die kommunale Immobilienpolitik Einfluss nahm und solcherart moderne „Weekendweiler" entstanden. Selbst die Landesbehörde kritisierte den Flächenwidmungsplan 1972 wegen der Gefahr der Zersiedlung, diese Gefahr wurde auch bis 1981 durch Änderungen verringert; immerhin wurden damals im Fall Hinterstoder beim Plaisbach und Stegerbach über 20 Neubauten nicht umgesetzt.[243] Attraktiv war in dieser Hinsicht das Stoderpassland, wo nicht nur das Siedlungsgeschehen an sich dynamischer wurde, sondern viele Städter mit ihrem Wochenendhaus einen idealen Erholungsraum suchten. 43 % der 278 Wohnhäuser Vorderstoders 1981 waren seit 1971 errichtet worden, in Hinterstoder liegt die Zunahme (auf 497 Häuser) ebenfalls bei 43 %. Das Siedlungswachstum war in den 1960er Jahren noch um etwa 10 % niedriger gelegen.[244]

Abb. 47a: Zersiedlung am Weissenbach

Abb. 47b: Zersiedlungsansätze in Vorderstoder

Das gleicht durchaus anderen alpinen Regionen des Tourismus. In den 1970ern erlangte mit der fortschreitenden Urbanisierung der ländliche Raum neue Wohnqualität. Während die Bevölkerungszahl abnahm bzw. stagnierte, nahm die Häuserzahl stärker zu. Diese „Verstädterungsphase" war auch dadurch geprägt, dass der Ausbau der abseitigen Verkehrsstrecken geglückt war und die wachsende Motorisierung das Auspendeln erleichterte und damit die Abwanderung unterband. Und im oberen Stoder gab es immerhin schon 101 Zweitwohnsitze; deren Zahl stei-

243 Reitinger, Raumordnung, 225f.

244 Häuser- und Wohnungszählung 1981. BzöSt 640/4.

gerte sich bis 1991 nochmals auf 134, was 40 % aller Häuser ausmachte.[245] In Hinterstoder begannen sich damals im unteren Loigistal (beim neuen Wählamt und Lagerhaus) und an der Kohlbachmündung, rechtsufrig zwischen Steger und Stegbauer sowie bei der Weißenbachmündung und am Rande der Hutterer Böden neue Siedlungsweiler zu bilden, die zu zwei Drittel Wochenendhausstrukturen aufwiesen. Dabei geschahen aus ökologischer Sicht sowohl an der Steyr wie auch auf den Hutterer Böden etliche „Bausünden".[246] Mancher Bauer (z. B. Prentner) investierte nach Grundverkauf in seinen Tourismusbetrieb. Vergleichsweise konzentrierten sich in Vorderstoder diese neuen Strukturen am Steinerkogel und Stockerkogel.

Die Umorientierung der ländlichen Bevölkerung um und nach 1970 leitete in der größeren Pyhrn-Priel-Region ein *goldenes Zeitalter des Tourismus* ein, das etwa 15 Jahre anhielt. Die Vermittlung durch Reisebüros geschah schon im größeren Ausmaß. So organisiert oder in der Tat „von selbst kommend" schnellten die Übernachtungszahlen rasch in die Höhe; freilich gab es damals noch nicht so viele konkurrierende regionale und überregionale Anbieter. Typisch für diese Zeit war die Situation in manchen Privatquartieren. Verschiedene Familienmitglieder beanspruchten jeweils einen Teil der angebotenen Betten oder Zimmer für sich, wodurch an der selben Adresse verschiedene Generationen Nebeneinkünfte hatten. Die Investitionen pro Beschäftigte in Tourismusbetrieben stiegen in dieser Zeit um über 10 % an. Sichtbar war auch der einsetzende Qualitätsanstieg in der Ausstattung der Betriebe seit 1972. Freilich gab es dabei in beiden Gemeinden Stoders durchaus verschiedene Ausgangslagen und strukturelle Tendenzen. Ein Vergleich der Arbeitsbevölkerung 1971 zeigt dies ganz klar: Hinterstoder hatte sich zuvor viel stärker verändert, 49 % arbeiteten im Dienstleistungssektor, nur mehr 21 % in der Land- und Forstwirtschaft. Vorderstoder war bäuerlicher geblieben, nur etwas über 16 % waren Arbeitnehmer in Dienstleistungen. Dabei zeigte der obere Stoder deutlichere Verlusttendenzen, die 1971–81 kurzfristig gestoppt werden konnten. Das Auspendlerverhalten (–60, 1961–71) signalisierte aber die drohende Abwanderung. Im Stodertal hielten sich zumindest Aus- und Einpendler die Wage und 1971–81 konnte man in der Bevölkerung ein kleines Plus erzielen. Der Bettenzuwachs in Hinterstoder 1967–1977 um ca. 40% (+640) auf über 2100 Betten war gigantisch, Vorderstoder brachte es 1977 aber doch auf 628 Betten. Während in beiden Gemeinden der Anteil der nicht bäuerlichen Privatquartiere ungefähr gleich war (ca. 25 %), verfügte das Stodertal neben zwei Hotels auch über mehr großgewerbliche Betriebe. Die Bauernhöfe waren relativ gleichmäßig im Fremdenverkehr engagiert, über ein Viertel der bäuerlichen Betriebe boten Tourismusbetten an.

Natürlich blieb die *Ölkrise* nicht ohne Folgen. In ganz Stoder kam es 1973–78 zu einer stagnativ-rückläufigen Entwicklung beim Sommerfremdenverkehr, in Vorderstoder gab es auch Verluste im Winterhalbjahr. In Hinterstoder übertauchte man im Wintersport die Krise weit rascher: Zwischen den Saisonen 1975/76 und 1978/79 stieg die Übernachtungsziffer um 28 %. Das hatte wohl auch mit dem Faktor des Ausflugsverkehrs zu tun. Umfragen ergaben im Februar 1978, dass etwa 20 % au-

245 Krawarik, Vorderstoder, 74f.

246 Miglbauer, Strukturwandel, 62–82. Reitinger, Raumordnung, 302.

Ortsplan - Nr.	Name und Anschrift der Privatvermieter	Telefon Vorwahl 07564	Bettenanzahl	Einbett-Zimmer	Zweibett-Zimmer	Mehrbett-Zimmer	Preis pro Pers. mit Frühstück inkl. Abgaben und Heizung		Anmerkung Komfort
							Vor-Nach-Sais.	Haupt-Sais.	
55	Hackl Fridoline, Unterklamm, Hinterst. 43	–	4	–	2	–	56	56	Fk, O, A, Eb, Kb, Lw
64	Hackl Günther, Mitterstoder 158	388	5	1	2	–	74	74	F, Z, Eb, B, Lw
111	Hackl Maria, Bruderhofhütte, Hintertambergau 17, 4574 Vorderstoder	446	9	–	3	1	72	72	F, Z, A, Eb, B, Lw
52	Herzog Franziska, Schusterfriedl, H.Stoder92	408	10	–	2	2	68	75	F, Z, A, Eb, B, Lw
66	Herzog-Kniewasser Joh., Blasriegl, Mitterstoder 24	291	7	–	2	1	65	65	F, Z, A, Eb, B, Kb, Lw
82	Holzer Josefine, Hinterstoder 190	372	6	–	–	2	65	65	F, Z, A, Eb, B, Lw nur Sommerverm.
76	Hotz Hubert, Mitterstoder 153	267	6	–	3	–	70	75	F, Z, A, B, Lw
1a	Huber Stefanie, H.Tambergau 25, 4572 St. Pankraz	306	7	1	3	–	70	74	F, O, A, Ed, Lw, Stauseenähe
36	Kelemen Walter, Mitterstoder 121	–	9	–	3	1	65	70	F, Z, A, Eb, B, Lw
96	Kettenhuemer Friedrich, Hinterstoder 175	342	4	–	2	–	68	68	F, Z, A, Eb, B, Lw
18	Klammer Theresia, Bergheim, Mitterstoder72	371	8	2	3	–	68	70	F, Z, A, Eb, B, Lw
28	Klammer Helmut, Wartegg, Mitterstoder 13	–	11	–	4	1	60	62	F, Z, A, Eb, Lw
77	Kletzmair Gertrude, Villa Huem, Hinterst.104	274	5	1	2	–	70	80	F, Z, A, Eb, B, Lw
85	Klinser Anna, Goier, Hinterstoder 7	–	8	–	1	1	58	58	F, O, A, Eb, Lw
9	Kniewasser Wilhelm, Karlbauer, Hinterst. 55	442	10	–	5	–	70	75	F, Z, A, Lw
60	Kniewasser Johann, jun., Mitterstoder 128	250	10	–	5	–	80	85	F, Z, A, Eb, B, Fs, Lw
25	Kniewasser Josefa, Mitterstoder 100	354	5	1	2	–	70	74	F, O, A, Eb, B, Lw
21	Kohlmeigner Maria, Schwarzb., Mitterst. 8	352	10	–	5	–	64	64	F, Z, A, Kb, Lw
5	Körber Edmund, Hofbauer, Hintertbg. 11	327	8	–	4	–	68	75	F, Z, A, Eb, B, Kb, Lw
47	Lemmerer Hans, Mitterstoder 134	256	7	–	2	1	67	70	F, Z, Eb, B, Lw
8	Maier Hilde, Grillhub, Hintertambergau 10	414	8	–	1	2	70	70	F, O, Eb, A, Lw
111a	Mistlberger Stefanie, Sonnfeld, H. Tambergau 19 4574 Vorderstoder	447	9	–	3	1	68	68	F, Z, A, Eb, B, Lw,
96a	Offenthaler Sylvia, Hinterstoder 156	279	4	2	1	–	65	65	F, Z, B, Lw
24	Pernegger Franziska, Ziegler, Mitterstoder10	351	10	–	5	–	65	65	F, Z, O, A, Kb, B, Lw
23	Pernegger Stefanie, Mitterstoder 10	351	5	–	1	1	65	65	F, Z, A, Kb, Lw
101	Pernegger Maria, Bärenreith, Hinterstoder73	–	10	1	3	1	nach	Anfr.	F, O, A, Eb, Kb, B, Fs, Lw
27	Pernkopf Jos. u. Hilde, Moosschuster, M.St.17	417	8	–	4	–	68	70	F, Z, A, Eb, B, Lw, Fb
49	Pfarrhof Hinterstoder, Mitterstoder 37	242	14	2	3	2	100	100	F, Z, A, Ed, erweit. Frühst. G, Lw
74	Pilz Walter, Forsthaus, Mitterstoder 36	214	6	–	1	1	55	65	F, O, Eb, Lw
12	Prieler Gertrude, Sattler, Mitterstoder 49	362	8	–	4	–	60	65	F, Z, A, Eb, Lw
73	Ramsebner Quitteria, Mitterstoder 104	254	4	–	2	–	68	72	F, Z, A, Eb, G, Lw
78	Ramsebner Ernst, Öttl, Hinterstoder 36	–	6	–	–	2	50	50	O, A, Lw, Waldnähe
93	Ramsebner Josef, Hinterstoder 123	437	4	–	2	–	65	70	F, Z, Eb, Lw
94	Ramsebner Gottfried, Hinterstoder 124	–	3	–	–	1	65	68	F, Z, Eb,Lw
49a	Reichenbach Helga, Mitterstoder 205	232	5	1	2	–	80	80	F, Z, A, B, Ed, Lw, geh. Fb
89	Retschitzegger Leopoldine, Hinterstoder 9	341	4	–	2	–	75	75	F, Z, B, Lw, Eb
84	Retschitzegger Zilli, Hinterstoder 135	336	7	–	1	1	60	65	F, Z, A, Eb, B, Lw
14	Schmeißl Georg, Haus Andrea, Mitterstod.166	429	11	1	5	–	67	67	F, Z, A, Eb, Lw, Fb
3	Schoiswohl Monika, Waldhaus, Hintertbg.34	301	9	–	3	1	76	76	F, Z, A, Eb, B, Lw
19	Schoiswohl Ernst, Mitterstoder 56	–	6	–	3	–	60	60	F, Z, A, Eb, Lw
97	Schönegger Christine, Hinterstoder 169	343	6	–	3	–	68	68	F, Z, A, Eb, B, Lw
32	Schyra Edltraud, Mitterstoder 96	353	4	1	–	1	63	63	F, O, A, Eb, B, Lw
45	Stöttinger Matthias, Mitterstoder 127	280	4	–	2	–	70	75	F, Z, A, Eb, B, Lw
13	Tilgner Heinrich, Lichtenstein, Mitterstod.48	–	2	–	1	–	70	70	O, A, Eb, Kb, Lw
F	Wallner Karl, Friseur, Mitterstoder 43	231	4	–	2	–	70	70	F, Z, A, Eb, B, Lw
10	Wallner Gerlinde, Weber, Hinterstoder 51	–	6	–	3	–	50	50	O, Fk, A, Kb, Lw
46	Jugendherberge, Mitterstoder 137 nur mit ÖJHW-KJ und ÖAV Ausweise	227	98	–	1	16	nach	Anfrg.	F, Z, A, Du, Ed, Fs, Lw, Flußnähe

D7: Prospektausschnitt Hinterstoder 1978

ßerhalb der Gemeinde Hinterstoder wohnten, die Mehrzahl davon in Vorderstoder, das sich in der Wintersaison zu einem Ergänzungsraum des Stodertales entwickelte. Während wochentags nur 40% den PKW zur Erreichung der Seilbahn nutzten, waren das am Wochenende 80%. Die Attraktion der Aufstiegshilfen für den Ausflugsverkehr am Wochenende war ungebrochen.[247] Anzeichen einer Krise wirkten sich in Vorderstoder in eigentümlicher Weise aus. Dort waren 1970 über 30000 Nächtigungen erreicht worden, die Übernachtungszahlen nahmen zunächst pro Jahr um über 10% zu. Seit 1974 legte die Wintersaison (bei Rückgang der Sommergäste) unverhältnismäßig zu, damals kamen erstmals mehr Winter- als Sommerurlauber im Stoderpassland an. Da die Wintergäste aber deutlich kürzer blieben und die Bettenauslastung nur um 15% betrug, blieb Vorderstoder im Eindruck der Öffentlichkeit ein dominanter Sommerfrischenort.[248]

247 Mayrhofer, Fremdenverkehr, 124, 133.

248 Der Fremdenverkehr in Österreich 1974. BzöSt 384 (1975), 224.

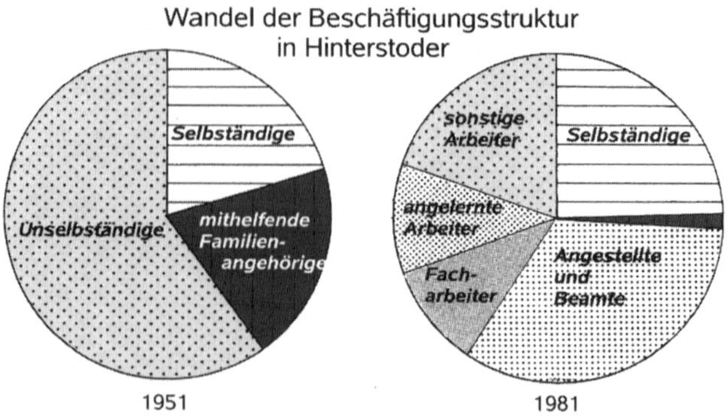

D8: Wandel der Beschäftigungsstruktur in Hinterstoder

Erstaunlich bei diesen Unterschieden ist wohl, dass die Übernachtungszahlen am Ende dieser Phase (1978/79) in Vorderstoder ungefähr 40% der Ziffer von Hinterstoder erreichten, die Bettenanzahl aber nur etwa ein Drittel von der im Stodertal ausmachte. Das spiegelt für Hinterstoder nicht nur eine kürzere Aufenthaltsdauer sondern erstmals auch die Bedeutung des Ausflugsverkehrs wieder. Natürlich übertraf die Fremdenverkehrsintensität (= Nächtigungen pro Einwohner) Hinterstoders (181) jene von Vorderstoder (78) um mehr als das Doppelte. Aber ins Stoderpassland kamen vor allem jene, die „Ferien vom ich" machen wollten; lassen wir dazu drei langjährige Gäste zu Wort kommen. Bereits in dieser frühen Zeit wurde in Vorderstoder der familiäre Urlaub besonders betont, wobei anfangs die Infrastruktur zuweilen zu wünschen übrig ließ. Frau Ursula Schleebach aus Schwabach kam mit ihrem Mann seit 1970 etwa 25 Jahre auf die Hinterramseben und sie urteilt: *Die frühen 70er Jahre waren einfach und ländlich, die Zufahrtsstraße war noch nicht ganz fertig, es gab Zimmer mit Fließwasser, Dusche am Gang und die Toilette außerhalb; das Frühstück unten in der Stube war aber in Ordnung.*[249] Der langjährige Wiener Gast am Baumschlagerberg Karl Gerstl (seit 1970!), der häufig zu Silvester und insgesamt 128mal dort urlaubte, meint über diese Zeit: *Am Anfang war das eine kleine Straße, um zu einem „Almhütterl" hinaufzukommen, ein Abenteuer, manchmal blieb man stecken und musste zu Fuß weitergehen.* Die idyllische Atmosphäre dieser Jahre war allerdings größer als zur Jahrtausendwende: *Früher blieb man beim Wandern unterwegs stehen und plauderte mit dem Bauern, heute haben diese keine Zeit mehr, weil sie sich ganztags um den Touristenbetrieb kümmern müssen.*[250] Und, wie der Gast aus Schwabach schildert, man fand in der Unterkunft leicht Anschluss und sprach sich über künftige Urlaubszeiten ab. Walter Eckhart aus Königsstätten, 1975–2006 Stammgast auf der Hinterramseben, ergänzt: Der Urlaub war *natürlich, eher ruhig und sehr nett*, es überwogen treue Gäste und es war *kein Massentourismus.*[251] Interessant dazu ist die Stellungnahme von An-

249 Interview mit Ursula Schleebach, 4. 8. 2011.

250 Interview mit Karl Gerstl, 4. 8. 2011.

251 Interview mit Walter Eckhart, 4. 8. 2011.

dreas Klinser, Hinteramsebner, in dessen Betrieb weitgehend *Natur und Ruhe suchende Familien aber auch Senioren* kamen. Im Unterschied von damals zu heute meinte er: *Früher war der Preis wichtig, je günstiger umso besser; Dusche und WC am Gang war kein Problem. Der Gast von heute achtet sehr auf Qualität.*[252] Während also Hinterstoder „eher touristisch" wirkte und die Urlauber sich über verschiedene Bereiche der „Familie", „Bergwanderns" und „Sports" verteilten, blieb im Stoderpassland der dominante familiäre Grundzug vorhanden. Der rasch wachsende Fremdenverkehr im Stoder brachte auch Nachteile mit sich: Auf Bauerngütern setzte vor allem für Frauen eine Doppelbelastung ein; da nicht mehr allen agraren Tätigkeiten nachgekommen werden konnte, kam es allmählich zur Drosselung landwirtschaftlicher Produktion. Verlust von Traditionen, Missgunst und neue Disparitäten störten vor allem im Stodertal die kulturell-soziale Struktur „im Dorf". *Bei manchen Bauernfamilien in Hinterstoder konnte festgestellt werden, dass sie sich nur als kleine, ausgenutzte Dienstboten des Tourismusgeschäftes fühlten, die nur wenig an den Einnahmen der großen Betriebe und Reiseunternehmen mit profitieren dürften …* ".[253]

Im Sog des Seilbahnortes Hinterstoder hatte sich also auch in Vorderstoder eine bescheidene Wintersaison entwickelt (*Abb. 48*, S. 218). Wie man dort für diese Sparte warb, zeigt ein Artikel in der Zeitung Auto-Touring 1972: *Während auf belebten Straßen in den Tälern ein Strom von skibepackten Autos vorüberzieht, träumt hoch droben in der Wintersonne ein Skidorf, das alle Romantik winterlichen Erlebens vor dem hektischen Treiben unserer Zeit bewahrt hat. Vorderstoder … umgeben von einem Kranz tief verschneiter Bergriesen, ist ein Skidorf zum Verlieben. Alles ist hier so familiär, so gemütlich; auf den Pisten, in der kleinen Bar und den behaglichen Gaststuben herrschen echte Sportkameradschaft, frohe Geselligkeit und menschliche Wärme … Eine neue Straße, kürzeste Verbindung zwischen Windischgarsten und Hinterstoder, hat Vorderstoder der Welt ein Stück näher gebracht.* In *gastfreundlicher und heiterer, entspanntere Atmosphäre* bei garantierter Wintersonne ließ es sich prächtig urlauben. Vorderstoder verfügte damals über 30 km gebahnte Winterwanderwege, Rodelbahnen, fünf Schlepplifte, ferner drei Gasthöfe, neun Pensionen und 24 Privatquartiere. *Auch die Brieftasche kann sich hier durchaus erholen: Die Vollpensionspreise liegen zwischen 85 und 155 Schilling.*[254] Damals erfolgten zahlreiche Werbeeinschaltungen in der „Freizeit-Revue", „Neue Welt" und „Wochenend", die durchaus erfolgreich waren.[255] Natürlich waren nicht alle Gasthöfe modern, Roman Degelsegger, Gastwirt Schoiswohl z. B.,– Endpunkt der Loigistalabfahrt – galt als „Jäger, Wirt und Gamsbartbinder". Immerhin konnte er darauf verweisen, dass selbst der junge Carl Herzog von Württemberg und sein Jagdgast Prinz Ludwig von Baden bei ihm Gamsbärte bezogen hatten.[256] Degelseggers Nachfol-

252 Schriftliche Umfrage: Hinterramseben Frühjahr 2005.

253 Reitinger, Raumordnung, 303f.

254 AT Nr. 385 (Jänner 1972) 10.

255 Gantioler, Marketing, 53.

256 Hans Pilz, Schitouren um das Warscheneck und Besuch bei einem Gamsbartbinder JböAv 99 (1974) 5.

ger Knittl-Frank hat dann im neuen Gebäude eine Pension betrieben, in der es sogar schon eine Sauna gab.

Eine stichprobenartige Gästebefragung 1978 spiegelte die teilweise unterschiedlichen Gästesegmente in den zwei Gemeinden wieder. Im hinteren Stoder wünschten doch einige eine Diskothek oder Reitstall, Fahrradverleih, Wasservorwärmanlage für das Freibad oder Pferdekutschenfahrten und auch Einrichtungen für Schlechtwetterprogramm wie eine Tennishalle. Im gesamten Stoder beklagten viele die schlechten Autobusverbindungen, den mangelnden Ausbau der Wanderwege und die geringen Unterhaltungsmöglichkeiten.[257] Dabei vermittelt eine Gegenüberstellung 1978 doch ein gediegenes Angebot von Freizeiteinrichtungen im Winter.[258]

Hinterstoder	**Vorderstoder**
22km Abfahrten, 15 km Loipen, Eislaufplatz 20 km Wanderwege – Eisstockschießen 12 Schlepplifte, 4 Doppelsessellifte Skischule mit Kinderklassen, Skikindergarten Verleih von Ski, Skischuh und Rodel Hotel mit Hallenbad, Hotel mit Sauna Bücherei, Diskothek, Dancing, Café, Weinstube	4 km Abfahrten, Langlaufloipe, Rodelbahn 10–15 km Wanderwege 7 Schlepplifte, Skitour Loigistal Skischule mit Kinderklassen Hotel mit Hallenbad und Sauna Bücherei, Café, Diskothek

Es ist bezeichnend, dass rund 15 Jahre später die meisten dieser Anregungen einschließlich der schon um 1980 geforderten Kläranlage in die Tat umgesetzt waren. Nachdem es zu Unstimmigkeiten über die einheitliche Linie in „Pyhrn-Priel" gekommen war, löste sich der Verband auf. Hintergründe dafür waren u. a. auch die Ungleichgewichte innerhalb der Region, was ja auch im Teilgebiet Stoder spürbar war.

Die Standortbestimmung für die Zukunft musste auch die landschaftliche Eignung für den Ausbau des Tourismus einbeziehen. Dabei hatte eine wissenschaftliche Analyse besonders gute Voraussetzungen des Hössgebietes für den *Abenteurer-Freiraum-Gästetyp* ergeben, der ungebunden und sportlich innovativ neue Grenzen erkunden wollte – lange bevor sich Paragleiten als trendige Sportart einnistete. Hingegen waren die Ortszentren Stoders für den *Sporttyp* nur durchschnittlich geeignet, weil solche Gäste hohe Anforderungen an Freizeiteinrichtungen stellten. Auch der nach Abwechslung strebende *Vergnügungstyp* fand nur durchschnittliche Angebote vor. Etwas besser stand es um den *Wandertyp* (wenn auch eine Erweiterung des Wanderparadieses gewünscht war) und in den Ortszentren um den *Promeniertyp*, der sehen und gesehen werden wollte.[259] Interessant waren die Motive von Wochenendgästen: Wandern, Bekanntenbesuche und Ausflug zur Gastronomie.

257 Mayrhofer, Fremdenverkehr, 216.

258 Prospekt Skiregion Pyhrn-Priel 1978.

259 Mayrhofer, Fremdenverkehr, 212–214.

Der Weg zum Weltcupzirkus – der Verlust der Idylle

Neue touristische Strategien

In der Zeit der klassischen Sommerfrische hatte der Schriftsteller Hans Weigel gewitzelt, „Hinterstoder“ hätte sich deshalb einen wenig einladenden Namen zugelegt, um *einen der großartigsten Talschlüsse vor allzu stürmischem Fremdenstrom zu bewahren.*[260] Vor 1980 war der Tourismus durch immer neue Angebote unter Druck gekommen; das spürte auch die Region am Toten Gebirge. Am 22. Jänner 1980 erfolgte nach umfangreichen Vorarbeiten die Integration in den neu gegründeten Fremdenverkehrsverband „Pyhrn-Eisenwurzen“ und dabei konnte die Tourismusentwicklung im Voralpenland durchaus vom Raum Windischgarsten-Spital-Stoder lernen.[261] Es war der erste Schritt zur „Professionalisierung“ im Tourismus, die die Vorteile der Zusammenlegung im finanziellen Bereich sowie die Erweiterung des touristischen Angebots nutzen sollte. Der neue Verband hatte Werbung und Vermarktung der Gesamtregion zu definieren, den Tourismus zu fördern, Konzepte abzustimmen und zu koordinieren.[262] Die Teilregion um Windischgarsten, Spital und Hinterstoder agierte nun zunächst ohne die Gemeinde Klaus.

Sehr bald erkannten ihre Vertreter das Fehlen einer gemeinsamen Position innerhalb der Tourismusregion Pyhrn-Eisenwurzen. Zunächst bildete sich 1988 die Prospekt-Region „Garstnertal“ (Windischgarsten, Edlbach, Rosenau, Roßleithen) als *Ferienclub Pyhrn-Priel*; bald schlossen sich die Gemeindeverbände Hinterstoder, Vorderstoder und Spital an der Arbeitsgemeinschaft an.[263] Diese neue Pyhrn-Priel-Region war ein vom Land gefördertes Pilotprojekt, erst nach schwierigem Lernprozess kam es 1993 zur gemeinsamen Herausgabe von Prospekten; nur Zimmernachweise waren jetzt noch lokal gestaltet. 1996 wurde dann erstmals der gemeinsame Pyhrn-Priel Zimmernachweis als Katalog heraus gegeben.[264] Gerade die fremdenverkehrsintensivste Gemeinde Hinterstoder wehrte sich lange gegen neues gemeinschaftliches Denken und Handeln. Immerhin war die „Tourismuskommission“, die Entscheidungen herbeiführte, die erste übergemeindlich-demokratische Institiution. Da aber die wichtigsten Interessenten als Beitragszahler (Gastro-

260 Pur. Hinterstoder Magazin (2010) 41.

261 WIKU 82 (Mai 1980) 16.

262 Keplinger Kultur- und Naturtourismus, 66.

263 WIKU 159 (Juni 1988) 13.

264 Stodertal-Gästezeitung 26 (Winter 1996/97) 4.

nomie, Hotellerie, Seilbahnbetreiber) die Schlagkraft gegen die Konkurrenz erkannten, folgten bald neue Gemeinschaftsprojekte.

Seit den 1980er Jahren wurden die Alpen verstärkt von globalen Rahmenbedingungen geprägt; der Tourismus stagnierte und konzentrierte sich. Der Stoder gehörte dabei zu Alpenregionen nahe einem Zentralraum, der durch Zweitsitze und Freizeitaktivitäten aufgewertet wurde. Dadurch setzte eine weitere Urbanisierung der Bevölkerung und Wirtschaft ein. Die Tourismusintensität lag zwischen 0,5 und 1,5 Betten pro Einwohner, höhere Werte waren durch Zweitwohnungskomplexe entstanden. Die Entwicklung der Tourismusregion aus bäuerlich geprägten Dauersiedlungen brachte mit sich, dass Landwirtschaft und Baubranche eng mit dem Tourismus verflochten waren. Ganz allgemein gehörte zum Strukturwandel dieser Jahre die verstärkte Konzentration auf den Tourismus, und zur exakten Abstimmung des Angebots, wobei wenige Wirtschaftsakteure eingriffen. Tourismus blieb angesichts der wirtschaftsschwachen Auspendlerregion die einzige reale Aktivität, die neue Arbeitsplätze schaffen konnte. Das negative Pendlersaldo nahm zu, 1981–1991 erreichte es im Stodertal 11%, im Stoderpassland fast 50%.[265] Im Zusammenhang mit der Alpenkonvention und ökologischen Zukunftsfragen sprach man von „Nachhaltigkeit“: ausgewogene Doppelnutzung, umweltverträgliche Nutzung von Dezentralität durch Vernetzung regionaler Wirtschaftsaktivitäten, Erhaltung der Kulturlandschaft. Dabei blieb das Spannungsverhältnis zwischen Naherholung (Wochenendgäste) und Urlaubstourismus bestehen. Freilich gab es auch andere Probleme, die man zu beseitigen hatte, etwa die wilde Mülldeponie in der Tambergau nicht weit von der Steyr.[266]

Blicken wir als Ausgangslage dazu in den frühen 1980ern in das Bergdorf Vorderstoder, das *wegen seiner nebelfreien Sommer- und Wintertage in angenehmer Höhenlage (800–1000 m), des milden Klimas und der ruhigen Lage sowie seiner reinen Berg- und Waldluft als Erholungsort besonders empfohlen* wurde.[267] Die selbstbewusste Sprache war noch eine Geste der Rückerinnerung an jene Zeit davor, da man sich zwar nicht in der Statistik, doch aber im Angebot eines gutbürgerlich-familiären Urlaubs dem hinteren Stoder doch ebenbürtig wähnte. Dementsprechend machten gut geführte Gasthöfe und bäuerliche Pensionen und doch einige Privatquartiere mit insgesamt 500 Betten den guten preiswerten ländlichen Komfort aus. Etwas flunkernd übertrieben kam die Lobpreisung des Winterurlaubs an: Skilifte, Winterwanderungen, sowie die 6 km lange Loigistalabfahrt für Tourengeher. Dahinter verbarg sich wohl der Wunsch, endlich in der Wintersaison zu zulegen. Übrigens gab es auch in zeitgleichen Prospekten Hinterstoders eine flunkernde Werbung, indem man von *garantiert nebelfrei* sprach, hatte doch schon ein Jahrhundert zuvor ein Wanderführer über Hinterstoder vor allem im Spätherbst dichten Nebel bis Mittag angemerkt.[268]

265 Regionaldatenbanken Hinterstoder und Vorderstoder, www2.land-oberoesterreich.gv.at.
266 Reitinger, Raumordnung, 216.
267 Prospekt Bergdorf Vorderstoder. Pyhrn-Priel-Gebiet, Jost-Druck, Liezen; Vorlage 1982/83.
268 Gerhofer, Hinterstoder, 18. Siehe auch: John, Klimatologische Untersuchung, 84.

				km	Zimmer KW	Zimmer Du/WC	Übernachtung mit Frst. K/W Flw.	Übernachtung mit Frst. Bad/Du + WC
Fremdenpensionen:								
Baumschlagerberg, V. 19		8220	Jausenstation, Liegewiese, Kinderspielplatz, Skilift, TV, Tischtennis, Balkon, 1 EZ	3,5	9	4	105	145
Hanselbauer, W. 12	07562	513	TV-Raum, Aufenthaltsraum, Jausenstation, Tankstelle, Balkon, Kinderspielplatz, Liegewiese, Gastgarten	3,5	6	6	95	125
Saukogel, Vdt. 44		8322	TV, Jausenstation, Balkon, Aufenthaltsraum, 2 EZ,	2,6	9		90-100	
Grasegg, Vdt. 38		8282	TV-Raum, Aufenthaltsraum, Schwimmbad, Balkon,	0,9	6	7	110	150
Rotbuchner, G. 11	07562	483	TV-Raum, Aufenthaltsraum, Skilift, Reitmöglichkeit, Kinderspielplatz, Liegewiese	2,6	8		100	
Großgrub, G. 6		8290	Aufenthaltsr., Balkon, Sauna, Selbstkochmöglichkeit Kinderspielplatz, Tischtennis, Terrasse, 1 EZ	2,3	3	6	95	115
Haus Tamberg, Vdt. 93		8334	Aufenthaltsraum, geh. Schwimmbad, Sauna, Balkon	1,5	2	12	110	115-150
Hinterramseben, Vdt. 30		8330	Aufenthaltsraum	2,8	8		90	
Kernhof, W. 20	07562	669	Sauna, Aufenthaltsaum, Solarium, TT, Balkon Grillhütte, Kinderspielplatz, kleines Schwimmbad	6,0	5	8	120	170
Lugis, Vdt. 2		5035	Aufenthaltsraum, Selbstkochmöglichkeit, TV, Balkon Tischtennis, Kinderspielplatz, Reitgelegenheit, Griller	4,1	6		80	
Mittermayr, Vdt. 37		8291	TV-Raum, Aufenthaltsraum, Balkon, Kinderspielplatz 1 EZ, TT	1,1	4	6	90	110

D9: Prospektausschnitt Vorderstoder 1983

Als *Gasthöfe* galten damals im Stoderpassland die Häuser Schoiswohl, Steinerwirt, Stockerwirt, Vorderramseben und Lögergut. Dazu kamen die *Fremdenpensionen* Baumschlagerberg, Hanselbauer, Saukogel, Grasegg, Rotbuchner, Großgrub, Haus Tamberg, Hinterramseben, Kernhof, Lugis und Mittermayr. Die Zimmerzahl der Gastwirte lag bei 10–20, jene der Pensionen bei 9–14, wobei aber dort die Umstellung in Sanitärräumen noch lange nicht abgeschlossen war.[269] In Komfortzimmern (Bad/Du, WC) lagen die Preise für Zimmer mit Frühstück bei Gasthöfen deutlich höher (S 180–230) als in Pensionen (S 115–170). Charakteristisch war wohl auch, dass erst vier der 19 *Privatvermieter* (insgesamt 68 Zimmer) teilweise auf Komfortzimmer umgebaut hatten und sich der Gast dort mit Kalt-/Warmfließwasser zu begnügen hatte. Deshalb galten sie auch als besonders preiswert für die untere Mittelschichte. Der Effekt war, dass kapitalkräftige und sparsame Urlaubsgäste an Mittagstischen eine bunte Gesellschaft abgaben und soziale Vielfalt funktionierte. Freilich sollte angemerkt werden: Mit wenigen Ausnahmen (Hochleithen, Zansegg, Kreil) gab es bei Privatvermietern nur zwei bis drei Gastzimmer, allerdings zusätzlich einen Aufenthaltsraum. Und somit dienten diese Privatzimmer im Ort selbst als finanzielle Zubuße bei Häuslern und Bauern. Als viertes Segment sind einige Ferienhäuser zu nennen, deren *Ferienwohnungen* kaum mehr als acht Personen pro Betrieb tragen konnten (Haus Prielblick, Haus Christa, Haus Friederike). Bezeichnenderweise waren die Besitzer aus Oberösterreich „zugewanderte" bzw. auswärtige Personen. Zu der Tagesmiete von S 350–400 musste man noch Strom- und Heizkosten kalkulieren. Mit diesem Trend zu Fewo's setzten auch Qualitätsverbesserungen ein.

Bereits eine Marketingstudie in Vorderstoder 1979 hatte die einseitig saisonale Ausrichtung der Betriebe in den Sommermonaten und einzelne Winterwochen festgestellt. Eine Umfrage über die Wahl des Urlaubsortes ergab über 80 % die Antworten *Landschaft, Kinderfreundlichkeit* und *Erholung*. Die Gäste waren hochprozentig mit der touristischen Infrastruktur zufrieden, wenn auch Wünsche nach einem Schwimmbad und Kinderspielplatz im Sommer sowie Kindernach-

---

269 Sommer- und Wintererholung im Bergdorf Vorderstoder 1982/83, Ausstattungsliste; Jost Druck.

Abb. 49a: Pension Schoiswohl neu

Abb. 49b: Pension Steinergut neu

mittage und Abendunterhaltung im Winter angemerkt wurden. Diese Gäste waren mehrheitlich Angestellte, etwa zur Hälfte mit höherer Bildung, im Alterssegment 30–50 Jahre, meist mit Kindern. Das hohe Image des Ortes zielte also auf Familien ab, Senioren und Jugendliche fehlten damals weitgehend. Diese Marschroute wurde durchaus weiter empfohlen und als Ziele eine rasche Erhöhung der Nächtigungsfrequenz in der Nebensaison sowie eine größere Bettenauslastung. In den Nebensaisonen sollten Schulskikurse, Seminare und Urlaubsvereinbarungen mit Großbetrieben angestrebt werden. Als wichtige Maßnahme galt auch der Akt der „Professionalisierung": ein FV-Regionalmanager sollte angeheuert, eine Gästezeitung eingerichtet werden.[270] Manches von diesen Vorstellungen wurde auch allmählich umgesetzt, so kamen alsbald Schulskikurse, Aktionen für Kinder und eine Gästezeitung; der Steinerwirt erkannte die Chance des Seminartourismus und kooperierte mit der VÖST. Ein Manager fand sich allerdings nicht, und die Nächtigungsfrequenz stieg nur langsam. Fast möchte man meinen, diese Marketingstudie wäre bloß Theorie geblieben. Denn die Bettenauslastung, im Sommer immer über der Ziffer 32, erlitt nach einem Einbruch 1980 (27) spätestens nach 1985 einen Abwärtstrend und konnte erst wieder nach 1992 geringfügig zulegen. Der Wunsch nach einer besseren Nebensaison blieb weitgehend unerhört, was wohl mit der Infrastruktur zusammenhing. Die entscheidenden Jahre des Strukturwandels 1985–1992, in denen die Übernachtungen im Winter stärker anstiegen – 1989 gab es erstmals mehr Winter- als Sommernächtigungen – wurden durch eine gedämpfte Entwicklung der Sommerfrische erkauft, zum Teil auch durch die stärkere Nachfrage im Winter (als „Dependance" des Weltcupzirkus) erreicht. Im Tourismusjahr 1987 wurde die „Schallmauer" von 50000 Nächtigungen durchbrochen.[271] Das war von der Marketingvision meilenweit entfernt, die Bettenauslastung im Winter stieg erst mit dem Jahr 1986 entscheidend, pendelte aber danach meist un-

270 Gantioler, Marketing, 167.

271 Der Fremdenverkehr in Österreich 1987. BzöSt 887 (1988), 188.

ter der mageren Ziffer 25. Übrigens gab es einen ganz ähnlichen Effekt in der Gemeinde Hinterstoder. Erstmals hatte 1982 der Winter gegenüber dem Sommer die Nase vorn und konnte angesichts dramatisch einbrechender Nächtigungszahlen (bis 1988) in der Sommersaison nun seine Vorrangstellung behaupten. Deshalb fielen die Jahresbilanzen der 1980er Jahre nicht so arg aus. In Hinterstoder war die Bettenauslastung noch um 1980 ähnlich wie in Vorderstoder während der Sommersaison (32) noch besser als im Winter (28). Seit dem Jahr 1983 ging sie aber rapide auf unter 25 zurück, die Auslastung im Winter stieg unverhältnismäßig an (1987/37). Gleichzeitig nahm die Zahl der Beherbergungsbetriebe von 94 auf 134 zu, während diese bei Vorderstoder längerfristig stagnierte.[272] Deutlicher als in anderen Ziffern zeigt sich darin der Strukturübergang zum Winterfremdenverkehr, den Hinterstoder mit aller Potenz angestrebt hatte. Das Ziel „ausgewogene Saisonen" schien zu kippen.

Im Zusammenhang mit der mangelhaften Bettenauslastung ist aber noch ein weitere Punkt von Bedeutung. Selbst bei Stammgästen zeigten sich neue Tendenzen, auch andere Destinationen im Jahr unter zu bringen; deshalb ging der Weg zum kürzeren Urlaub, wobei gewisse Zeiten, wie Semesterferien im Winter stabil blieben. Ein durchgehender vierzehntägiger Aufenthalt war in den frühen 1990er Jahren schon selten geworden. Das war im ganzen Pyhrn-Priel-Gebiet so. *Was ich von meinen Schwiegereltern weiß,* erzählt eine Gastwirtin, *ist der Tourismus hier mehr geworden, der war früher nur in den Ferienzeiten und jetzt ist er über das ganze Jahr verteilt … Den klassischen Dreiwochenurlauber gibt es ohnehin schon lange nicht mehr – den typischen Sommerfrischler. Der Urlaub verteilt sich mehr über das ganze Jahr auf vier bis fünftägige Urlaube – oder auf verlängerte Wochenenden.*[273]

Fast gleichzeitig festigte sich ein neuer Trend im Tourismus: Die wachsende Individualität und Ungebundenheit verlangte nach Ferienwohnungen. „Fewo" und Apartments gab es in Stoder am Ende des siebenten Jahrzehnts nur wenige. Im Stodertal bot das 1956 ausgebaute Buchebnerreit neben Zimmervermietung 4 Fewo, der Peterhof in der Tambergau 1 Fewo an. In Hinterberg galt die zuerst von einem Mühlviertler erworbene Stücklhütte (Hb 2 = H 60) als „Ferienhaus". Am Feriengut Stegerhof (*Abb. 50*, S. 218) waren zwei Ferienhäuser im adaptierten Landhausstil zu haben. Wirklich abgestellt auf den neuen Trend war nur das kurz vorher errichtete Berghotel Hinterstoder mit seinen 14 auf familiäre Wintersportler orientierte Ferienwohnungen. 1982 übernachteten deshalb bereits ~5 % der Gäste in Apartments. Noch wenige Jahre vorher (1972) hatte sich die Gemeinde Hinterstoder gegen das Projekt des Herzogs von Württemberg gestellt, durch Aufschließung von Spintriegel-Gründen 50 Apartment-Häuser zu errichten. In Vorderstoder offerierten die Bauernhöfe Großgrub (seit 1978) und Edtbauer durch Einbau von Gästeküchen die variable Nutzung der Zimmer als Fewo's, der Stein-

---

272 Der Fremdenverkehr in Österreich 1982. BzöSt 665 (1983), 186 – 1989. BzöSt 930 (1990) 190.

273 Keplinger, Natur- und Kulturtourismus, 124.

erwirt bot eine Fewo an.[274] Die Motive für den Umbau zu Ferienwohnungen kamen auch von den Zimmervermietern selbst, wie eine Vermieterin dieser Zeit der Pyhrn-Priel-Region erklärt: *… wenn du immer die Gäste da hast in deinem Bereich, du kannst dich ja nie alleine rühren, du bist es satt – und beim Fernsehen auch – du bist müde, du willst dich niederlegen, oder irgendetwas. Du willst ja nicht immer, dass du so kontrolliert dasitzt. Also das ist, was nicht gut ist, was ich nie gewollt hätte. Eine Bekannte, die hat das so gehabt, die hat jetzt Ferienwohnungen daraus gemacht, weil sie hat gesagt, wir haben nie unser Wohnzimmer für uns gehabt, jetzt können sie erst genießen … Es ist eh' klar, dass man sich einmal hinsetzt oder was. Aber da sind dann schon oft Gäste untereinander, die haben sich da kennengelernt, die treffen sich wieder hier, die wollen eh' alleine sein. Wenn sie mich einladen … auf ein Glaserl Wein, sage ich ja, aber so richtig – so ist das nicht.*[275] Dass manche nicht auf Ferienwohnungen umrüsten konnten, hing sicher mit der Hausarchitektur zusammen. Zumindest brauchte man eine Diele als Aufenthaltsraum und Möglichkeiten, die privaten Wohnbereiche der Vermieter abzutrennen.

Bezeichnenderweise war diese Form der Vermietung besonders geeignet als Kapitalanlage für auswärtige Hausbesitzer, in Vorderstoder gab es um 1980 bereits drei davon. Der Stoder reagierte in den 1980er Jahren auf diese neue Entwicklung, wobei einige Gasthäuser und Pensionen einen Teil ihrer Zimmer neu orientierten. 1986 zählte das Stoderpassland bereits 10 Fewo-Anbieter. In Hinterstoder hatte sich die Zahl der Anbieter schon 1983 auf 15 erhöht. Dazu gehörten als Neueinsteiger die bisherigen Frühstückspensionen Prentner und Alpenblick sowie das Fruhmann-Hotel Stoderhof im Ortszentrum. Auffällig sind dabei die in den späteren 1960er Jahren fertig gestellten Neubauten in Mitterstoder (Nr. 65, 140) und Hintertambergau (Waldhaus) und das erste auf den Hutterer Böden privat angebotene Ferienhaus.[276] Diese Tendenz zu Ferienwohnungen ging noch über ein Jahrzehnt weiter, manche späte Umsteiger machten aber damit nicht mehr so gute Erfahrungen.

Weltcupfieber und Ferienhausdynamik

Der innerbetriebliche Strukturwandel im Agrarwesen war inzwischen abgeschlossen und Fremdenverkehr zudem zu einem wichtigen bäuerlichen Nebenerwerb geworden. Über 60% der landwirtschaftlichen Betriebe des Stodertales vermieteten Fremdenbetten, auch 12 Vollerwerbsbetriebe boten um 1985 „Übernachtung mit Frühstück“ an. Schon längst waren einige offiziell zur LFW gezählten Betriebe bäuerliche „Scheinbetriebe“ auf dem Papier geworden. Zupacht und die Pachtung von Eigenjagden florierten. Der jährliche Ertrag aus den Jagden Stoders lag bei 170 Stück Rotwild, 100 Gämsen, 40 Rehen und etwa 10 Stück „Hahnen“. Und: *Die Interessen der Waldbesitzer gelten mehr der Jagd als einer pfleglichen und nachhaltig leis-*

274 Prospekt Oberösterreich, Land der individuellen Erholung 1978, 15 und 25f. Fremdenverkehr in Österreich im Jahre 1982, 338.

275 Keplinger, Natur-und Kulturtourismus, 120.

276 Prospekt Ferienwohnungen Oberösterreich 1986.

Abb. 51: Prospektcover Hinterstoder 1986

tungsfähigen Waldwirtschaft.[277] Die einsetzende Bergbauernförderung stabilisierte die Galtalmen Stoders; es kam sogar zu einer „Renaissance" der Schafhaltung. Eine wichtige Vorraussetzung für diese Entwicklung ist in der Erschließung durch Forststraßen zu sehen. In diesem Jahrzehnt spricht die Abnahme der Berufstätigen (Hinterstoder 16%>12%, Vorderstoder 36%>22%) in der LFW eine klare Sprache.[278]

Als Reaktion auf den Massentourismus hatten sich inzwischen Vorstellungen eines *„sanften Tourismus"* entfaltet. In der Tat erinnerten Szenen an Winterwochenenden auf den Hutterer Böden und der Wurzeralm an eine „Eroberung" von Landschaft und Einheimischen durch die Wintersportler. Die sozialen Lebensformen veränderten sich durch die Begegnung und den ökonomischen Gewinn, manches Brauchtum glitt in Folklore ab. Der Soziologe urteilt über diese Vorgänge gegen Ende des 20. Jh. umfassender und schärfer: *Der Fremdenverkehr ... lebt von der alten bäuerlichen Welt, die es nicht mehr gibt, die aber den Gästen ... vorgespielt wird.*[279] So war es dann auch durchaus beliebt, Ferienwohnungen „rustikal" einzurichten. Lange Jahre triumphierte der „Landhausstil".

277 Reitinger, Raumordnung, 213, 258.

278 Regionaldatenbank Hinterstoder und Vorderstoder.

279 Girtler, Sommergetreide, 362.

Nun zeigte sich vor allem in Hinterstoder im Laufe der Zeit, dass die eigentliche Tourismusbranche einschließlich der Seilbahngesellschaft nur eine begrenzte Kapazität für qualifizierte Arbeitskräfte ermöglichte. Der Anstieg der Berufstätigen im Gastgewerbe lag in Hinterstoder bei 10% (20,6%>22,7%), in Vorderstoder aufgrund des Umstiegs bei bäuerlichen Pensionen bei 33%. Manche Qualtätsverbesserung wie der Umbau des Sesselliftes auf die Böden durch eine Sechser-Kabinenbahn – dafür mussten 1985/86 Tal- und Bergstation abgerissen und neu errichtet werden – diente weiterer Maximierung. Und manches Großereignis wie der im August 1986 erstmals durchgeführte Stodertaler Volkslauf (12 km) sollte neue Anreize und Gäste bringen. Seit 1992 fand dann auch der Prielschutzhaus-Berglauf für Profis statt.

Auf der Suche nach solchen Attraktionen gelang es den Verantwortlichen in Hinterstoder, auch den Ski-Weltcup in das Tal zu bringen. Der Slalom auf der Bärenalm-Strecke am 21. Dezember 1986 (Sieger: Armin Bittner) war endgültig der Einstieg in eine „Event-Kultur"; es gab sogar im Kindergarten Hinterstoders ein Sonderpostamt. Die Bergbahnen des Stodertales konnten im Winter 1986/87 3,6 Mio, im Sommer 66 000 Fahrgäste befördern.[280] In diesem Jahr tauchte auch die Familie Masseida aus Gelsenkirchen im Stodertal erstmals auf und blieb bis heute als Stammgäste treu. Die Region kannte man schon vorher vom Hotel Bischofsberg bei Windischgarsten, wo die Skifahrer allerdings auf die Wurzeralm pendeln mussten. Um diesem Stress zu entgehen suchte man den Wintersport in Saalbach-Hinterglemm; die Betreuung der Kinder im Skizirkus klappte aber nicht. Nach langer Suche fand Eberhard Masseida beim Stodertaler Poppengut die ideale Location auf hohem Niveau. Zur Familienfreundlichkeit dieser Region führt er aus: *Hinterstoder hat den Vorteil, man fährt zur Mittelstation hinauf; die Eltern geben die Kinder ab und können ungehindert Ski fahren. Notfalls rufen Lautsprecher die Namen aus.*[281] Diese Überschaubarkeit der Skiabfahrten, Freiräume für Eltern und familienfreundliche Atmosphäre merkten auch andere interviewte Urlaubsgäste an.

Bis in diese Zeit gab es nur wenig Stimmen für eine andere Art des Tourismus. Aber die Gemeinde Hinterstoder und Vereine begannen vorbildhaft, in ökologische Einrichtungen zu investieren. So bekam der Turnsaal der Schule (1985–86), auf den man Jahrzehnte hatte warten müssen, eine neuartige Heizungsanlage. Später erhielt das Freibad eine schon länger monierte Solaranlage. Auch das im Pyhrn-Priel-Strukturprogramm enthaltene neue Seilbahnprojekt (Standseilbahn beim Jaidhaus) war umweltschonend vorgesehen. Es waren Jahre ökologischer Gehversuche, wie auch die umweltfreundliche Solaranlage für die Zellerhütte vermittelt.[282] Übrigens konnten beide Gemeinden um 1990 den Titel „Gesunde Gemeinde" verwerten, was sich heute auch bei den Ortstafeln zeigt

Auch in anderer Weise gab es Gehversuche: Im Herbst 1989 wurde in einer Aktion Kindern die Nächtigung am Prielschutzhaus und die Besteigung der Berg-

---

280 WIKU 154 (Jänner 1988) 9. Kremstaler Rundschau Nr. 49/50 (1986) 22.

281 Interview mit Eberhard Masseida, Gelsenkirchen, 28. 8. 2011.

282 Kremstaler Rundschau 2. Jg. (1986) Nr. 49/50, 18f und 22.

Abb. 52a: Slalomsieger 1986 Armin Bittner

Abb. 52b: Skiweltcup 2006, Hössstrecke

spitzen ermöglicht.[283] Diese Initiative wurden viele Jahre später in veränderter Form wieder aufgenommen und waren Anfänge einer konkreten Hinwendung zu den Bedürfnissen der Kinderwelt. In der Kulturszene stand als Veranstaltungsort meist nur die alte Turnhalle zur Verfügung, wo etwa 1988 eine Malerausstellung oder dann im Herbst 1989 eine Museums-Ausstellung über die historische Entwicklung des Wintersports stattfand, die bis zur Weltcup-Zeit herauf führte.[284] Diese war als Vorbereitung für den neuen Weltcup-Anlauf 1990 gedacht. Am 8. Jänner 1990 wurde erstmalig ein Riesentorlauf der Damen (Siegerin Petra Kronberger) und ein Slalom auf der Bärenalmstrecke ausgetragen. Die erfolgreiche Austragung motivierte zu einer Wiederholung dieser Damenrennen beim Weltcup am 14./15. Jänner 1992. Später sollte Damenteamtrainer Karl Frehsner bei der Bärenalm von einer der *schönsten und anspruchsvollsten Riesentorlaufhänge weltweit* schwärmen. Auf der selektiven Bärenalm, wofür auch einige Infrastruktur, z.B. Parkplätze und ein Bergrestaurant aufgebaut werden musste, ritterten im Weltcupriesentorlauf dann wieder die Herren: 14. Jänner 1994 und 10. Februar 1996. 1996 hielt die klirrende Kälte die 12000 Besucher nicht ab.[285] Dann kam der Rückfall 1998. Das geplante Weltcuprennen am 6. 1. 1998 musste wegen Schneemangel nach Saalbach verlegt werden, wo ein Sieg Hermann Maiers diesen zum Favoriten für die Olympiastadt Nagano stempelte.

Die Frage ist nun, was dieses Weltcubfieber dem touristischen Stoder gebracht hat. Die Statistik scheint zu belegen, dass in Hinterstoder während des Nieder-

---

283 WIKU 170 (September 1989) 3.

284 WIKU 162 (Oktober 1988) 13. WIKU 165 (März 1989), 3.

285 Stodertaler Gästezeitung Nr. 26 (Winter 1996).

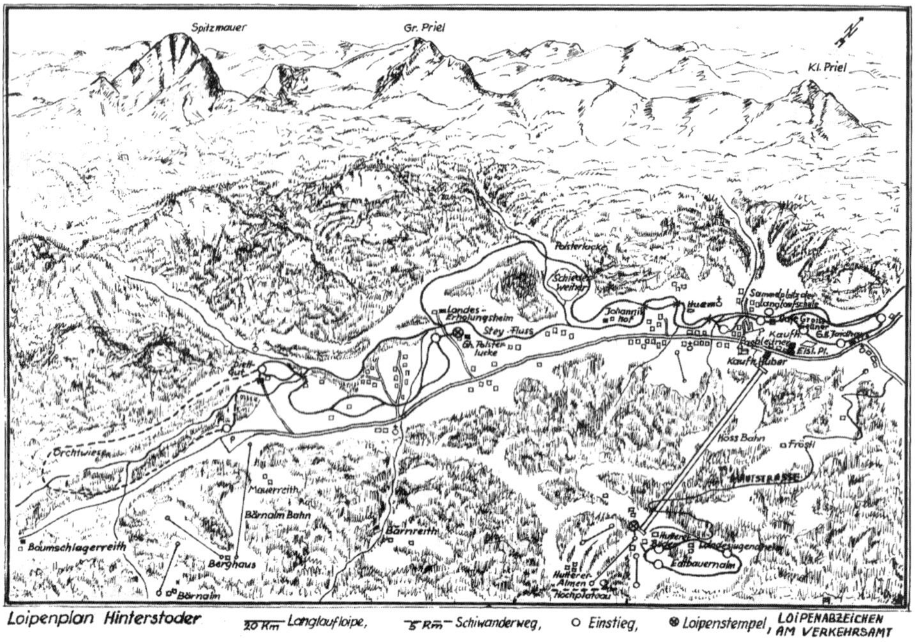

K13: Loipenplan Stodertal um 1985

gangs der Sommerfrische in den Krisenjahren der späten 1980er die Übernachtungen in der Wintersaison explosiv anstiegen; auch in Vorderstoder war es weitgehend so. Der Weltcupstart 1986 dürfte also die Winterlastigkeit des Tourismus untermauert und gefördert haben. Freilich ergibt aber die weitere Analyse, dass dies weitgehend ein statistisches Trugbild war. Denn gerade bei der zweiten Weltcupveranstaltung 1990 sackten die Übernachtungen im Winterhalbjahr deutlich ab; wenn auch vor allem im Stodertal bis 1994 Verluste wett gemacht werden konnten, so zeigte der Abwärtstrend 1995–1997 (österreichweite Tourismuskrise), dass die Nachfrage der Urlauber sich nicht an Events sondern an anderen Kriterien orientierte.[286] Unbestreitbar allerdings ergaben solche Veranstaltungen sowie die Tagesgäste am Wochenende doch für Hinterstoder eine höhere Wertschöpfung, die aber vergleichsweise bei Vorderstoder fehlte, weil viele Wintergäste dort nur ihr Nachtquartier hatten.

Damit begann ein neues „Zeitalter", denn das Budget wurde jetzt auch für die Motivation der Bevölkerung verwendet, in Freizeit und Tourismuskategorien zu denken. Ziel war nicht nur, die Gästebetreuung zu optimieren, sondern auch die Freizeitgestaltung in der Saison zu erweitern. So gab es seit 1987 als Angebot ge-

286 Der Fremdenverkehr in Österreich 1990. BzöSt 1011 (1991) 188 – 1997. BzöSt 1274 (1998) 200.

führte Wanderungen, Mountainbike-Touren, Paragleiten oder Spielveranstaltungen für Kinder. In der Wintersaison wurden kostenlose Skibusse eingerichtet.

Dies war ein neuer Beginn, der die Tourismuslandschaft aus der Sicht des Gastes sehen wollte. *Der Gast, der in eine Region kommt, zieht keine Gemeindegrenzen, für ihn sind die Landschaft, die Sportmöglichkeiten und die sonstigen Tourismusattraktionen, die ohnedies über die ganze Region verstreut sind, da nicht alle Orte alles haben können, wichtig und ausschlaggebend.*[287] Von dieser Linie profitierte z.B. Vorderstoder, da es nun zu einer verstärkten Angebotswerbung über Gemeindegrenzen hinweg kam. Freilich erkaufte sich gerade Hinterstoder, trotz guter Steuerkraft, diese Entwicklung schließlich seit 1990 mit dauerhaften Abgängen im ordentlichen Haushalt.

Damals gab es im Stoder erste Einbrüche bei den Privatquartieren und Pensionen, der Urlaubsgast schrieb den Trend zu Apartments und Ferienwohnungen vor. Die Beherbergungsstruktur der Gemeinden Hinterstoder und Vorderstoder war grundsätzlich nicht unähnlich und sehr stark von Privatquartieren und Familienbetrieben geprägt; in Vorderstoder gehörten sogar zwei Drittel der Anbieter in die Kategorie „Urlaub am Bauernhof".[288] Beim bäuerlichen Gästering der Waldalpen waren Mitte der 1980er Jahre 15 Güter Hinterstoders und 18 Güter Vorderstoders eingeschrieben. Mit Ausnahme der Vorderramseben war in allen Betrieben die bäuerliche Tierwelt ein Teil des Pakets „Erlebnis Bauernhof"; auf zwei Gütern gab es zwar Ponys, der Pferdesport war aber noch nicht durchgedrungen.[289]

Urlaub am Bauernhof Vorderstoder 1985	Urlaub am Bauernhof Hinterstoder 1985
Baumschlagerberg, Grasegg, Großgrub, Hanslbauer, Hinterramseben, Hochleithen, Kernhof, Krapfweiher, Kreil, Lögergut, Lugis, Mittermair, Rotbuchner, Saukogel, Schoiswohl, Unterbucheben, Vorderramseben, Zansegg	Bäckerferdl, Bruderhof, Bruderhofhütte, Buchebnerreit, Edtbauernalm, Gausrab, Gressenbauer, Hofbauer, Karlbauer, Peterhof, Prentner, Rinner, Schmalzerhof, Schnabl, Sturmgut

Da allerdings etliche Privatanbieter der vergangenen zwei Jahrzehnte die Nebeneinkünfte für Kreditzurückzahlungen ihrer neu erbauten Wohnhäuser nicht mehr brauchten oder aber eigener Familienbedarf angemeldet wurde, zeichnete sich beim Rückgang der Bettenzahl und steigenden Touristenzahlen eine neue Tendenz ab: Investitionen für den qualitativen Ausbau und der Trend zu erweiterten Hotels. In Vorderstoder pendelte sich nach dem Höchststand 1982 (43 Betriebe) die Anzahl der Betriebe bei knapp über 30 ein, wobei es bei der Bettenkapazität von Privat-

287 Keplinger, Kultur- und Naturtourismus, 73.

288 Krawarik, Vorderstoder, 74.

289 Urlaub am Bauernhof (Prospekt Pyhrn-Eisenwurzen, 1985) 12–38.

vermietern größere Schwankungen gab; die Ablöse einer älteren Betriebsgeneration mit Kalt- und Warmfließwasser stand bevor. Dies gab es auch in Hinterstoder, rund 20 Privatvermieter hörten auf, wurden aber weitgehend durch neue Vermieter ersetzt. Ein renomierter Betrieb Hinterstoders, die Pension „Enzian" hörte 1985 wegen der Familienumstände auf. Frau Schachner schloss altersbedingt, da ihre Tochter einen anderen Beruf ergriffen hatte.[290] Nicht nur Privatvermieter, sondern auch Pensionen, die sich auf bisher gängige Muster festgelegt hatten, litten damals erstmals unter Besucherschwund. So bestätigt Peter Knittl-Frank, der dann später durch persönliche Umstände zu reduziertem Angebot und zum Aufhören gezwungen wurde: *Schon Ende der 80er Jahre war ein erster deutlicher Rückgang spürbar.* Er versuchte durch spezielle Pensionsangebote – die Gastwirtschaft lief nicht mehr so gut – den Anschluss zu finden.[291] Der wohl entscheidende Einschnitt in dieser Entwicklung war der nach der allgemeinen Wirtschaftslage bedingte Einbruch bei den Winternächtigungen 1989/1990. Der Rückgang der Betriebe Hinterstoders (1986 Höchststand 134) war schon vorher erfolgt und setzte bis 1994 (90) seine Talfahrt fort. Übrigens ist noch ein Detail zu ergänzen: Auch in diesen Umbruchsjahren gab es bis 1992 noch immer im Sommerhalbjahr etwas mehr Betriebe, als im Winter.[292] Die Winterdestination mit ihren wesentlich höheren Ausgaben für die Gemeinde, prägte erst allmählich Köpfe und Alltag.

Hinterstoder hatte es zu diesem Zeitpunkt unter die zehn führenden oberösterreichischen Tourismusgemeinden geschafft, Vorderstoder erreichte bloß ein Viertel der Nächtigungsziffer im Stodertal. Freilich hatte der obere Stoder – vergleicht man die Statistik Mitte der 1960er mit jener Ende der 1980er Jahre – enorm profitiert und das Ergebnis von 7,5:1 auf 4:1 reduziert. Um 1990 urlaubten über 40% der Gäste des Pyhrn-Priel-Gebietes im Stoder. Was für ein enormer Wandel sich allerdings vollzogen hatte, erkennt man an der Gegenüberstellung von Sommer- und Winterfremdenverkehr. 1965 kamen 55% der Gäste Hinterstoders im Sommerhalbjahr, 1990 kaum 25%. Hinterstoder war zum bedeutenden Wintersportort aufgestiegen.[293] Vorderstoder war aber ein dominantes „Sommergebiet" geblieben, das sich im Winter vielfach zu einem „Nebenressort" Hinterstoders entwickelt hatte.

Der alpine Tourismus stand damals allgemein im Schatten der Urbanisierungstendezen. Schon vor 1990 war das lange Wachstum im alpinen Tourismus abgebrochen und stagnierte auf hohem Niveau. Bei den Ansätzen touristischer Verstädterung gingen die Einkommenseffekte für Einheimische zurück. Deshalb entwickelten sich regionale Strategien.[294] Das touristisch geprägte Alpenbild be-

290 Mitteilung von Mag. Werner Laska, Hinterstoder. Prospekte Hinterstoder 1978 und 1984/85.

291 Interview mit Peter Knittl-Frank, Vorderstoder, 1. 9. 2011.

292 Der Fremdenverkehr in Österreich im Jahre 1986–1995.

293 Prell, Totes Gebirge, 61.

294 Werner Bätzing, Der Stellenwert des Tourismus in den Alpen und seine Bedeutung für eine nachhaltige Entwicklung des Alpenraumes, 1–14, in: www.geographie.uni-erlangen.de/docs/stellenwert_tourismus.pdf.

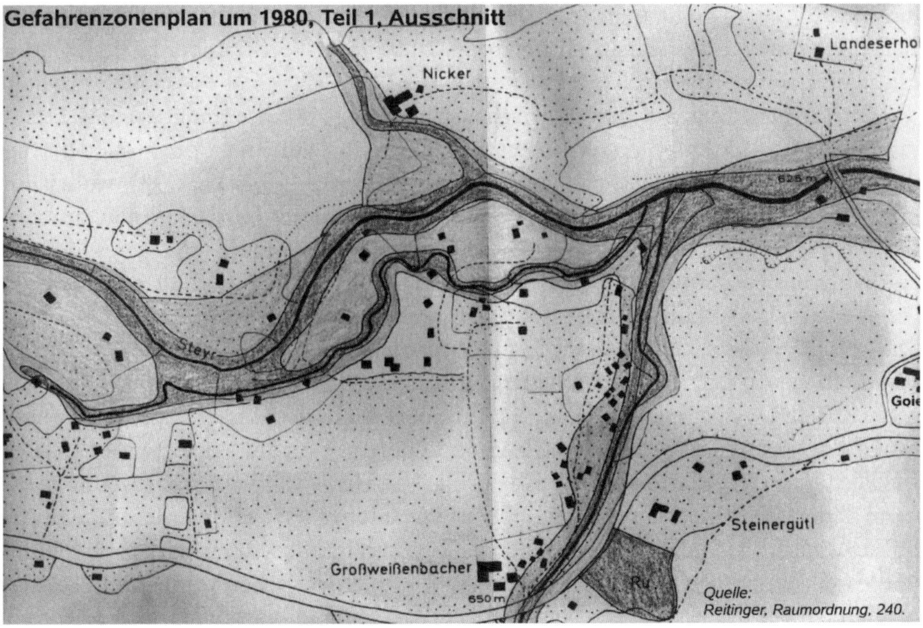

K14: Gefahrenzonenplan um 1980, Teil 1, Ausschnitt

trachtet die Bergwelt meist über 1000 m. Am Beispiel Hinterstoders kann man aber erkennen, dass Talräume und Höhenlagen durch den Seilbahnbau strukturell eng verflochten agierten. Dabei blieben allerdings die Zentren früherer „Bauerndörfer" im Stoder bevölkerungsmäßig klein und unbedeutend. Das Auspendeln nach Windischgarsten, Kirchdorf und in den oberösterreichischen Zentralraum war längst typisch. Das Stodertal hatte zwar ein besseres Pendlersaldo, weil zahlreiche Einpendler aus Nachbargemeinden (vor allem Vorderstoder) kamen; immerhin pendelten 1991 36% der Arbeitnehmer aus. In Vorderstoder waren es damals 54% – und diese Zahl stieg weiter an.[295] Wie anderswo auch in den österreichischen Alpen wurde der Stoder durch eine dezentrale Tourismusstruktur geprägt. Das Tourismusgeschäft verteilte sich auf Hotels, Pensionen und die Parahotellerie (Ferienwohnungen etc.), Privatvermieter kämpften um den Anteil. Zweitwohnungen stellten inzwischen auch im Stoder eine problematische „Schattenwirtschaft" dar. Denn vielfach nutzen die Besitzer ihre Ferienhäuser zur internen Vermietung an Verwandte und Bekannte. Die Versorgung dieser Gruppen geschah zum Teil durch aus Herkunftsräumen mitgebrachte Lebensmittel. Die Geschäfte Stoders hätten die vielfältigen Bedürfnisse dieser Gäste gar nicht zufrieden stellen können. 1991 gab es in Hinterstoder 214, in Vorderstoder 143 Nebenwohnsitze. Aber das große Wachstum war vorüber, seit 1981 blieb die Zahl der Wochenendhäuser stabil bei ungefähr 40% der Häuser und nahm nach 1990 angesichts der Siedlungsentwick-

295 Regionaldatenbank Hinterstoder und Vorderstoder (www2.land-oberoesterreich.gv.at/).

lung relativ ab.[296] Sieht man von diesem neuen Siedlungs-Segment ab, befanden sich die Tourismusbetriebe in Hinterstoder zu 95 %, in Vorderstoder zu 98 % in der Hand einheimischer Familien.

Eine nähere Analyse dieser Zweithäuser im Zuge der Siedlungsdynamik zeigt interessante Facetten einer verdichteten Zersiedlung auf. In Hinterstoder betrug der Anteil der Ferienhäuser an den Neubauten 1981–1986 ca. 60 %, wobei ein komplexes Zusammenspiel von Angebot und Nachfrage erfolgte. Im zentralen Dorf z. B., wo bis 1985 immerhin 25 neue Bauten entstanden, setzt der Wochenendhausbau überhaupt erst 1975 ein (+9 FH) und verebbte bald. Das Phänomen verlagerte sich in dauervermietete Wohnungen. *Im Ortszentrum löste die öffentliche und private Dienstleistungsfunktion die Gewerbefunktion immer mehr ab.*[297] In der bäuerlich geprägten Tambergau begann diese Form der Siedlungsdynamik erst gegen 1980 und war mit geprägt von der Tatsache, dass ortsansässige Stodertaler aufgrund der sprunghaft gestiegenen Immobilienpreise dorthin auswichen – es hatte sich also eine Art „Verdrängung" entwickelt. Von Bedeutung war die Zweithausdynamik allerdings in der Sonnleiten jenseits der Grenze zu Vorderstoder (z. B. Fröhlichsiedlung). 1975–1978 erwarben etwa 25 ortsfremde Personen in diesem Gebiet der Vordertambergau ihre Grundstücke zum Bau eines Nebenwohnsitzes.[298] Auch im Bereich des unteren Loigistales blieben Wochenendhäuser durch Gelegenheitsverkäufe von Bauern eher eine Randerscheinung (ca. 10 %), genauso wie auf der linksufrigen Prielseite. Dort eigneten einige neue Feriendomizile den Erben der Fürstin zu Eulenburg-Hertefeld, die in den 1970ern errichtet worden waren.

Große Wirksamkeit besaßen allerdings Grundverkäufe anderswo. Das Stegergut, nach 1949 von der neuen Besitzerin Berta Reichel letztlich für Ferienzwecke umgestaltet, stieß 1961 seinen rechtsufrigen Besitz ab; dadurch entstanden unter 48 Neubauten auch einige Nebenwohnsitze. Die Agrargemeinschaft der Hutterer Almen (teilweise auch der Ullerspergschen Forstverwaltung) gab schon in den 1960ern betuchten Freiberuflern aus Linz, Steyr oder Wels nach und verkaufte am Rande der Hutterer Böden Waldparzellen. 1986 waren nach einer wahrhaft großen Dynamik von 58 neuen Gebäuden dieser Gegend 46 Wochenendhäuser entstanden – das „Wochenenddorf" Hutterer Böden. Noch bedeutender wurden die Weekend-Weiler in Hinterberg/Weissenbach, anfangs ebenfalls von wohlhabenden Selbständigen geprägt. Der Zuwachs an Ferienhäusern (1961–1975 +34, 1976–1985 +24) erfolgte auf ehemaligen Liegenschaften des Schelchenbauern, die der Besitzer Fessl (Dietlgut) nach und nach veräußerte, sowie auf Gründen des abgewirtschafteten Großweißenbachgutes. Dort befinden sich etwa zwei Drittel der Nebenwohnsitze von Hinterstoder. Wesentlich unauffälliger und zerstreuter entfaltete sich das Siedlungsgeschehen zwischen Schmalzerhof und Loskogel (+52 Ferienhäuser).[299]

296 Häuser und Wohnungszählung 1991. BzöSt 1040/4 (Wien 1992) 41.

297 Miglbauer, Strukturwandel, 107, 144.

298 Grundbuch Vorderstoder, Einlagezahlen 355–410.

299 Miglbauer, Strukturwandel, 62f, 75, 111.

Abb. 53a: Steinwänd – Umstellung auf Fewo's

Abb. 53b: Koglhof – Ferienhaus des Unternehmers

Im Vergleich dazu entwickelten sich Weekendhaus-Konzentrationen in Vorderstoder nicht in solcher Weise, sondern wesentliche diffuser. Immerhin waren um 1985 am Stockerberg (seit den späteren 1960ern) bzw. Steinerberg etwa je 15 Zweitwohnsitze errichtet worden; kleinere lockere Weiler bildeten sich bei der ehemaligen Loigisschmiede und am Hutstückl.[300] Mit Sicherheit lässt sich behaupten, dass in Stoder diese Grundverkäufe zur Sanierung und Modernisierung landwirtschaftlicher und touristischer Betriebe beitrugen. Zu ergänzen ist freilich, dass nicht nur Neubauten die Dynamik der Nebenwohnsitze prägten, gar nicht wenige waren (renovierter) Althausbestand; es dürfte sich um etwa 70 Gebäude handeln. Wohl bestallte Stammgäste haben in dieser Zeit eben auch ältere Häuser oder Villen erworben. Als Beispiele kann das Dietlgut-Blockhaus dienen, heute ein fester Bestandteil der Kulturszene im Stodertal. Die Jugendstilvilla Kogelhof wechselte 1977 zu Dkfm. Walter Just (Stempelfirma Trodat), dieser erzählt: *Ich hatte eigentlich keinerlei Pläne, ein Haus zu kaufen, mir fiel allerdings immer wieder der wunderschöne Kogelhof beim Spazieren auf. Zufällig las ich in der Zeitschrift „Industrie" eine Anzeige über den Verkauf eines Hauses in Hinterstoder. Wie sich herausstellte, handelte es sich um den Kogelhof, den ich ein Jahr später erwarb. Da das Anwesen von der Steyr umflossen wird, nutzte ich die Möglichkeit, ein Kraftwerk zur Stromerzeugung zu errichten. In der daran angeschlossenen Halle produzieren wir Stempelteile, die in Wels weiterverarbeitet werden.*[301]

Eine Analyse ergab 1986 im Stodertal nur eine geringe Anzahl von reinen Wohnhäusern Ortsansässiger (99), aber 234 (= 66 %) Ferienhäuser, 55 Wohnhäuser privater und 12 gewerblicher Zimmervermieter. Die Zweithausbesitzer kamen zu 30 % aus dem Raum Linz, stark vertreten war auch der Raum Wien (20 %), Steyr und Wels, zu einem kleinen Prozentsatz auch das Ausland (BRD). Fast die Hälfte dieser Besitzer waren selbständig oder freiberuflich bzw. als höhere Ange-

---

300 Krawarik, Vorderstoder, 74f.

301 Interview in: Hinterstoder pur (Winter 2004/05) 9.

stellte tätig. Ankauf und Ansiedlung von Pensionisten war im Gange. Die sprunghafte Zunahme der Pensionisten 1981–1991 (Hinterstoder 14%>20%, Vorderstoder 15%>19%) verrät diesen Umstand.[302] Seit den 1990ern verstärkte sich aber im Stoder der neue Trend: Es wurden zwar noch Zweitwohnsitze errichtet – zum Teil sogar auf den Hutterer Böden für die Bereitstellung von Ferienwohnungen – die neue Attraktivität des ländlichen Raumes motivierte aber nicht nur in den Ruhestand wechselnde Ferienhausbesitzer, sondern auch andere Ortsfremde, sich hier einen neuen Hauptwohnsitz zu schaffen. Man strebte nach Ruhe und Erholung im agraren Gebiet, wenn man sich das leisten konnte und lehnte gerade die massentouristischen Ansätze in Hinterstoder ab. *Teilweise bekennen Zweithausbesitzer ganz offen, dass sie an einer Entwicklung des Fremdenverkehrs gar nicht interessiert sind, sondern ihre Stille und Abgeschiedenheit gewahrt haben wollen.*[303] Auf diese Weise lockerten sich die „toten Zweithausdörfer" Stoders allmählich etwas auf. Was aber darüber hinaus die kommunal Verantwortlichen stark irritierte, war die Tatsache, dass die Jugend Hinterstoders verstärkt abzuwandern begann. Während sich in Vorderstoder die extrem negative Wanderungsbilanz der 1970er verbesserte, nahm die Abwanderung im Stodertal merkbar zu.[304]

Tatsache bleibt, dass der Funktionswandel im Siedlungsgeschehen unumkehrbar war: Im Stoder hatten sich schwerpunktmäßig suburbane Wohnorte nichtlandwirtschaftlicher Bevölkerung entfaltet, ohne das grundsätzliche Problem von Auspendlergemeinden in den Griff zu bekommen. Bemerkenswert bleibt dabei die Grenze der Steyr; prielseitig nahm das Gebiet der Forstreviere so gut wie gar nicht am Siedlungsgeschehen teil. Das, was einst von Touristen und Einheimischen kritisiert worden war – die Privatisierung der Prielseite – wurde angesichts einer liberaleren Handhabung touristischer Zugänge zu einem vorteilhaften Landschaftsreservoir.

Wie stark die unterschiedliche Orientierung des Freizeitprogramms in den beiden Gemeinden damals war, macht die zweite Augusthälfte 1990 bewusst. Hinterstoder lockte mit Wanderungen am Stodertaler Höhenweg und auf den Tamberg, einer Radtour, dem Paragleiten-Schnupperkurs, Rafting, einem Tennis Iuxturnier sowie mit einer Diareise durch das Stodertal. Vorderstoder bot ebenfalls Wanderprogramme an (Zellerhütte, Schafferteich, Mostwanderung), darüber hinaus einen „Kindernachmittag", Kinderwettangeln, Kinderlagerfeuer, ein Minigolfturnier und eine Rätselrunde durch das Stoderpassland.[305] Man wird also mit Recht sagen können, dass Vorderstoder in der Kinderfreundlichkeit des Tourismus weit voran war.

---

302 Miglbauer, Strukturwandel, 98, 118–127. Regionaldatenbank Hinterstoder und Vorderstoder.

303 Miglbauer, Strukturwandel, 259f.

304 Regionaldatenbank Hinterstoder und Vorderstoder.

305 Freizeitprogramm 13.–24. August 1990, gedruckt.

Sozialverträglichkeit und Massentourismus

Wie sah im größeren Zusammenhang eine Bestandsaufnahme in den 1990er Jahren aus? In der Pyhrn-Prielregion herrschte mit den Skigebieten Hutterer Höss und Wurzeralm vor allem Wintertourismus vor. Mit Ausnahme von Hinterstoder verzeichneten alle anderen Kalkalpen-Gemeinden der Raumeinheit im Sommer um ca. ein Drittel mehr Übernachtungen als im Winter (in Vorderstoder (60:40). Die Besiedlung abseits der Ortszentren beschränkte sich in der Regel auf vereinzelte Berghöfe, Almen und Berghütten sowie am Tourismus nicht teilhabende Kleinliegenschaften oder Gebiete temporärer Wohnfunktion; im Stoder waren einige moderne Weilersiedlungen bestehend aus Siedlungs- und Weekendhäusern entstanden. Auf den Hutterer Böden bei Hinterstoder bildeten nun Hütten, Hotels und andere Infrastruktureinrichtungen eine moderne Streusiedlung im Hochgebirge. Die beiden öffentlich benutzbaren Bergstraßen der Region führten auf die Huttererböden (1380 m) bei Hinterstoder (Mautstraße seit 1977) und auf die Bosruckhütte (1043 m) bei Spital am Pyhrn.

Während Hinterstoder eher einer gängigen Tourismusgemeinde – Bettenzahl, touristische Intensität und dritter Wirtschaftssektor sind bei besserem Pendlersaldo dominant – bildete, hatte Vorderstoder eine Sonderform entfaltet: nach wie vor war es eine Auspendlergemeinde; durch inzwischen gut ausgebaute Verkehrsstränge und die Motorisierung störte das aber nicht mehr so stark. Zudem war die Palette der Vermieter volkswirtschaftlich von Bedeutung. Und man tat auch einiges für die Weiterentwicklung. Unter persönlichem Einsatz von Obmann Gottfried Ramsebner (Stockerwirt) wurde 1991 der Rundwanderweg Schafferteich sumpffrei angelegt und auch in Folge neue Wanderwege erschlossen. Eine neue Wanderkarte nannte sich „Naturpark Stodertal" und „Wandertaxis" standen per Anruf zur Verfügung. Die Analyse der Veranstaltungen im Sommer 1991 vermitteln drei Theateraufführungen, zwei Volksmusikabende, Töpferkurse, Musikfest und Bauernmarkt, Heimatabend des Trachtenvereins und übliche Festivitäten wie Bergmesse Warscheneck, Kirchweih, Erntedank oder das Fest zu „90 Jahre Zellerhütte". Täglich lockte die Disco am Cafe Stockerberg. Eine große Bedeutung hatten die hausinternen Veranstaltungen für Familien und Kinder, was durch eine „Kinderermäßigung" unterstrichen wurde.[306] Gerade renomierte Gasthausbetriebe spürten früh die starken Veränderungen in der Branche. Diesen Wandel erfasste der Stockerwirt stichwortartig: *Vollpension auf Halbpension* reduziert, *Mittagessen wird ausgelassen, Leute sind aktiver, Publikum ist jünger geworden (früher mehr Pensionisten),* daher: *Angebot Familien mit Kindern, Wandern hat große Zukunft* (*Abb 54*, S. 219).[307]

Diese gelebte sozialverträgliche Form des Fremdenverkehrs führte 1994 zum Beitritt Vorderstoders zum Verein „Dorfurlaub in Österreich", im gleichen Jahr schloss sich Hinterstoder der Initiative „Dorferneuerung" des Landes an. Der vordere Stoder hatte sich einer harmonischen Beziehung von Bevölkerung, Touris-

306 Vorderstoders Urlaubszeitung, Sommer 1991.

307 Umfrage-Beantwortung Stockerwirt, 15. 4. 2005.

mus und Natur verschrieben und präsentierte sich als *Familiendorf in den Bergen,* das *seine wahre Identität gefunden hat* und *abseits der ausgetretenen Pfade des Massentourismus die Umwelt ins Herz geschlossen hat.* Man setzte dabei auf Natürlichkeit, Traditionsbewusstsein und die Individualität der Touristen.[308] Bereits ein Jahr zuvor waren die Vorderramseben und der Stockerwirt in Vorderstoder mit dem Öko-Tourismuspreis ausgezeichnet worden, den der Landesverband als „Umweltgütesiegel" gestiftet hatte. Beide Gastronomen boten regionale Küche an unter der Devise: *Authentisch isst, wenn der Wirt authentisch ist. So werden die Ferien im Heimathafen der lukullischen Genüsse zu einer wahren Entdeckungsreise durch die kulinarische Vielfalt. In der Schatztruhe liegen längst vergangene Rezepte.*[309]

In der Gegenüberstellung der 70er und 90er Jahre in Vorderstoder meinten interviewte Gäste, die familiäre Grundstruktur hätte sich erhalten und wäre sogar vor allem für Kinder erweitert worden. Die Bauernhöfe und Pensionen wären besser ausgebaut und standardisiert gewesen. Die Hauswirte würden sich für Abendunterhaltung einsetzen und organisierten Ausflüge in Absprache mit Nachbarpensionen, die Bettenkapazität wäre professioneller, man bekäme Gästeehrungen wie „Botschafter der Region" oder „Senatornadel" – aber Vorderstoder wäre *immer mehr auf den Tourismus ausgerichtet* und die einstige Beschaulichkeit wäre abhanden gekommen.[310] Der besondere Dorfurlaub in Vorderstoder wurde 1995 werbemäßig so dargestellt: *Abseits vom Massentourismus hat Vorderstoder einen sehr eigenständigen Zugang zu seinen Gästen gefunden. Ausgehend von einer sehr gesunden Einstellung zur Umwelt und einer bäuerlichen und kleinbetrieblichen Struktur versuchen die Vorderstoderer mit viel persönlichem Einsatz und guten Ideen (z. B. 1. Österreichische Wanderminigolfanlage, Ferienclub Pyhrn-Priel, Wandertaxi, Bauernmarkt, Bauernkulinarium, Märchen und Sagen an Original-Schauplätzen, Vorderstoder-Stammtisch in der Heimat unserer Gäste, besondere Angebote der einzelnen Vermieter) ihren Gästen einen sehr familiären Urlaub zu* bieten.[311] Während dieser Jahre hatte sich in Hinterstoder die „Winterlastigkeit" des Fremdenverkehrs extrem entwickelt. Die Übernachtungsanteile der Wintersaison waren von 29% (1970) über 35% (1980) auf über 60% (1989) gestiegen und blieben nun vorne. Bald betrug das Fremdenverkehrsaufkommen der Sommersaison nur mehr 20%.[312]

Das Hauptmotiv für touristisches Wachstum in den Alpen bis in die 1980er Jahre war der Wintersport gewesen, während viele Regionen Sommerrückgänge verzeichneten. Alpine Gemeinden hatten fast überall mit dem Rückgang der Landwirtschaft und wachsender Pendlerzahl zu kämpfen. Dazu kamen neue Freizeittrends und die Konkurrenz des lockenden Ferntourismus. All diese Probleme kannte der Stoder auch, aber es schien irgendwie „schaumgebremst" zu sein. Da-

308 Dorfurlaub in Österreich (Katalog 1994) 65.

309 Markus Brodnik und Heimo Hammer, Der Grüne Urlaubsführer. Österreich (Wien 1993) 91.

310 Interviews am 4. 8. 2011.

311 Prospektr „Bergdorf Vorderstoder" (1995) des Tourismusbüros Vorderstoder.

312 Keplinger, Kultur- und Naturtourismus, 94.

bei ging Vorderstoder wohl stillere Wege und konnte nach 1990 mit den „Stammtischen" – Gastgeber trafen sich mit Stammgästen (jährlich die Orte wechselnd) in deren Herkunftsregionen zum Gedankenaustausch – eine gewisse Nachhaltigkeit erzielen.[313] Hinterstoder war stark von Winter-Tagesgästen und Events abhängig. *Vorwiegend an manchen Winterwochenenden kommt es durch den Tagesskitourismus in Hinterstoder zu beachtlichen Menschen- und Autoansammlungen, es treten „massentouristische" Erscheinungen auf, die ansonsten in der Region nicht zu verzeichnen sind. Der Verkehr an solchen Wochenenden erreicht erschreckende Ausmaße. Den Autos und Autobussen wird das enge Stodertal zur Staufalle.*[314] Diese kurzfristige und konzentrierte Auslastung der Beherbergungsbetriebe vor allem im Ortszentrum an der Steyr stand in Gegensatz zu den Intentionen der abseitigen Pensionen und bäuerlichen Privatvermieter des Stodertales, die sich ökologischen Intitiativen anschlossen; als Beispiel mag das Sturmgut dienen (*Abb. 55*, S. 219): Touristisch war 1985 erweitert worden, 1997 stellte man sich auf Teilspezialisierungen ein – Urlaub mit Familien in der Ferienzeit, Wanderurlaub in der Nebensaison, Skifahrer in der Wintersaison. Der glückliche Umstand einer unterschiedlichen Interessenslage innerhalb der Großfamilie Kletzmaier ermöglichte die reduzierte Weiterführung des Bauernhofes, zu dem zwei Almen gehörten; Pferde, Schweine, Hühner und Getreidebau waren längst passé, 1992 hörte auch die Milchwirtschaft auf und man stellte auf „Mutter-Kuh-Haltung" um, 1999 wurden zusätzlich Lamas angeschafft. Der Berghof Sturmgut wurde „Bio-Bauernhof" und entfaltete sich gleichzeitig zum „Kinderbauernhof".[315] Auf diese Form der Rinderhaltung stellten übrigens auch andere Bauernhöfe um (z. B. Großgrub), weil das mit einem Ferienhof besser vereinbar ist.

Der Finanzaufschwung war zwar da, immer neue Investitionen trieben die Gemeinde allerdings in eine ausweglose Entwicklung. Deshalb galt es als großer Erfolg, seit 1990 nach dem gelungenen Auftakt 1986, in zweijährigem Turnus die Skiweltcup-Szene ins Stodertal zu bringen. Die steigenden Besucherzahlen an der Bärnalmstrecke 1990/1992/1994/1996 stellten dann allerdings die verantwortlichen Träger vor große logistische und finanzielle Herausforderungen. Es war erstaunlich genug, dass diese auf der Bärenalm ausgelagerten Events so abliefen. Was man allerdings zunächst nicht bedachte, war, dass sich die Touristenstruktur stark verändert hatte. Aus einer Befragungs-Analyse 1994 geht hervor, dass das Bildungsniveau der meist aus Österreich stammenden Wintersportler (69 %), fast zur Hälfte Tagesgäste, unterdurchschnittlich gering war; diese Touristen standen zu 60 % im Alterssegment 20–40, Kinder und Senioren fehlten weitgehend. Man war an ortstypischen Anreizen eher nicht interessiert und teilte sich in gleich große Gruppen, die sich „entspannen" bzw. die etwas „erleben" wollten.[316]

313 Stodertaler Gästezeitung 29 (Sommer 98) 6.

314 Keplinger, Kultur- und Naturtourismus, 93.

315 Hofchronik des Berghofes Sturmgut, www.sturmgut-glossar.

316 Seiser, Wirkungsmechanismen, 11–14, 72.

Das war wohl nicht der Prototyp eines „sanften Tourismus“, der umweltverträglich und sozialverantwortlich die Verbindung zwischen Gast und Einheimischen schaffen konnte – wie damals neue Tourismusideen formuliert wurden. Die neuen Touristen waren gleichzeitig freizeitorientierter und individueller geworden und stellten höhere materielle und psychische Ansprüche. Den notwendigen „Spagat“ zu einer allfälligen Kooperation Tourismus-Landwirtschaft-Naturschutz zu vollziehen, wurde in Hinterstoder zur eigentlichen Herausforderung. Dass einzelne Tourismusbetriebe nicht nur in Vorderstoder durchaus an ökologisch-biologischer Verhaltensweise interessiert waren, zeigen ja die Öko-Tourismuspreise 1996 für die Betriebe Prentner und Schmalzer sowie Stockerwirt, Vorderramseben, Großgrub, Mittermair, Grassegg, Kreil und Krapfweiher.[317]

Der ländlich gebliebene Bereich des obersten Steyrtales ist rasch skizziert: Die Waldfläche Hinterstoders nahm 1960–95 um fast 30 % zu und betrug nun fast das Siebenfache der landwirtschaftlichen Nutzfläche (in Vorderstoder nur das Doppelte). Von den 75 Betrieben der LFW (Vorderstoder 64) – seit 1981 ein Rückgang um ein Drittel (in Vorderstoder nur 10 %), gab es 1990 kaum 30 % Vollerwerbsbetriebe (in Vorderstoder fast 60 %). Fast die Hälfte der Betriebe (Vorderstoder 25 %) gehörten zum Segment unter 10 ha, ein Drittel zum Segment über 50 ha.[318] Nur 38 % der einstigen Almen des Stodertales waren nunmehr im Sommer bewirtschaftet. Diese 14 Almen (Gsollalm, Jaidhauserreit, Gaislitzkogel, Fröstlalm, Hutterer, Edbauernalm, Oberbuchebnerreit, Pernreit, Dietlreit, Maurerreit, Herzogreit, Schafferreit, Baumschlagerreit, Hochsteinalm, Peterhoferalm, Bärnalm, Wildalm, Steyrsbergerreit) waren mit 350 Rindern und 60 Schafen bestückt. Zunehmend wurden einige Almen wie Steyrsbergerreit, Schafferreit oder die Filzmoseralm Vorderstoders touristisch in die Wanderparadiese Stoders mit einbezogen.[319] Es fällt bei dieser Aufstellung das Ungleichgewicht auf der linken und rechten Seite des Steyrtales auf. *Die 31 Almen auf der Prielseite gibt es nicht mehr* (mit Ausnahme von Jaidhauserreith und zwei revitalisierten Almen) … *nur einige spärliche Reste zeugen von den einstigen mühsamen Rodungen, den alten verwitterten Hütten und Ställen.* Mehr als die Hälfte der alten Almfläche auf der Hutterer Seite wird noch mit Jungvieh bestoßen.[320] Das Erbe historischer Jagdleidenschaft ist für diesen Unterschied verantwortlich. Ergänzend kann man festhalten: Während die Fläche der Eulenburgschen Forstverwaltung (1966 1159 ha) praktisch gleich geblieben war, hatte sich die Gutsfläche des Herzogs von Würtemberg (1966 3978 ha) um ca. 6 % erhöht.[321] Dahinter ist die aktive Geschäftsgestaltung Herzog Carl von Württembergs zu erkennen, der seit 1975 dem Haus Württemberg vor stand.

317 Stodertaler Gästezeitung 26 (1996/97) 4.

318 Land- und forstwirtschaftliche Betriebszählung 1990. BzöSt 1060/4 (Wien 1991) 158–160.

319 Binder-Lutz, Indikatoren, 174. Stodertaler Gästezeitung 25 (1996) 7.

320 Werner Hackl, Stoderer Almen einst und jetzt, in: pur. Hinterstoder Magazin (2011) 51.

321 Miglbauer, Strukturwandel, 154.

Abb. 56a: Hochsteinalm

Abb. 56b: Schmalzerhof

Damals tat sich einiges auf der Bewusstseinsebene Landwirtschaft-Tourismus. Eine Landwirtin (Privatvermieterin) in der Pyhrn-Priel-Region meinte dazu: *Jetzt in letzter Zeit haben die Tourismusmanager eingesehen, dass sie die Bauern brauchen zur Landwirtschaftspflege. Wenn wir keine gepflegte Landwirtschaft haben, dann haben wir keinen Tourismus – das ist ihnen erst jetzt so richtig bewusst geworden. Das war vor sechs, sieben Jahren* (i.e. ca. 1988) *wirklich schwer, da hat jeder gesagt: „Du hast eh' ein paar Fremde, dafür musst du das und das in Kauf nehmen" … Mit den Mountainbikes hat jeder überall fahren dürfen, mit den Langlaufloipen war es auch ein Problem … Der Bauer hat dann die Vorschriften gekriegt, der ist in seiner Landwirtschaft eingeschränkt worden.*[322] In der größten Erholungslandschaft Oberösterreichs, zu der das Stodergebiet gehört, hatten Tourismus, Strukturwandel in der Landwirtschaft und Zweithausphänomen die Lebensweise und Ansichten verändert. Vielfach litt auch innerdörfliche Kommunikation darunter.

Dorferneuerung und Dorfentwicklung

Die Gewissheit, dass die Events zwar Geld brächten, aber nicht wie erwünscht neue Urlauber, führte im Stoder letztlich zum Umdenken. Seit 1992 hatten etwa 30 verantwortliche und beherzte Bewohner des Stodertales in einem gewissermaßen demokratischen Prozess der „Bürgerbeteiligung" die *Dorfentwicklung* im Tal und ein Konzept der Ortsentwicklung überlegt. Die wichtigsten Schritte wurden in den Bereichen Kultur, Bauen und Ökologie angedacht. Daraus entwickelte sich 1994 auch die „Kulturinitiative Hinterstoder", die die Absicht hatte, zeitgenössische Musik, klassische Konzerte, Pop und Jazz, Lesungen und Theater sowie Events zu organisieren. Bedarfsziele wie Veranstaltungssaal und neuer Kindergarten wurden formuliert. Es gab in Folge Fassadenaktionen, sowie erhebliche bauliche Änderungen in der Ortsdurchfahrt und der Straßenraumgestaltung. *Von 1993*

322 Interview 5 bei Keplinger, Kultur- und Naturtourismus, 158.

Abb. 57a :Dorfstuben – modernes Tirolerlokal

Abb. 57b: Dietlgut – neue Wege

bis 1997 wurde die gesamte Dorfstraße mit allen Hauszugängen und öffentlichen Plätzen erneuert. Dies war während der Bauphase belastend, machte aber schließlich den Ort viel freundlicher und entschleunigte den Autoverkehr. 1994 wurde außerdem die Kläranlage gebaut.[323] Diese Kläranlage im Poppenberg wurde die erste Kavernenkläranlage Mitteleuropas, an die nicht nur Ortszentrum sondern auch das Hössgebiet angeschlossen wurden. Schon 1992 war beim Prielschutzhaus vorbildlich eine biologische Kläranlage gebaut worden. Das Ortsbild wandelte sich in wenigen Jahren radikal. Da war zunächst die 1995 durch die Tennishalle abgeschlossene Freizeitanlage, die nun neben einem solarbeheizten Freibad, drei Tennisplätze und einen (Zimmergewehr-) Schießstand bei der Wärmehalle neben dem Sportbuffet aufwies. Die alte Minigolfanlage verschwand zugunsten des Parkplatzes und wurde der Liegewiese des Freibades angeschlossen. Im Mai 1996 begann der Umbau der Verkehrsstränge zwischen Pachleitner und Jaidhaus, der Straßenzug wurde abgesenkt, um eine günstigere Ausfahrt vom vergrößerten Parkplatz zu erhalten. Dann folgte der mehr als einjährige Umbau des Gemeindehauses, wobei das Tourismusbüro vorübergehend in den Gasthof zur Post ausgelagert wurde (*Abb. 59a*, S. 220). Nach dem Weltcuprennen im Februar 1996 auf der Bärenalm glich das Dorf einem „Bautorso".[324] Angesichts der Erwartungen investierten die Bergbahnen 1998/1999 die neue Sechser-Sesselbahn „Höss-Express", was sich bald bewähren sollte. Freilich hatte die Nichteinigung des Landes (Eigentümer der Bergbahnen) mit einigen Grundbesitzern seit 1994 den Weiterausbau der Seilbahnen lange blockiert. Im April 1999 wurde nach dem Verkauf durch das Land die Hinterstoder-Wurzeralm Bergbahnen AG geschaffen, an der Peter Schröcksnadel Mehrheitseigentümer (49 %), private Investoren (26 %) sowie Land und Tourismus-Verbände (25 %) Teilhaber waren.[325]

323 Ausgezeichnete Baukultur, in: pur. Hinterstoder Magazin (2010) 42.

324 Stodertaler Gästezeitung 25 (1996) 4–7.

325 Der Stodertaler Nr. 30 (Sommer 1999) 7.

Abb. 58a: Umstellung auf Gondel

Abb. 58b: Sechsersesselbahn

Fast gleichzeitig wurden private Initiativen im Tourismus realisiert. So ging das renomierte Dietlgut den Weg zum „Kinderhotel", das 2000 mit dem Umweltzeichen bedacht wurde, in Vorderstoder entstand am Kernhof ein „Bienenschauhaus". Im Stoderpassland dachte man die Kinderfreundlichkeit zuende: Beim Sägewerk Hackl wurde der „SWUWIZ" = Stodertaler Wald- und Wasserspielplatz „im Zwergental" konzipiert und im Sommer 1999 unter großem Anklang eröffnet.[326] Diese Idee des „Stodertaler Zwergenlandes" hatte sich in Vorderstoder entfaltet und griff dann nach Hinterstoder im Herbst 1997 über. Unter dem Motto *Bei uns dürfen Kinder noch Kinder sein* hatten sich mehrere Betriebe mit familiengerechter Ausstattung der Quartiere und Engagement bei Erlebnisprogrammen für Kinder zu einer Marketing-Kooperation gefunden (Baumschlagerberg, Großgrub, Prentner, Mittermair, Sturm, Vorderramseben, Peterhof, Stockerwirt, Schmalzerhof, Haus Tamberg). Wenn man das Zwergensommerprogramm 2000 beleuchtet – Schnupperklettern, Sagen erzählen, Rätselralley, Lagerfeuer, Ponyreiten, Bienenschauhaus, Kasperltheater, „Landmatura", Mini Traktorrennen, T-Shirt bemalen, Almwanderung, SWUWIZ-Fest – war das ganz schön engagiert für die Quartiergeber. Und anfangs wuchs die Zahl dieser Betriebe noch an, 2001 wurde die günstige „Familien-Card" der Stodertaler Zwerge aufgelegt.[327] Die Standortfrage stellten sich nun auch bäuerliche Tourismusbetriebe. Die Bundesversammlung des bäuerlichen Gästerings in Vorderstoder tagte im November 1999 über Möglichkeiten und Grenzen von „Urlaub am Bauernhof". Dieser Gästering war im Stoder schon fast 30 Jahre aktiv. Kooperation war angesagt: Im selben Jahr erschien erstmals ein gemeinsames Ortsprospekt von Vorderstoder und Hinterstoder; das etablierte „Rubbelwandern" im Stoder wurde als Idee 2001 ausgezeichnet. Allein im Stodertal galten etwa 40 Betriebe als „Wander-Spezialisten", was doch auf ein beachtliches know how hinweist. Eine neue einheitliche Wanderweg-Beschilderung

326 Der Stodertaler Nr. 30 (Sommer 1999) 6.

327 Der Stodertaler Nr. 32 (Sommer 2000) 2; Nr. 34 (Sommer 2001) 23.

im Stoder entwickelte sich, schon seit 1995 gab es den Winterwanderweg Hinterstoder-Vorderstoder. Als neue Attraktion für sportive junge Leute galt die 1996 im Stodertal angesiedelte Para- und Drachenflugschule Altmann.

Inzwischen hatte die „Tourismussoziologie" in Linz Interesse am Stodergebiet gefunden, man wollte in einer Studie durch Befragungen von 270 Gästen der Sommersaison Leitmotive der Urlaubsgestaltung heraus filtern. Ergebnis: Die „Stodertal-Fans" (26 %) entschieden sich vor genaueren Informationen für den Urlaub im Stoder, „Kurzentschlossene" (43 %) suchten Informationen in der Entscheidungswoche, „Vergleicher" (31 %), d. s. eher sport- und eventinteressierte Gäste, orientierte sich an aktuellen Prospekten. Favoriten für die Urlaubs-Entscheidung waren – vor allem in Vorderstoder – „Landschaft und Natur" (78 %), vor „Bergwandern" (64 %) und der „Kinderfreundlichkeit" (49 %). Während im Stoderpassland die „nette Atmosphäre" (55 %) doppelt so stark wie im Stodertal hervorgehoben wurde, lagen in Hinterstoder die „Sportaktivitäten" deutlich vor Vorderstoder.[328] Einige Aspekte dieser Befragungsstatistik sind auffallend; so gaben nur geringere Anteile an, dass sie „Freunde" oder die „langjährige Gewohnheit" zu diesem Urlaub verführt hätten. Familiengäste unterschieden sich klar von übrigen Segmenten, sie würden durch wirkungsvolle Werbung, günstige Preise und Kinderfreundlichkeit angezogen werden. Stammgäste wiederum kämen wegen der netten Atmosphäre, Wanderparadies und Landschaft, keine Rolle würde hingegen die Kinderfreundlichkeit spielen. Diesen Aussagen scheinen teilweise die eigenen Befragungen zu widersprechen, die ganz wesentlich langjährige Urlauber und Gästefamilien betrafen. In Wirklichkeit wird dahinter ein allmählicher Wandel der Gästeschar sichtbar: Einem Teil der Stammgäste waren die groß gewordenen Kinder abhanden gekommen, wobei der Familienzusammenhalt doch eher noch in Vorderstoder wirksam war; jüngere Familien mit Kindern im vorjugendlichen Schulalter waren nachgerückt und genossen nun die propagierte Kinderfreundlichkeit. Dabei scheint es in Hinterstoder eine wesentlich größere trouristische Fluktuation gegeben haben.

Im Oktober 1997 beschloss der Gemeinderat Hinterstoder, die Ortschaften neu zu gliedern, neue Straßenbenennungen einzuführen und die Hausnummern anzupassen. Bisher hatte immer „Innerstoder", dann „Mitterstoder" das Ortszentrum dominiert und bei manchem Gast Verwirrung hervorgerufen. Da das Zentrum international als „Hinterstoder" bekannter war, integrierte man nun die Tal-Liegenschaften zwischen Hinterberg und dem Jaidhaus zur Ortschaft Hinterstoder, während Mitterstoder östlich davon anschloss. Nach der Volkszählung 2001 ergab sich nun folgendes Szenario der Bevölkerungsverteilung: Hinterstoder 391, Hinterberg 154, Mitterstoder 283, Hintertambergau (Tambergau) 162 und Hutterer Böden 11. Die Hauseinheiten auf den Hutterer Böden waren allerdings wesentlich stärker ausgeprägt.[329]

---

328 Mörth, Reisen in die Konsumgesellschaft, 204–207.

329 Der Stodertaler. Die Zeitung für Gäste und Gastgeber 29 (Sommer 1998) 7.

Abb. 60: Alpineum

Mit der „Dorfentwicklung" waren Akzente für eine größere Attraktivität von Hinterstoder als Wohnort gesetzt worden. Die Arbeit suchende Jugend sah das zunächst wohl anders. Der Bevölkerungsverlust durch Abwanderung (1991–2001 –3,3 %) traf hart, befand sich doch das benachbarte Vorderstoder – ohne diese geballte Investitionstätigkeit – leicht im Aufwind (1991–2001 +3 %). Ein erster Erfolg war allerdings die merkbare Umwandlung von Neben- zu Hauptwohnsitzen durch Zuzügler im Ruhestand (2001 27 % Pensionisten).[330] Die touristische Qualität war im oberen Stoder in Einzelfällen verbessert, im unteren Stoder aber durch Renovierungen und Adaptierung systematisch ausgebaut worden (z. B. Dietlgut, Popp, Hubertus, Stoderhof, Gressenbauer, Lisa, Wallner, Gollner, Post, Baumschlagerreit).[331] Interessant schien auch das variable Angebot zu sein, etwa der Einbau einer Pizzeria/Bar Mamamia im Cafe Annemarie oder die Errichtung der „Dorfstub'n" im Tiroler Stil gegenüber vom Pfarrhof, zu dem 1999 noch die angeschlossene „Dorfalm" kam. 1998 stand das Amtshaus schließlich saniert da – und man nützte auch den Standort Hinterstoder bei der geplanten dezentralen Landesausstellung 1998 „Land der Hämmer – Heimat Eisenwurzen", der verantwortlich von Angelika Diesenreiter betreut wurde. Die Eröffnung des *Alpineums* (Abb. 60, S. 133) als völlig neue Form eines Heimatmuseums in einer zeitgemäßen Holz-Glas-Konstruktion (Architekten Christiane/Erik Holter) zur Landesausstellung brachte nicht nur

330 Regionaldatenbank Hinterstoder und Vorderstoder.

331 Anführung nach „talaufwärts" (Hinterstoder 2003).

18 000 Besucher, sondern auch den Start für den Weg in die Zukunft im neuen Ortskonzept. Sogleich setzten die Verantwortlichen den ersten Schritt zur Nachhaltigkeit, indem die ständige Erlebnisschau „Flötzer, Firn und steiler Fels“ eingerichtet wurde. *Das Projekt ist ein Erlebnismuseum, in dem Rückblick in die Gründerzeit kreativ verknüpft mit der touristischen Gegenwart, Schisport und Alpinismus den Besucher in den Bann ziehen und das Bergdorf Hinterstoder um eine interessante Attraktion reicher machen*, meinte eine Lokalzeitung der Geschäftsleute.[332] In Folge wurde auch der „Flötzersteig“ hergerichtet. Freilich waren die Widerstände gegen Ortskonzept und Alpineum anfangs groß, wurden aber nach einiger Zeit akzeptiert. So entfaltete sich in Folge der Standort zu einem kulturell-wissenschaftlichen Veranstaltungsort; im Frühsommer 2000 meldete man sogar: *Hinterstoder wird zum Künstlermekka*, als ein Gedenkstein für den Alpenmaler Compton im Gemeindepark gesetzt, eine Ausstellung seiner Bilder organisiert und dann ein „Symposium“ dazu abgehalten wurde. Die ersten Früchte dieser Anstrengungen konnten in dieser Zeit geerntet werten: das Alpineum, für den „Museum of the Year Award“ nominiert, bekam internationale Anerkennung. Fast gleichzeitig erhielt Hinterstoder einen Anerkennungspreis *für ganzheitliche, nachhaltige und mottogerechte Dorfentwicklung von herausragender Qualität* bei der Preisverleihung „Europäischen Dorferneuerungspreis“, den Angelika Diesenreiter, die „gute Seele“ dieser Aktivitäten entgegen nahm.[333]

In der Kirchenzeitung wurde 1999 leise Kritik an gesellschaftlichen Zuständen im Stodertal laut. Mangelnder Kirchenbesuch und Zerwürfnisse waren der Grund dafür. *Rund 160.000 Nächtigungen von Gästen verzeichnet man im Tourismusbüro Hinterstoder pro Jahr. Dazu kommen vor allem im Winter tausende Tagesgäste. Viele von ihnen haben sich so sehr in das Stodertal verliebt, dass sie in der Pension dorthin übersiedeln. Andere dass sie in Hinterstoder einen Zweitwohnsitz errichtet haben. Fast die Hälfte aller Wohnungen in Hinterstoder sind Nicht-Hauptsitzwohnungen. Offenheit, Gastfreundschaft und touristische Anstrengungen sind das eine. Überlieferte Traditionen und feste Bräuche, Skepsis gegenüber Zuagroasten und Fixierung auf Gewinne ist das andere.* [334] Eine Tradition war z. B. den Erlös des Sternsingens für die Volksschule Hinterstoder und nicht für die Dritte Welt zu verwenden. Der Pfarrhof („Haus Bergfrieden“) hatte 1998 aufgehört touristisches Quartier bereitzustellen, weil man zuviel für Umbauten hätte investieren müssen. So blieb das Sommerquartier für eine Reihe von Bischöfen – auch Kardinal König war darunter – nur mehr Erinnerung.

Im selben Jahr lag als Ergebnis dieser Jahre das „Konzept Hinterstoder 2000“ vor, 2003 kam dieses Konzept mit der Bezeichnung „talaufwärts“ als Broschüre heraus, worin sich zahlreiche Vereine, Verbände und Institutionen sowie private Interessenten eingebracht hatten. Und 2001 entwickelte sich „Pyhrn-Priel“ endgültig von einer Werbegemeinschaft zum Tourismusverband. Überblicken wir zu diesem

332 WIKU 281 (April 1998) 5.

333 WIKU 284 (Mai 2000) 13. WIKU 289 (Oktober 2000) 13.

334 Martin Kranzl-Greinecker, KIZ Ausgabe 1999/06,1999-02-23.

Zeitpunkt die für die Sommersaison beworbenen Freizeitangebote, wird bewusst, in welcher Weise sich die Gemeinden Hinterstoder und Vorderstoder auseinander entwickelt hatten, wobei bei der Organisierung von Ferienattraktion mehrere „Freizeitgestalter" vom Ferienklub Pyhrn-Priel eingesetzt waren (u.a. geführte Wanderungen).[335]

Hinterstoder	**Vorderstoder**
Freibad beheizt 2 Tennisplätze, Zweiplatz-Tennishalle Minigolf (beim Freibad) Fitneß-Center, Kinderspielplatz Radverleih, Mountainbike-Strecke Zimmergewehr-Schießstand Angeln, Paragleiten Bergbahnen	Tennisplatz Wanderminigolfanlage

335 Freizeitangebote nach dem Prospekt: Traumtage Pyhrn-Eisenwurzen (1998).

„Alpine Pearls“ und „Stodertaler Zwergenland“ – was nun?

Die Dominanz einer Eventkultur

Im Jahr nach der Landesausstellung hatte ÖSV-Präsident Peter Schröcksnadel mit seiner Gesellschaft die Mehrheit (derzeit 52%) der Bergbahnen Hinterstoder-Wurzeralm AG erworben. Als Mehrheitseigentümer war er hinfort eine fixe Größe im Tourismusgeschäft der Region. Er überzeugte die Touristiker im Ort, dass, angesichts des Konkurrenzdrucks von etwa 300 vernetzten alpinen Skigebieten, eine Investitionsstrategie richtig wäre (*K 15*, S. 213). Bereits im Herbst 2000 investierten die Bergbahnen für die neue Saison im Stodertal durch Verlegung des Lärchenliftes neben den Schullift und die neue Trassierung des Sonnkogelliftes. Weitere Beschneiungsanlagen kamen dazu und die Talabfahrt wurde verbreitert.[336] Auf der Bärenalm fand am 11. März 2000 beim achten Weltcuprennen der Riesentorlauf der Herren (Sieger Christian Mayer) statt. Damals bestand der Himbeerluckenlift zwei Jahre nicht mehr und im folgenden Jahr wurde auch der Lift Steinerreit abmontiert. Die Wintersportler nahmen dieses Skigebiet aufgrund der Schneeunsicherheit immer weniger an, während der Höss von Touristen an Wochenenden überquoll. Ski fahrende Insider wussten schon Jahre von diesem Umstand des exponierten Skigebietes: *Skifahren auf der Bärenalm war problematisch, weil ab Mittag der Schnee davon geronnen ist. Das war nicht mehr optimal.*[337] Deshalb war auf der Bärenalm auch die erste Beschneiungsanlage Oberösterreichs installiert worden und eine nachträglich eingebaute Mittelstation sollte alles verbessern. Dann wurde im Stodertal die Langlaufloipe bis zum Baumschlagerreit bzw. in die Polsterlucke verlängert. Dort hatte Herzog Carl von Württemberg das alte Polstergut abtragen und neu errichten lassen. Das Nebengebäude wurde als „Polsterstüberl“ rustikal für die Bewirtung der Wanderer hergerichtet.[338]

Mittlerweile war auch die „Dorfentwicklung“ weiter gelaufen, Bürgermeister Wallner ließ sein Garni im modernen Stil aus Holz und Glas erweitern. Der Auftrieb fand alsbald seine Fortsetzung, indem 2002 die *Höss-Halle,* von Peter Riepl in einer zeitgemäßen Archtiketur als Mehrzweckhalle geplant, als variables Veranstaltungs- und Seminarzentrum eröffnet wurde. Diese *smarteste Location für Events in*

---

336 Gästezeitung Pyhrn-Priel 28, Winter/Frühjahr 2000/01, 12.

337 Interview mit Frau Maria Smahel, Wien, 8. 9. 2011.

338 Der Stodertaler Nr. 34 (Sommer 2011) 4.

Abb. 61: Bärenalm – aufgelassenes Skigebiet

der Region konnte im Hauptsaal 300 Personen aufnehmen.[339] Auch in diesem Fall gab es durchaus etliche Stoderer, die meinten, eine solche Flachdacharchitektur aus Holz passe nicht neben Kirche und zum Gasthaus der Jahrhundertwende. Akustik und Ambiente überzeugten aber bald Zweifler. *Das Gebäude hat uns verändert. Die Theatergruppe zum Beispiel musste neu überlegen, wie Theater gespielt wird, wie dekoriert wird. Und es sind viele Dinge erst möglich geworden, weil man jetzt andere und bessere Räumlichkeiten zur Verfügung hat.*[340] Die Hösshalle wurde zukunftsweisend für die Baukultur der nächsten Jahre. Der *puristische Baukörper* wird von unbehandeltem Lärchenholz geprägt. Die funktionale Ausgestaltung der alten Turnhalle zum Feuerwehrhaus und später das Haus für Bergrettung und Musikverein sollten der neuen Baukultur folgen. In beiden Teilgebieten Stoders ist Bautradition und Bauen heute komplexer geworden. Das gilt in der Regel sowohl für Baustile als auch umweltverträgliche Einrichtungen.

Bereits 2002 stand die Doppelsesselbahn auf die Bärenalm mehrfach wegen der Wetterkapriolen still. Im Weltcupjahr 2003 zeigte sich, dass die Strecke auf der Bärenalm nicht mehr den Anforderungen der FIS entsprach. Das Weltcuprennen am 6. Jänner 2003 musste wegen Schneemangels abgesagt werden, die Beschneiung konnte bei mehrtägigem Dauerregen und Warmlufteinbruch (10 Grad) nichts ausrichten. Dabei waren zuvor 11 km Kabel verlegt und 17 Kameras installiert wor-

339 Hinterstoder pur Winter 2003/04, 4.

340 Angelika Diesenreiter, in: pur. Hinterstoder Magazin (2010) 45.

Abb. 62: Neue Baukultur in Hinterstoder

den. Damals orakelte Rudolf Rohregger: *Auf der Bärenalm wird es nie wieder eine Veranstaltung dieser Größenordnung geben. Die einzige Chance für eine weitere Weltcup-Teilnahme ist der Bau einer neuen* Piste.[341] 2004 gab es auf dieser Strecke keinen Winterbetrieb mehr, im Frühjahr 2005 wurde der Sessellift abmontiert.

Für den Skiklub Hinterstoder und ihren Obmann Rohregger stellte sich die Frage der Zukunft, der Plan, eine attraktive und selektive Rennstrecke im Zentrum Hinterstoders auszubauen, entwickelte sich. Es wurden *innerhalb von fünf Jahren bis zum Sommer 2004 in Hinterstoder und auf der Wurzeralm 25 Mio. Euro investiert, ein großer Teil davon aus öffentlichen Fördermitteln. Um die erheblichen Eingriffe rechtlich möglich zu machen, wurde im Skigebiet Wurzeralm (Gemeinde Spital am Pyhrn) 2002 durch Verordnung der OÖ. Landesregierung auf rund 200 Hektar der Schutzstatus vom Natur- und Landschaftsschutzgebiet aufgeweicht. Im Skigebiet Hutterer Höß in Hinterstoder kosteten die Anfang 2006 eröffnete neue Weltcupstrecke samt Trainingszentrum und sonstigen Bauten noch einmal 12,2 Mio. Euro, wobei 8,24 Millionen davon vom Land Oberösterreich kamen.*[342] Mit dem Bau der Hannes-Trinkl-Weltcupstrecke war im Spätsommer 2004 begonnen worden, wofür man neue Rodungen und Adaptierungen durchführte. Als spektakulär galten die Geländekanten und Steilhänge der 2450 m langen Talabfahrt mit einer Höhendifferenz von 750 m. Von der

341 Winner 4/2006, Journal der Sportunion Oberösterreich, 19.

342 Franz Maier, Schutzgebiete unter Druck – Wie Österreich mit seinem Naturerbe umgeht. VzSB Jahrbuch 2007.

Abb. 63: Event beim Weltcup

Zielarena konnten die Zuschauer nun direkt zu den Parkplätzen gelangen, weil in diesem Bereich eine Unterführung errichtet worden war.[343] Die neue Rennstrecke sollte am 20. Dezember 2006 beim neunten Weltcuprennen in Hinterstoder eingeweiht werden, wo *in dieser Erfolgsstory ein neues Kapitel geschrieben* wurde. Dabei sah es wegen eines Warmlufteinbruchs zunächst gar nicht gut aus, bis der Start auf die Hössstrecke nach oben verlegt wurde. 45 Schneekanonen und Schneelanzen schufen noch rechtzeitig eine ausreichende Schneeunterlage. Den Super-G auf dieser Strecke sahen immerhin 8000 Gäste. Zum Event wurden 6000 Hauptschüler Oberösterreichs eingeladen. Als wichtig erwies sich die Bereitstellung der Infrastruktur: die Mautstraße oder die Höss-Halle als Pressezentrum. Im ursprünglich prognostizierten Zielhaus der neuen Abfahrt wurde das Clubhaus des Skivereins untergebracht, der inzwischen 500 Mitglieder zählte. Endgültig fertig wurde das Hutterer Landesnachwuchszentrum für alpine und nordische Kaderathleten, in dem auch Tagungen von Fachverbänden und Kampfrichterausbildungen stattfinden sollten, erst im November 2010.[344]

Die Frage, ob Events, bei denen bis zu 300 Personen aus Stoder eingesetzt waren, auch den Wintersportgästen Hinterstoders dienten, muss man differenziert beantworten. Den Tagesausflüglern und „Adabeis" hat es trotz des Verkehrsaufkommens mit Sicherheit gefallen und der Umsatz war garantiert. Die Anzahl der Beherbergungsbetriebe (ca. 90) schnellte noch einmal um 10% hinauf, was vor allem Privatvermieter betraf. Die kurzfristig höhere Bettenkapazität war aber schon 2007 wieder vorbei. Die eigentlichen Urlauber profitierten wohl kaum, viele Gast-

343 WELTCUP/hinterstoder pur.

344 Pyhrn-Priel Magazin Nr. 17 (Sommer 2011) 30.

familien wollten dem Spektakel sogar entgehen: Seit dem Tiefpunkt 1997 pendelten die Übernachtungen der Wintersaison im Stodertal auf gedämpftem Niveau hin und her; die Saison des neunten Weltcuprennens 2006 brachte noch einmal ein kleines plus auf über 86000 Nächtigungen, bevor sich die allmähliche Talfahrt fortsetzte.[345] Da die Bärenalmstrecke nicht mehr vonnöten war und sich nun alles auf den Höss konzentrierte, wurde das Skigebiet Bärenalm stillgelegt, die Seilbahn abmontiert. Heute erinnert wohl kaum mehr etwas daran, doch mancher Stammgast denkt noch an die legendäre Ö3-Party auf der Bärenalm, bei der gängige POP-Songs von ABBA zum Tanz mit Skischuhen animierten.[346]

Der Weg zur sanften Entwicklung

Man bemühte sich freilich erheblich, die touristisch-kulturelle Angebotspalette zu erweitern: 2003 Musikcamp (ein Sommerworkshop für Musikfreaks), 2006 Umbau des Alpineum-Foyers zur „alpin-lounge", 2008 Kneipp Klub, 2009 Hochseilgarten und Fun-Park für Mountain Bikers auf der Edtbauernalm; daneben begeistert „Suny Kids Park" im Winter auf den Hutterer Böden Groß und Klein. Monika Aufner und Jo Kurau richteten 2001–2005 über ihren Verein „Modus Vivendi" eine künstlerische Zusammenarbeit „Kunst-SchAU-Stall" im adaptierten Prielerhof ein. *Wo früher das Vieh lautstark für Leben sorgte, geben heute Literaten, Musiker, Maler, Grafiker und Köche das ganze Jahr über kräftige Lebenszeichen von sich.*[347] Die Jazzsängerin Ines Reiger, verheiratet mit einem Garstentaler, begann ihre „Jazz-workshops" im August abzuhalten. Szenenbild literarischer Kultur war der Stoder schon im 19. Jahrhundert geworden. Und wer hat nicht als Kind „Die Höhlenkinder im heimlichen Grund" von Alois Theodor Sonnleitner (1918) gelesen, wo das Buch 1683 mit der Flucht aus Stoder einsetzt? Vielleicht erinnern sich Junggebliebene auch an Christine Nöstlingers Jugendbüchlein „Ein Mann für Mama" (1972), in dem turbulente Szenen um Weihnachtsferien in Stoder gebracht werden. Erst gegen Ende des Jahrtausends häuften sich die romanhaft verarbeiteten Begebenheiten im Stodertal. So nützte Brigitte Schwaiger in „Schönes Licht" 1990 ihre Romanstudie zwischenmenschlicher Beziehungen zur modernen Szene des Apres-Ski ihrer Leitfigur „Christine" in Hinterstoder. Der Schauspieler und Poet Clemens Eich verlegt in „Das steinerne Meer" den geschilderten Skiwettkampf zwischen zwei Kontrahenten – einer davon heißt „Hinterstoder" – in die frühen 1960er Jahre. Ernst-Wilhelm Händler hat in Romanen wiederholt den Hintergrund des Stodertales verwendet; u. a. kommt auch der Prototyp der „Dame" der Zwischenkriegszeit vor, die im Dietlgut vornehm speist, ganz ähnlich wie die Dame aus Steyr, die Brita Steinwendtner heraus stellt.[348] Ob „Armer Adolf, Kommunist" des AZ-Redakteurs

345 Tourismus in Österreich 2006, 221.

346 Interview Masseida, 28. 8. 2011.

347 Hinterstoder pur Winter 2007/2008, 7.

348 Brigitte Schwaiger, Schönes Licht (1990 rowolt) 9. Clemens Eich, Das steinerne Meer (Frankfurt am Main 1995) 7. Ernst-Wilhelm Händler, Fall (1997), sowie Die Frau des

Abb. 64a: Landhaus Gaisriegl

Abb. 64b: Prentner, Ausbau für Gäste

und Fernsehdramaturgen Herbert Berger, der zur Zeit der RAF (1968) zwei „linke Revolutionäre" als Skitouristen im Stodertal verkleidet agieren lässt, authentisch wirkt, sei dahin gestellt.[349] Wesentlich überzeugender wird von Gisela Gersch in ihrem dokumentarischen Roman „Das Bautnerhaus" (= die Erhaltung eines Mühlviertler Landhauses) das Alpineum in Hinterstoder poetisch verzerrt als „Museum der österreichischen Holzwirtschaft" eingesetzt: *Auf großem Areal wird dort gezeigt, wie früher die Holzknechte mit einfachsten Werkzeugen selbst urzeitliche Baumriesen bezwangen und wie sie in ihren primitiven Holzfällerlagern lebten. Im Sommer wurde gefällt* (recte im Herbst) *und im Winter geschlittelt, d.h. transportiert. Hier sind auch die Behausungen der Holzknechte, die mit Baumrinde gedeckten „Lafthütten" aufgebaut, in denen sie auf engstem Raum wohnten.*[350] Von Bedeutung sind auch historisch-biographische Romane. Erwähnt wurde bereits „Hineingeboren" (Bd. 2) von Ludwig Pullirsch, der 2009 in Hinterstoder präsentierte. Brita Steinwendtner verarbeitete den Stoder (Filzmoserkapelle und Filzmoos in Vorderstoder sowie Stodertal) und die Stadt Steyr in ihrem ersten Prosawerk „Rote Lackn", wobei zahlreiche Eindrücke früher Kindheit und in den 1970er Jahren angesprochen wurden.[351] Autobiographische Züge tragen auch die Bücher „Tiden meines Lebens" und „Was ich noch sagen möchte" von Liselott Schwarz-Messany, die seit Mitte der 1930er viele Jahre im Stodertaler Landhaus lebte. Inzwischen hatte auch die Filmszene den Stoder entdeckt; so diente bereits 1999 in der verfilmten Familiensaga „Liebe versetzt Berge" die Prielgruppe als Kulisse. 2005 wurde dann der wieder aufgelegte Filmstoff „Geierwally" in Stoder gedreht, wobei auch Theo Blaickner, Künstler und Greifvogelspezialist aus dem Stodertal, mitwirkte. Damals meinten die Filmschaffenden zur Presse: *Wir haben uns viele Gebirgsdörfer angeschaut, aber in Hinterstoder waren*

Schriftstellers (2006).

349 Herbert Berger, Armer Adolf, Kommunist (Linz 1993) 15.

350 Gisela Gersch, Das Bautnerhaus (Berlin 2006) 403–407.

351 Brita Steinwendtner, Rote Lackn (Innsbruck 1999).

die Landschaft und die Berge am schönsten.[352] Übrigens hat Ende 2003 auch ein langjähriger Urlauber des Gasthauses Sonnfeld (Herbert Stumpf) seinen Film über „20 Jahre Hinterstoder" dargebracht. Das alles war willkommene Werbung. Und es gibt auch heute wieder Stimmen, die einen Film über das Stodertal anregen.

Der vor allem im Winter anfallende Massentourismus warf aber auch Schatten; so war bei Hinterstoder ein überdurchschnittlich starker Restmüllanfall pro Einwohner bekannt, sowie ein hoher (42% auf Öl basierender) Energieverbrauch. Deshalb war schon 1997 zumindest für die öffentliche Ämter die Beheizung durch eine Hackschnitzelheizung eingeführt worden, wodurch innerhalb von zehn Jahren 20 Abnehmer inklusive der öffentlichen Gebäude 260000 Liter Heizöl einsparen konnten. In Vorderstoder wurde erst zur Jahreswende 2010/11 die Nahwärmeversorgung mit Biomasse begonnen.[353] Die Lärmbeeinträchtigung hatte sich verschlechtert. Die einheimische Bevölkerung drückte allerdings schon zur Jahrtausendwende ihre hohe Zufriedenheit (78%) mit den Lebensverhältnissen aus.[354]

Wo war dabei die „sanfte" Entwicklung geblieben? 2001–2007 fand an den Abhängen des Warscheneck eine Biotopenkartierung statt, schutzwürdige Bereiche wurden erhoben. Ein ökologische sensibles Thema war die zunehmende Verlandung und Veralgung des Schiederweiher. In den Wintermonaten 2004/05 wurde von der Gemeinde Hinterstoder mit Unterstützung der öffentlichen Hand und dem Eigentümer, Carl Herzog von Württemberg ein beherztes Projekt zur Sanierung durchgeführt. Nach Erneuerung der Wehranlage beim Zulauf samt Einlaufbauwerk und Sicherung der Ufer entstand auch eine neue Aussichtsplattform; der Schilfbereich blieb bestehen. Bei den Maßnahmen der Ausbaggerung und Erhaltung des Fischbestandes ging natürlich einiges verloren. Nach Fertigstellung des Weihers wurde der Bestand mit Bachforellen, Reinanken, Saiblingen, Kleinfischen und Krebsen neu aufgebaut.[355] 2007 wurde schließlich das neue Altstoffsammelzentrum beim Seilbahnparkplatz fertig. Die Abwasserreinigung durch die 1994 errichtete Kläranlage funktionierte bestens. Und am Prielschutzhaus hatte man eine pflanzliche Kläranlage geschaffen, das Haus selbst wurde 2000 saniert.

Werbewirksam hob das Marketing die vermeintlich unzerstörte Natur und authentische Kultur sowie ökologisch intakte Areale hervor. Ein solcher Weg führte 2006 zum Beitritt zu den *„alpinen Pearls"*. Diese im Jänner 2006 durch 17 Gemeinden geschaffene und derzeit aus 22 Gemeinden (aus sechs Alpenstaaten) bestehende Kooperation verschrieb sich mehreren Zielen: klimaschonende Urlaubsangebote, geförderte Nutzung öffentlicher Verkehrsmittel, verkehrsberuhigte Ortskerne, umweltfreundliche Freizeitangebote. *Der Beitritt zu den Perlen der Alpen erfolgte genau aus diesem strategischen Ansatz heraus, können doch gerade in einem Netzwerk von*

---

352 Der Stodertaler Nr. 32 (Sommer 2000) 6. Hinterstoder pur Winter 2004/05, 5 und Sommer 2006, 5.

353 Hinterstoder pur Sommer 2007, 10.

354 Binder-Lutz, Indikatoren, 149, 164, 178, 230.

355 Dorfchronik Hinterstoder (www.hinterstoder.at/…Schiederweiher).

Abb. 65: Perlen 2008

Alpendörfern, die sich einer sanften Mobilität verschrieben haben, die angestrebten Ziele leichter erreicht werden.[356]

In der Tat stellte sich etwa der zur Verfügung stehende „Skibus" als exzellent angenommene Einrichtung heraus und nicht zuletzt die Pistenüberführung zum Parkplatz beruhigte die Verkehrslage an Winterwochenenden. Freilich produzierte der Verkehrsausbau auch Nachteile. Außerhalb des Ortszentrums fehlen häufig Bankette und Gehsteige, was für Spaziergänger zum „Hindernislauf" werden kann: *Meist Einheimische rasen an der Route nach dem Schmalzerhof mit fast 100 kmh an einem vorbei, was ohne Bankett für den Fußgänger gefährlich ist.*[357] Dabei galt seit 2007 das „Mobilitätsservice" in der Gemeinde als besonders fortschrittlich: Abholdienst vom Bahnhof, Wandertaxi, Skibus, Radverleih (seit 2009 auch E-Räder). Inzwischen beginnen sich all diese Einrichtungen auch in Vorderstoder bzw. in der gesamten Pyhrn-Priel-Region zu etablieren., wobei der Schlüssel zum Erfolg die Pyhrn-Priel AktivCard ist. Ihr Einsatz ermöglicht den freien Zugang zu allen Seilbahnen, Museen und Bädern. Die im Stodertal propagierte *sanfte Mobilität* ermöglichte ab 2009 einen kostenlosen öffentlichen Busverkehr in den Sommermonaten; der „Tälerbus" zwischen Hinterstoder Dorf und Dietlgut stockte auf acht Tagesverbindungen mit zahlreichen Haltestellen auf, wobei günstige Anschlussmöglichkeiten nach Windischgarsten und Bahnhof Hinterstoder eingerichtet wurden. Diese „Entkoppelung" von Erholungswert und Freizeitvergnügen vom eigenen Auto wird durch Verkehrsverbund, Land Oberösterreich und dem Klima- und Energiefonds gefördert. *Eine „gesunde Mischung" aus Sport, Bewegung und Mobilität machen die Elektro-Fahrräder sowohl für den touristischen, als auch den urbanen Bereich besonders attraktiv. 40–50 sportive und komfororientierte Elektrofahrräder höchster Qualität der Marke KTM werden in der Region* (bis 2012) *installiert und stehen den Gästen von April bis Oktober gegen Entgelt zur Verfügung … Mit Wechselakkus oder einfachen Lademöglichkeiten steht einem CO_2-Ausflug nichts mehr im Wege.*[358] Deshalb wurden in beiden Stoders Stromtankstellen errichtet. Freilich nutzen dieses Angebot bis jetzt viel zu wenige Gäste, während der kostenlose Skibus im Winter schon wesentlich besser ausgelastet ist.

Als eigene Note stellte sich in diesen Jahren die LiteRADtour längs der Steyr dar, wo die Mobilität mit dem Kulturgenuss gekoppelt wurde. Und das kam so: Die 1998 unter Mithilfe der Kulturinitiative eingerichteten „*Oberösterreichischen Literaturtage*", meist an drei bis vier Tagen Ende Mai, sollten für die Nebensaison Anreize bilden. Zunächst wurde das Programm von Veronika Fessl, in den letzten Jahren von Angelika Diesenreiter gemanagt. Vor der Bergkulisse des Toten Gebirges sollte ein abwechslungsreiches literarisches und musikalisches Programm geboten werden. Besucher und Künstler konnten sich in einer entspannten Atmosphäre annähern. Das Programm folgte einem gewissen Schema: Eröffnungscocktail – Darbietungen und Lesungen einschließlich Kinderprogramm oder Kabaret – Radtour

356 Bürgermeister Helmut Wallner, in: Pur. Hinterstoder Magazin (2010) 53.

357 Interview mit Hans-Peter Froitzheim, BRD, am 24. 8. 2011.

358 Pyhrn-Priel Magazin Nr. 17 (Sommer 2011) 24f.

mit Lesungen – musikalischer Event – Matinée. Allerdings wechselten nicht zuletzt mit dem Ausbau und der Dorfentwicklung die Kultur-Standorte; Dietlkapelle, Dietlgut-Blockhaus, Villa Huem, Prielergut, Poppengut, Alpineum, Hösshalle (Comptonsaal) und andere Lokalitäten sowie eine größere Anzahl kulturschaffender und künstlerisch tätiger Neustoderer wurden einbezogen. Im Lauf der Jahre gelang es, Basis und Output dieser Tagungen zu verbreitern. Dabei wirkte die *LiteRADtour* gleichzeitig als Werbeträger des sanften Tourismus im Stoder. Konsulentin Diesenreiter, die zuvor durch ihr Engagement Hinterstoder zum Zentrum für fotografische und malerische Darstellung der Alpen gemacht hatte, unterstrich sehr bald die Bedeutung dieser „kulturellen Schiene": *Wir müssen aufpassen, dass uns der Tourismus nicht aufsaugt und geistig oder materiell trennt.*[359]

Stellvertretend für die Vielzahl bekannter Autoren und Interpreten, die hier vorlasen, musizierten oder schauspielten oder vorgestellt wurden, mögen einige genannt werden: Barbara Frischmuth (1998), Brita Steinwendtner und Rainer Schlesinger (2000), Heinrich Harrer und Peter Uray (2001), Christoph Ransmayr (2002), Michael Köhlmeier und Katharina Stemberger (2003), Monika Krautgartner, Katharina Stemberger und Maria Bill (2004), Felix Mitterer (2005), Brita Steinwendtner (2006 und 2008), Alfred Komarek (2007) oder Karl Heinz Hackl und Maresa Hörbiger (2009).[360] Da sich im Stodertal selbst in den letzten zwei Jahrzehnten vermehrt Künstler ansiedelten, ergab sich nun ein reiches Forum für eine belebende Kultur. Manche Künstler gingen aber auch von Stoder weg, so ist noch heute der Maler, Bildhauer und Naturfotograf Josef Limberger bestens bekannt, einige seiner Bilder hängen in Stuben Stoders. Der aus Vorderstoder stammende, dann in Micheldorf lebende Johann Hinteregger wurde durch seine Schnitzplastiken bekannt. Helmut Schachner, Zahnarzt und impressionistischer Maler aus Linz, verbrachte Jugendjahre im 1934 vom Vater erworbenen Wochenendhaus und kehrte 1988 in das Stodertal zurück.

Die gemeinsame Stodertal-Gästezeitung war angesichts des individuellen „Höhenfluges" Hinterstoders und der dynamischen Ereignisse letztmalig im Sommer 2001 erschienen. Kurzfristig orientierte man nun in größerem Zusammenhang in den *Egoland News*; diese Manageridee setzte sich aber nicht durch. Während in Vorderstoder das Thema „Gästezeitung" einschlief – das Pyhrn-Priel-Magazin der Kremstaler Rundschau war kein Ersatz – erschien seit 2003 in Hinterstoder als „hippes" Gästemagazin pro Sommer- und Wintersaison *hinterstoder pur*, das geschichtliche, aktuelle und zukünftige Fragen thematisierte. Unter maßgeblicher Federführung von Angelika Diesenreiter und der wertvollen Mitarbeit einiger Stöderer (z.B. Werner Hackl, Heinz Schachner, Franz Lorenz) entfaltete sich ein sprachlich treffendes und informatives, werbendes Medium, das auch online gestellt wurde.

---

359 Angelika Diesenreiter, in: www.nachrichten.at (2011).

360 Hinterstoder pur, Gästemagazin, in: www.hinterstoder.at/... hinterstoder.pur 2003/04–2009.

Abb. 66a: Literradtour Event

Abb. 66b: Schiederweiher

Bereits im Herbst 2003 war in dieser Gästezeitung des Stodertales, basierend auf den Grundsätzen des Konzeptes „talaufwärts", die Absicht verantwortlicher Träger für die nächsten Jahre zu lesen: *Wesentliche Aspekte der zukünftigen Entwicklung liegen darin, dass der begonnene Weg von Hinterstoder im Sinne einer nachhaltigen Entwicklung fortgesetzt wird. Die Prinzipien der Nachhaltigkeit, die ganzheitliche Sicht, die Langfristigkeit, die Orientierung am Natürlichen und an der Nähe, die Prinzipien der Partnerschaftlichkeit, aber auch die Beschränkung auf ein vernünftiges Maß sollen weiterhin Grundlage der Entwicklung* sein.[361] Die Frage intakter Umwelt und Natürlichkeit liegt allerdings in den Augen des Betrachters, nicht zuletzt auch in der Wahrnehmung der Touristen. So schätzte ein langjähriger Gast im Gasthaus Sonnfeld, Friedrich Jecho, den Unterschied 1990/2010 so ein: *Auf der einen Seite war's schöner wie jetzt, es war gemütlicher und naturverbundener.* Und erklärend: *Früher sind wir gewandert auf einem ausgetretenen Weg quer durch die Almwiese*, dann wurden Wege *beschottert; es wirkt jetzt daher wie künstlich angelegt.*[362] Hans-Peter Froitzheim, deutscher Urlaubsgast in der Region seit 1994, meint sogar, dass das *Umweltbewusstsein relativ gering ausgeprägt* ist. Bei seinen Spaziergängen fiel ihm auf, *der Gartenabfall z. B. wird wie vor 40 Jahren von machen Leuten hinter das Haus an (*das Ufer der*) Steyr gekippt. Es war schon etwas idyllischer … der Ort wird augenscheinlich zugebaut.*[363] Von diesen Problemen merken natürlich Wintersportler kaum etwas. Der überdimensionale Ausbau der Pisten und Lifte auf Höss und Böden hat sich in gewisser Weise sogar günstig ausgewirkt: *Die Wartezeiten wurden weniger.*[364]

361 Hinterstoder pur, Winter 2003/04, 3.

362 Interview mit Friedrich Jecho, Wien, am 24. 8. 2011.

363 Interview mit Hans-Peter Froitzheim, BRD, am 24. 8. 2011.

364 Interview mit Raphaela Bäuerl, Wien, am 24. 8. 2011.

Die Spezialisierung der Betriebe

Hier empfiehlt es sich, die Fremdenverkehrsbetriebe in der Zeit der Jahrtausendwende zu analysieren. Seit dem blamablen Nächtigungsergebnis 1997 deuteten sich im Stodergebiet nämlich „Erosionserscheinungen“ an. Damals gab es in den beiden Stoder noch 108 bzw. 31 Betriebe und eine Kapazität von 1790 und 537 Betten. In beiden Gemeinden setzte ein Abwärtstrend ein, der im Stoderpassland eher schleichend, im Stodertal abrupter erfolgte. Dann kam das „Jahr der Wachablöse“ 2004. Vorübergehend gab es in Hinterstoder gar nur mehr 77 Betriebe. Was war geschehen? In Vorderstoder nahm in erster Linie die Zahl gewerblicher Pensionen ab, die einst Bauernbetriebe gewesen waren. Sie stiegen teilweise zunächst auf Privatvermietung um und hörten dann ganz auf. Als Beispiele können die Bauerngüter Unterbucheben und Grasegg dienen. Die Liegenschaften der ehemaligen Bauern-Pension Grasegg sind inzwischen zerstückelt. Ein interessanter Strukturwandel war zusätzlich zu beobachten. Plötzlich war ein guter Teil der bisherigen westdeutschen Gäste ausgeblieben und wurde beinahe nahtlos durch ostdeutsche (sächsisch-thüringische) Urlauber ersetzt.[365] Übrigens konnten auch rein bäuerliche Betriebe die Spezialisierung nicht durchhalten: Beim Leitenbauer in der Tambergau entwickelte sich eine Bewirtschaftung ohne Stall, beim Baumschlager weidet heute statt Rindvieh das Wild im Gehege. Schon bisher wurde bewusst, dass die LFW einem ständigen strukturellen Anpassungsprozess unterworfen ist. Bauern versuchten der Zeit entsprechend neue Einkommensquellen zu erschließen oder bei besseren Aussichten sich den Markttrends anzupassen; dazu gehört die Umstellung auf Fewo's seit den 1980ern, die eine geringere Arbeitsbelastung bedeuteten. In diesem Sinne hat sich auch Urlaub am Bauernhof strukturell verändert.

In Hinterstoder begann es nicht unähnlich wie in der Nachbargemeinde, bis sich mit dem Jahr 2000 bei Pensionen wie Privaten die schiefe Ebene beschleunigte. Prominenter Aussteiger dieser Jahre war z. B. das „Prielkreuz“, wobei Familienverhältnisse eine Rolle spielten. Frau Huber's Kinder lebten auswärts und sie reduzierte im Prielkreuz zunächst auf Frühstückspension und hörte 2004 ganz auf.[366] Zum Teil wurde Eigenbedarf angemeldet. Meist fiel die Entscheidung aus mehreren Motiven: Zum einen waren Kinder nun erwachsen und beanspruchten Wohnraum, zum anderen lohnten angesichts des Konkurrenzdrucks neue Investitionen nicht mehr. Auf diese Weise vermietete letztmalig 2001 Haus Bergblick. Bis 2006 gab der Hofbauer auf, schon vorher einige Privatvermieter (Eder Paula, Hilde Maier, Brunner, Qu. Ramsebner, Kettenhuemer); die Pension Inge reduzierte zum „Haus Inge“. Freilich gab es auch bescheidenen Zuwachs, z. B. 2003 Haus Huem (Fewo), sowie in Vorderstoder die „Almhütten Baumschlagerberg“. Einige Neuvermieter annoncierten aber nicht jährlich.[367] Stellen wir im Motivbündel zwei einstige Betriebe einander gegenüber: Die Ursache, das Gasthaus Gausrab 1998 zu schlie-

365 Interview mit Wilhelm Zauner, Gemeinde Vorderstoder, 29. 8. 2011.

366 Interview mit Frau Hilde Huber, Mai 2011.

367 Pyhrn-Priel 2001–2003.

ßen und nur mehr Urlaub am Bauernhof zu behalten, war vielfältig. *Früher* [i.e. ~1970er Jahre] *kamen viele Wiener Familien ab Mai und blieben drei bis vier Wochen,* erklärt Frau Hackl, *die Stammgäste gehörten fast schon zum Haus.* Der Trend zum Kurzurlaub nahm seit den 1990er Jahren sprunghaft zu, *die Generation der Stammgäste ist „ausgestorben".*[368] Der Sommertourismus ging zudem zurück. Ihre Schwiegermutter war eine begeisterte Wirtin gewesen, nun zeigte sich, dass die gleichzeitige Führung von Gasthaus und Landwirtschaft zu anstrengend war. In Küche und Haus hätte es sehr großer Investitionskosten bedurft. Deshalb nutzte man in einem neu erbauten Nebengebäude eine Familien-Ferienwohnung als nebensächliches Tourismusgeschäft. Auch der junge Herr Eibl hat 2006 mit dem zentralen Pensionsgeschäft im Haus Tamberg aufgehört, nur mehr eine Ferienwohnung behalten und drei Wohnungen dauervermietet. Ein Jahr zuvor hatte er den Wandel treffend geschildert: *Die Gäste bleiben kürzer, sind nicht mehr so ortstreu, der typische Stammgast, der zwei oder auch vielleicht drei Wochen lang bleibt, den gibt es nicht mehr* (der Urlaubsgast im Haus Sonnenschein zu 21 Tagen 2005 war ein singuläres Ereignis). *Das touristische Angebot muss heutzutage besser geschnürt sein, d. h. mehr Angebote (z. B. Pauschalangebote).*[369] Die Motive für das Ende sind ebenfalls vielschichtig, haben aber nur am Rande mit familiären Schicksalschlägen zu tun. Die zweistöckige familienfreundliche Pension mit Sauna und geheiztem Schwimmbad (sogar Angelmöglichkeiten im eigenen Fischteich) war 1971 errichtet worden und entsprach der zeitgenössischen Ausstattung. *Da haben die Gäste nix anders verlangt, als ein Bett,* führt der Besitzer aus und verweist damit auf die relativ geringen Ansprüche dieser Zeit. Allmählich setzte in Vorderstoder die *„Winterlastigkeit"* des Tourismus ein, was für die Situation des Betriebes mit 12 Zimmern und 26 Betten nicht günstig war. Es zeigte sich ein immer größerer Arbeitsaufwand bzw. bei der Qualitätsverbesserung ein hoher Investitionsaufwand. Zudem kam, dass die Familie selbst kaum eigene Räume hatte und der Privatbereich nur selten gewahrt war. Deshalb wurde versucht, in Ferienwohnungen umzugestalten. Die Betriebsgröße erwies sich auf Dauer als nachteilig, einer musste in jedem Fall einem anderen Beruf nachgehen, um durchzukommen. So fiel letztlich die Entscheidung aufzuhören.[370] Freilich klagt man auch in renomierten kleineren Hotels über bestimmte betriebliche Umstände. *Die Betriebsgröße mit 40 Betten ist nicht effizient, man braucht viel Personal – wo man mit z. B. 60 Betten eine größere Wertschöpfung hat und kaum mehr Personal braucht,* meint Gottfried Ramsebner, der „alte" Stockerwirt in Vorderstoder. Er schreckte aber letztlich vor einer größeren Erweiterung zurück und übergab 2009 die Betriebsführung an die nächste Generation (*Abb. 68a*, S. 221). Im Jahr darauf wären durch die wirtschaftliche Krise die Möglichkeiten einer Förderung sprunghaft gestiegen, aus dem Bankensektor fließt aber ohne ausgereizte Sicherheiten kein Geld.[371] Dabei muss man wissen: Im internationalen Vergleich weist Öster-

368 Interview mit Frau Hackl am Gausrabenhof, 30. 8. 2011.

369 Umfrage-Beantwortung Haus Tamberg, April 2005.

370 Interview mit Herrn Eibl, Haus Tamberg, 30. 8. 2011.

371 Interview mit Gottfried Ramsebner in Vorderstoder, 1. 9, 2011.

reichs Tourismus überhaupt eine kleinbetriebliche Struktur auf (ø 44 Betten), der Durchschnitt wird von ganz wenigen Betrieben des Stodergebietes übertroffen. Seit etwa 1990 versuchte die Hotellerie auch im Stoder durch ständige Qualitätsverbesserungen mitzuhalten, das gelang aber nur einem Teil dieser Sparte.

Insgesamt hat sich in der ganzen Tourismusbranche der Weg zum Quartier total verändert. Im digitalen Zeitalter geben Fremdenverkehrsmessen oder spezialisierte Anbieter eine Vororientierung. Marianne Pernkopf vom Prentnergut, deren Betrieb die Vollbelegungstage innerhalb einer Generation von 70 auf 165 Tage steigern konnte, lotet auch Nebensaisonen aus. Spezialisierung und *Internet mit Oneline-Buchung* sind heute üblich und sie meint: *Früher kamen noch Gäste von der Straße. Neue Fassade, saubere Zimmer und gutes Essen war den Gästen wichtig. Heute gäbe es ohne Internet keine Neubuchungen, gefällige Homepage mit guter Datenwartung ist wichtig. Der Gast will schon zu Hause alles planen. Preis-Leistung sowie herzliche Bedienung machen aus neuen Gästen Stammgäste. Gäste bleiben kürzer, kommen aber dafür öfter.* Neben Stammgästen urlauben dort heute Familien und Neigungstouristen (z. B. Bio).[372] Das Buchungsverhalten hat sich auch bei kleineren Privatvermietern verändert. So entwickelte sich in der Frühstückspension Stöttinger das *von einem Jahr vorbuchen zum Kurzurlaub* (Übernachtung 4–7 Tage); freilich ist zu beachten, dass hier zum einen Sporttouristen, zum anderen Senioren im Ortszentrum Hinterstoders absteigen.[373] Auch Elisabeth Schmeißl vom Ferienhof Mittermair, der 1992–1994 auf Ferienwohnungen umstellte, erklärt: *Der Aufwand, um neue Gäste zu bekommen wird immer mehr. Der Gast stellt immer höhere Ansprüche in Bezug auf Service, Betreuung und auch Ausstattung. In den letzten Jahren sieht der Gast auch zunehmend auf den Preis – er wünscht ein sehr gutes Preis-Leistungsverhältnis.*[374] Ihre Gäste (Familien, Naturliebhaber) blieben im Sommer 2002 durchschnittlich noch 11 Tage, im Winter sechs Tage. Diese Übernachtungsdauer ging in den Folgejahren stärker zurück. Im Kinderferienhof Großgrub bleibt man noch ein paar Tage länger (es sind meist Familien mit kleineren Kindern und Wanderer), weiß aber um die „gnadenlose" Spezialisierung: *Damals* (i.e. 1975) *hat jedes Jahr ein Betrieb neu begonnen, heute hört jedes Jahr ein Betrieb wieder auf. Heute sind nur mehr spezialisierte Betriebe gefragt und früher konnte sich jeder ein Zubrot mit der bäuerlichen Vermietung verdienen. Es musste nichts zusätzlich geboten werden, dafür musste der Preis auch niedrig sein!*[375] Umfragen und Recherchen ergaben, dass heute die Gästesegmente sehr unterschiedlich sind; Betriebsausrichtung und Nachfrage haben sich im Zeitalter des Internet voll einander angepasst. Die Profilierung als „Familienhotel" (1993) führte bei der Vorderramsben (Lindbichler) innerhalb von zehn Jahren zu einer Nächtigungssteigerung von ca. 30 %, es entwickelte sich ein hoher Stammgästeanteil. Doch sind die Veränderungen in der Tourismuswelt nicht spurlos vorüber gegangen: Um 1975 *kamen die Touristen fast von selbst und fragten nach freien*

---

372 Schriftliche Umfrage, Prentnergut 12. April 2005.

373 Schriftliche Umfrage Hermine Stöttinger 2005.

374 Schriftliche Umfrage Ferienhof Mittermair 2005.

375 Schriftliche Umfrage Kinderferienhof Großgrub 2005.

Abb. 69a: Bauernfamilie Klinser (Rotbuchner)

Abb. 69b: Langjährige Urlauberfamilie Smahel beim Hössspeicher

Zimmern (Anbietermarkt), mittlerweile ist es ein Nachfragemarkt, die Gäste können unter tausenden Destinantionen weltweit wählen … und sie suchen qualifizierte, profilierte und spezialisierte Betriebe … für ihre persönlichen Urlaubswünsche. Bereitstellung von Unterkunft und Verpflegung genügen schon lange nicht mehr, Gastfreundschaft, Animation, Freizeitangebot, Gemütlichkeit sind wesentliche Voraussetzungen geworden. Vor 30 Jahren wussten die Gäste auch noch ganz genau, was sie während des Urlaubs unternehmen wollten und was nicht, mittlerweile braucht der Großteil der Gäste eine gewisse Führung, Anleitung und Animation.[376]

Wir erkennen in diesen Beispielen einige interessante Gefahrenzeichen in der Tourismuswirtschaft der jüngeren Zeit: Für dieses Geschäft ist Begeisterung und Hingabe notwendig, ferner die Bereitschaft, rechtzeitig zu investieren. Bestimmte Größensegmente der Betriebe sind für das Nebengeschäft zu aufwendig, für das Hauptgeschäft aber zu klein, um die Lebensfähigkeit zu garantieren. Die Betriebsgröße erfährt mit der Zeit eine gewisse Eigendynamik für die weitere Entwicklung. Dort, wo keine klare Trennung zwischen Arbeits- und Privatleben vorherrscht oder sich Doppelbelastungen entwickeln, entstehen unterschwellig Spannungen, die schwer zu beheben sind. Nicht nur die Bedürfnisse der Gäste, sondern auch die Lebensansichten der Betriebsinhaber verändern sich am Weg vom ländlichen Raum zu einer Tourismusgesellschaft. Auch größere Betriebe wurden mit dem Gewöhnungseffekt und drohender Marginalisierung konfrontiert. Dabei entfaltete sich im Stoder spätestens seit den 1990er Jahren eine „Vorwärtsstrategie" der Spezialisierung. Jenseits der eigentümlichen Arbeitsbelastung in der Hotellerie (Zeitdruck, Überstunden, lange/unregelmäßige Dienstzeiten, Saisonalität) sollte nicht auf die Arbeitsbelastung in bäuerlichen Familienbetrieben oder bei Privatanbietern vergessen werden, die ganz stark durch Frauen -zum nennenswerten Anteil im fortgeschrittenen Alterssegment – geprägt ist; nicht zuletzt diese Situation führte dazu, dass solche Private ausstiegen.

376 Schriftliche Umfrage Hotel Lindbichler, Vorderramseben 2005.

Bei der Spezialisierung galten Begriffe als Aushängeschild. So sprach die Werbung schon seit etwa 1980 vom „Almgasthof" Baumschlagerberg, die Pensionen Grasegg, Großgrub und Hanselbauer mutierten zum „Ferienhof", die Pension Kernhof zum „Bienenhof" (1998), wodurch der Kontakt zu Natur und Tradition am Land ausgedrückt werden sollte. Einige Betriebe traten einer bestimmten Organisation bei und wurden zum „Landhotel" (Stockerwirt, Gressenbauer, Schmalzerhof), andere wie die Vorderramseben nannten sich dann „Familienlandhotel". Unter solchen Landhotels kann man Familienbetriebe, die besonders viel Wert auf ökologisches Wirtschaften und österreichische Gastlichkeit, gute österreichische Küche sowie Tradition, Brauchtum und Regionalität im gehobenen Bereich (3/4*) legen, verstehen. In eigenen Seminaren erarbeitete die Gruppe oberösterreichischer Landhotels einen Kriterienkatalog und vollzog einen Erfahrungsaustausch. Sinngemäß veränderten sich einige kleinere Betriebe zum „Landhaus", wobei der Stil im Vordergrund stand; um 2002 errichtete das Poppengut zehn großzügige Landhauszimmer im „Landhaus Elisabeth". Seit 1997 wurde am Poppengut das „europäische Wanderhotel" mit geführten Wanderungen betrieben (*Abb. 67a* und *67b*, S. 221). In Hinterstoder etablierten sich drei „Hotel garni" (Frühstückhotels): Wallner (1974), Lisa (1998) und Landhaus Bürtlmair (2006). Eine besondere Schiene war die Kinderfreundlichkeit, so waren die Ferienhöfe Peterhof und Mittermair eine der ersten der Jahrtausendwende, die sich „Baby&Kinder(bauern)hof" nannten. Die Mehrzahl der Gäste des Peterhofes kam damals bereits aus dem Osten Deutschlands. Fast gleichzeitig und parallel dazu entfaltete sich in den 1990ern die Idee vom „Biohof" (Gesundheits&Biobauernhof Rotbuchner, Prentner, Sturm, 2006 auch Mittermair und Großgrub). Die findige Gastronomie hatte neue Bedürfnisse von Gästen ausgelotet und reagierte darauf. Auf diese Weise entfalteten sich nach dem „Dorfstüberl" in Hinter- und Vorderstoder das neue Restaurant „Bärenhütte" und das „Polsterstüberl" (2001) oder auf den Hutterer Böden die bald bestens ausgelastete „Lögerhütten" oder die Schutzhütte „zur Lederhosen".[377] Manche dieser neuen Eventlokale bauten eigene Internetseiten auf, in denen dann Werbekommunikation gepflegt wurde.

Auf das Reiterlebnis setzte als erster Bauernhof das Krapfweihergut; das ging so gut, dass der Markenname der Familie Klinser in den letzten Jahren zu „Pferdehof Klinser" wechselte. Freilich war der Weg dorthin durchaus holprig: Die ersten Gäste 1946 mussten noch mit dem Lavoir (= Waschschüssel) Vorlieb nehmen, 1958 gab es erstmals Zimmer mit Dusche. Nach vielen Jahren Sommerfrische erfolgte unter der neuen Generation der Dachbodenausbau und seit 1991 wurden nach und nach Reitpferde eingestellt. Zur Jahrtausendwende kam die Modernisierung auf Zimmer mit Dusche und WC bzw. Ferienwohnungen mit „Biomöbeln". Kinderbetreuung und Lagerfeuer sind heute genauso „in", wie der Reitplatz und die ländliche Atmosphäre.[378] Nach Umbauten mutierte 2008 auch das Gut Saukogel zum „Pfer-

377 Pyhrn Priel egoland news. Die Zeitung für Gäste und Gastgeber, Winter 2001/02, 7f.Die Initiative dazu erfolgte vom Löger bzw. vom „Schoiswohl" Knittl-Frank.

378 Interview mit Frau Klinser, Mai 2011.

dehof". Die Spezialisierung zu Baby/Kinderbauernhöfen, Urlaub am Biobauernhof und Reiterbauernhof liegt durchaus im Österreichtrend. Dass bei diesem Weg auch bäuerliche Betriebe modernes Marketing beherrschen, zeigt der Biobauernhof Rotbuchner in Vorderstoder: *Urlaub dich g'sund … Der Grundstein unserer Gesundheit ist die Ernährung und so werden hier ausschließlich kontrolliert biologische, vorwiegend hofeigene Produkte, wie Brot, Jogurt, Marmeladen, Most, Säfte, Schnäpse und Liköre angeboten. Wie kann ich durch die Ernährung meine Gesundheit beeinflussen, wie finde ich die innere Ruhe, wie kann ich Kraft tanken, auf diese und viele andere Fragen weiß die Gesundheitsbäuerin und Dipl. Krankenschwester Maria Klinser, Anregungen und Tipps.*[379]

Das Thema Gesundheit und Wellness war beim Stoderhof im Dorfzentrum Hinterstoder schon lange ein Thema, 2008 nahm man den werbewirksamen Namen „Vital Hotel" an; die Besitzerin selbst ist Physiotherapeutin. Einige Betriebe suchten angesichts der Konkurrenz das unverwechselbare Flair. Die Vorderramseben (Lindbichler) wechselte 2008 die Organisation und nannte sich nun „Deinhotel", das Gasthaus Edelweiss baute zur „alpine lodge" aus, Fondsleiten (Bäcker Ferdl) nannte sich nun „Naturhotel-Pension". Zwei renomierte Gastbetriebe investierten bei ihren Veränderungen enorm: Der Privatvermieter Poppengut war 1971 Gasthaus, im Zuge des Weltcupfiebers zum Hotel, dann zum „Relax&Wanderhotel" geworden, baute das Wellness-Pavillon und errichtete 2002–2005 das Landhaus Elisabeth. Im traditionellen Hotel Dietlgut war schon viel erweitert worden, als die junge Generation die Hotelführung übernahm, trat man 1991 der Angebotsgruppe „Kinderhotel" bei. Umbauten zu „Junior Suiten" und 1996 die Anlage eines kindergerechten Naturbadeteiches folgten; da die Besitzer sportiv dachten (sie sind beide geprüfte Wanderführer), war diese Einengung nicht zielführend und man setzte im Rahmen einer intakten Umwelt auf trendige Sportarten. Die Bezeichnungen „Naturidyllhotel", „Landidyllhotel" bzw. „Forever Young Landhotel" wechselten sich im letzten Jahrzehnt ab.[380]

Wandel und Schwächen im Tourismus

Nach der Erwerbsstruktur 2006 waren ungefähr gleich viele Personen (ca. 9,5 %) im Beherbergungsgewerbe der beiden Gemeinden tätig, in der LFW hatte Vorderstoder den größeren Anteil (19,8 %–15,3 %). In den folgenden fünf Jahren sank letzterer Prozentsatz rapide ab (15 %–9 %), während in der Tourismusbranche Hinterstoder der Nachbargemeinde davon eilte (15 %–10 %). Noch größere Unterschiede bemerkt man (wie gehabt) im Pendlersaldo und den Arbeitsstätten. Im Stodertal gab es rund dreifach so viele wie im Stoderpassland, aber fast viermal soviel Beschäftigte. Und noch etwas fällt auf: Es ist bekannt, dass Tourismus große Flächen verbraucht und eine weitmaschige Infrastruktur benötigt. Betrachten wir dabei nur die Siedlung: Während in Vorderstoder bloß 8 % der Gebäude keine Wohnung

379 Goldenindex.com/homepage.jsp?c=3766.

380 Pyhrn Priel Quartiere 2002/03–2010/11. Dietlgut, Ursprung und Geschichte in: www.*dietlgut.at/entwicklung*.asp.

aufweisen, sind es in Hinterstoder fast 30 %.[381] Seit Jahren ist im Stodertal allerdings die Winter-Sommer-Differenz ein Thema. Im Sommerhalbjahr werden ca. 20 % weniger Gästebetten angeboten wie im Winter, während im Stoderpassland kaum Unterschiede bestehen. So gesehen haben die touristischen Strukturen ihre Eigenheiten entfaltet und wohl auch Narben abbekommen (*D 10*, S. 215).

Die Fremdenverkehrsstatistik der Jahre 2005–2010 verzeichnete für den Stoder eine stagnative Entwicklung, mit leichten Vorteilen für Vorderstoder, das auch in der Einwohnerzahl leicht zulegt, während Hinterstoder nach wie vor abnimmt. Die Übernachtungsziffern 2010 auf hohem Niveau (Hinterstoder 127945, Vorderstoder 40957) haben Positionen und Unterschiede nicht verändert. Im Stodertal herrscht die Wintersaison mit 61 % vor, im Passland Stoders die Sommersaison mit 58 %. Ein ähnliches Ausmaß erreicht der Inländeranteil, das Tote Gebirge ist also nach wie vor die östliche Grenze im dominanten Ausländertourismus. Dabei kamen in beiden Saisonen je 15 % der Gäste Hinterstoders aus Deutschland, Vorderstoder hat vor allem im Sommer höhere Anteile (33 %, Wintersaison 24 %). Der deutsche Gast bleibt im Sommer länger als anderer Urlauber, da 23 % der Übernachtungen Hinterstoders und 46,5 % jener aus Vorderstoder auf sein Konto gehen. Im Winter liegen die Zahlen niedriger (H 18 %, V 30,5 %), weil der Skitourismus weniger ausgeprägt ist. Interessanterweise übertrifft aufs neue der obere Stoder in der durchschnittlichen Aufenthaltsdauer (4,5) das Stodertal (3,8), was dort die Bedeutung des Ausflugsverkehrs widerspiegelt. Im höheren Preissegment (4/5 Sterne) übernachteten in Hinterstoder immerhin je nach Saison 9 %/14 %.[382] Das passt zur Hoteldichte, 2001 gab es in Hinterstoder 45 Hotels und hotelähnliche Betriebe, in Vorderstoder ein Drittel davon.[383] Dem entsprechend ist die Touristendichte (ÜN pro Ew) mit den Ziffern 53 und 88 (!) vergleichsweise zu Vorderstoder (30 und 22,5) in Hinterstoder sehr hoch. Während die Bettenauslastung der Hotels im Winter (H 39 %, V 29 %) das bisherige Bild untermauert, ist die Auslastung im Sommertourismus (H 22 %, V 33 %) im Stodertal nach wie vor eine Schwäche der lokalen Tourismuswirtschaft.[384] Darin offenbaren sich also Struktur- und Marketingunterschiede der beiden Gemeinden und die Frage wird sein, ob im Stodertal die Vielfältigkeit auf hohem Niveau in Nachhaltigkeit umgesetzt werden kann. Dabei muss bedacht werden: Die Aufenthaltsdauer im Stodergebiet liegt heutzutage etwa im österreichischen Durchschnitt, das ist also ein allgemeines Phänomen. Die Bettenauslastung allerdings hat vergleichsweise zum Staat Österreich (ø 56) deutlich niedrigere Werte – ein Mangel, der in mehreren Jahrzehnten nicht behoben werden konnte.[385]

---

381 Statistik Austria. Ein Blick auf die Gemeinde. Bevölkerungsstand 1. 1. 2011.

382 Statistik Austria. Tourismus: Nachfrage des Sommer und Wintertourismus 2010 nach Gemeinden, interaktive pdf.

383 Statistik Austria. Ein Blick auf die Gemeinde. Gebäude und Wohnungen 2001 (pdf).

384 Statistik Austria. Tourismus. Nachfrage: Touristendichte und Bettenauslastung, interaktive pdf.

385 Gattermayer, Landwirtschaft und Tourismus, 55.

Die Anzahl der Betriebe und Betten haben sich in Hinterstoder leicht „erholt", wobei vor allem die gewerblichen Betriebe wieder zulegten (2010 835 Betten). In Vorderstoder sind Pensionen und Privatvermieter seit 2004 großen Schwankungen ausgesetzt. Dabei festigten sich die Abhängigkeiten vor allem in der Wintersaison: *Der Gast, der in Vorderstoder nächtigt, gibt das Geld in den Nachbargemeinden aus,* meint W. Zauner[386] und verweist auf Höss und Wurzeralm. Die Seilbahn im Stodertal ist nach wie vor attraktiv und lockt tagsüber die Gäste weg. Daher bleibt die Wertschöpfung aus dem Tourismus gedämpft. Selbstverständlich ist ein Wandel auch auf den Hutterer Böden spürbar. *Vor 30 Jahren war die Infrastruktur noch in den Kinderschuhen (Seilbahn, Straße, Pisten, Stromzufuhr etc.),* vermerkt das Berghotel Hinterstoder bei der Umfrage 2005 und setzt fort: *Heute liegen die Probleme in den gestiegenen Ansprüchen der Gäste und den entsprechenden Mitarbeitern; auch Marketing hat sich verändert.*[387]

Natürlich ermöglichen Mobilität und Verkehrsausbau viel stärker als früher den Familienurlaub in Vorderstoder. Die „Kids" werden über die grundsätzliche Urlaubsart indirekt durchaus in Urlaubsentscheidungen mit einbezogen. Kinder wollen heute mehr Abwechslung, sie sind anspruchsvoller geworden. Ein Interview mit fünf Kindern (3–13) aus dem Raum Bamberg, die erstmalig mit ihren Eltern beim Stockerwirt eine Woche im August 2011 urlaubten, ergab: Die Attraktionen (Kreidelucke, SWUWIZ, Pießlingursprung, Gleinkersee, Vorgelgesangklamm) sowie das Engagement des Stockerwirts für Kinderbedürfnisse – bekannt als Märchenerzähler in der Kreidelucke – gefielen so gut, dass sie wiederkommen wollten. Nur der angehende Teenager meinte, zum Unterschied vom Wintersport würde ihr diese Art von Sommerfrische nicht zusagen – für ihresgleichen wäre nichts los.[388] Dies bestätigt auch ein langjähriger Wintergast Hinterstoders im Hinblick auf ihre jugendliche Tochter: *Für Jugendliche gibt's nichts Großartiges, die Infrastruktur ist zu traditionell.*[389] Das bestätigte auch die junge Sara Gutlederer aus Wien, deren Großeltern durch Zufall ins Stodergebiet kamen und deren Eltern seit 1973 beim Bäcker Ferdl in Halbpension logieren. Die Ski fahrende Familie hat auf den Böden ihre Stammhütte, am Abend bleibt man häufig zuhaus, *für Jugendliche gibt es eher keine Angebote.* Sara ist trotzdem zufrieden mit den Winterferien.[390] Eine Vertreterin der älteren Generation urteilt mit Blick auf die 1960er/1970er Jahre allerdings differenzierter: *Die Leute haben mehr zusammengehalten, die haben viel zusammen gemacht. Mein Gott, wie haben wir z. B. Fasching gefeiert. Die heutige Jugend hat zuviel um die Ohren.*[391] Das mag sein, viele Jugendliche „wandern" auch nicht mehr gerne in der Familie, was noch in den 1970er Jahren eine Selbstverständlichkeit war; extreme Sportarten wie Klettern, Rafting oder Paragleiten, die mehr anspre-

386 Interview mit Wilhelm Zauner, Gemeinde Vorderstoder, 29. 8. 2011.

387 Umfrage-Beantwortung Berghotel Hinterstoder, April 2005.

388 Interview am 1. 9. 2011 beim Stockerwirt.

389 Interview mit Raphaela Bäuerl, 24. 8. 2011.

390 Interview mit Sara Gutlederer, Wien, 4. 9. 2011.

391 Interview mit Waltraud und Alfred Roddeck, Berlin-Spandau, 4. 9. 2011.

chen würden, bleiben ein „Minderheitenprogramm". Allerdings sind auch andere Veränderungen dafür verantwortlich. So meint I. Howorka, die diesen Wandel in Hinterstoder seit den 1980ern miterlebt hat, *am Abend war mehr los, die Leute saßen z. B. im Kaffeehaus, da war Bewegung auf der Straße. Am Abend ist heute Hinterstoder „tot".*[392] Dies bestätigen auch andere Urlauber Stoders. Durch die Umrüstung vieler Betriebe auf Apartments oder Ferienwohnungen mit TV sind die Jungen zu „Stubenhockern" geworden und haben selten das Bedürfnis „auszugehen". Fazit: Als Familien- und Kinderfreundlichkeit im Stoder ausgebaut wurde, verzichtete man bewusst auf das Segment der Jugendlichen, hoffend, dass sich die neuen jungen Familien an einstige Kindertage erinnern würden. Nur zum Teil geht diese Vision auf, die Generation der Stammgäste bröckelt allmählich altersbedingt ab; neue Generationen kommen eher auf Kurzurlaub. Dass allerdings noch heute Frühstückspensionen, die auf Apartments umstellten, voll sind, hängt mit dem persönlichen Einsatz der Wirtsleute zusammen. Beispiel Großgrub: *Die haben eine sehr gute Auslastung, weil sie mit den Gästen umgehen können,* kommentiert ein Kenner der Szene. Im Winter sind die Gäste ohnehin sportlich tätig, *aber im Sommer muaßt was toan.*[393] Ein ähnliches Szenario vermittelt der noch junge Urlaubsgast Barbara Gröschel aus Gars am Kamp, deren Familie seit 25 Jahren auf den Baumschlagerberg in Vorderstoder kommt und sämtliche Veränderungen (u. a. Saalneubau, Almhütten) miterlebt hat. Anfangs kam man in beiden Saisonen, jetzt mehr im Winter und zwar auf Halbpension (*Abb. 68b*, S. 221). Massentourismus gäbe es im Stoder zwar nicht, *Hinterstoder setzt aber auf Durchzugstourismus, Vorderstoder ist noch familiärer und freundlicher.* Barbara erwähnt das Engagement des Hausherren bei der Abendunterhaltung und merkt positiv an, anfangs hätte sie im Familienbetrieb und Bauernhaus mit tun dürfen. *Als Kind war ich richtig integriert, habe Teller hinausgetragen, Getränke ausgeschenkt, in der Bauernwirtschaft mit geholfen, es ging alles sehr familiär zu.* Und nahezu schwärmend: *Gerade als Stammgast ist es so, du kommst nach einem Jahr hin und alle kennen dich beim Namen ...*[394] Diese Atmosphäre, dass der Stammgast gleichsam familiär begrüßt wird, der Einsatz der Vermieter für die Gäste spürbar ist und positive Erinnerungen an die Zeit des Heranwachsens prägen, vermittelt ein gewisses „Heimatgefühl". Gerade dieses Engagement wurde aber manchen Betreibern zu viel. Das „Stodertaler Zwergenland" wuchs nicht so, wie erhofft und betrifft heute nur acht Betriebe, obwohl Familienfreundlichkeit allseits betont wird. Bei der soziologischen Studie im Sommer 1997 wurden fast 200 Gäste befragt, die mit Kindern in den Stoder reisten. Über 90 % erhofften in der Urlaubsdestination einen „sanften Tourismus", kaum weniger einschlägige Erlebnisse am Bauernhof für die Kinder (vor allem in Vorderstoder) oder ein Wanderparadies mit Spielmöglichkeiten für die Kleinen. Wichtig waren auch tagesstrukturierte Angebote (bei Schulkindern), Kinderermäßigungen und Kindergerechtigkeit bei Unterkunft, Einrichtungen und Preisen. Die Wanderlastigkeit und die gewisse Unzufriedenheit

392 Interview mit Frau Ingrid Howorka, 25. 8. 2011.

393 Interview mit Gottfried Ramsebner, 1. 9. 2011.

394 Interview mit Barbara Gröschel, Gars am Kamp, 6. 9. 2011.

jugendlicher Segmente galt als Fingerzeig, nicht wandernde Urlauber durch geeignete Angebote stärker an das Gebiet zu binden.[395]

Werner Hackl, Gastwirt am Schmalzerhof, hat wesentliche Veränderungen einander gegenüber gestellt:[396]

1975	**2005**
Alte Gäste (Senioren)	Familien mit Kindern
Längerer Aufenthalt (bis zu 4 Wochen)	Kurzurlaub, dafür aber öfters
Langjährige Stammgäste	Öfters neue Gäste
Erholungsurlaub	Abenteuerurlaub
Nur Sommerurlaub	Winter- und Sommerurlaub
Großteils Vollpension	Nur Halbpension
Gäste haben selbst etwas unternommen	Gäste und Kinder müssen beschäftigt werden

Bei der Umfrage 2005 zeigte übrigens nur mehr ein kleiner Prozentsatz die klar dominante Sommersaison, bei den meisten gewerblichen und privaten Betrieben waren die Saisonen einigermaßen ausgeglichen. Dem entsprechend traten Urlaubermotive wie Neigung, Kultur, Erholung oder „Stammgast" in den Hintergrund, während Sport, Erlebnis und Familien bzw. Wandern im Vordergrund standen; allerdings ist schon interessant, dass immer wieder benachbarte Betriebe völlig unterschiedliche Gästesegmente beherbergen. Das weist auf eine grundsätzlich intakte Tourismusstruktur hin, in der man eben „seine" Gäste hat. Wenn allerdings wie beim Hofbauer innerhalb von 25 Jahren ein Rückgang von 1000 auf 350 Übernachtungen pro Jahr beklagt wurde, war das ein untrügliches Anzeichen für mangelnde Anpassung; der Betrieb schloss auch kurz darauf.[397]

Die Reisezufriedenheit mit dem Stodergebiet ist grundsätzlich recht hoch. Mehrsternbetriebe der Hotellerie oder vergleichbare Betriebe im bäuerlichen Segment schneiden zwar sehr gut ab, dahinter klafft aber eine Lücke: Das Preis-Leistungs-Verhältnis wird dort merkbar kritisiert. Die höchste Zufriedenheit besteht allerdings mit den Frühstückspensionen und Privatvermietern, was für die volkswirtschaftliche Ausrichtung des Tourismus im Stoder spricht – die Anpassung an die Standards ist im Laufe der Jahrzehnte ungleich gewachsen. Knapp vor der Jahrtausendwende erhoben Tourismus-Soziologen besondere Stärken Stoders: Freundlichkeit des Tourismus-Personals, Landschaft und Umwelt, was vor allem Famili-

395 Mörth, Familiengäste im Stodertal, 50–66.

396 Umfragergebnis Schmalzerhof, April 2005.

397 Umfrage-Beantwortung Hofbauer, Tambergau, April 2005.

engäste hervorhoben. Allerdings zeichnen sich auch Schwächen ab, etwa mit dem Warenangebot und Geschäftszeiten im Handel oder manchen Veranstaltungs-Angeboten; vorwiegend jüngere Urlauber kritisieren das Preis-Leistungs-Verhältnis in der Gastronomie.[398]

Natürlich hat sich Tourismus nach der „Wende" auch gästemäßig verändert, bestimmte „Ausländer" fallen auf. *Das Niveau ist in den Hütten durch ausländische Gäste, die die Spielregeln nicht einhalten, nach unten gegangen,* meint ein langjähriger Gast und erläutert, dass diese Urlauber aus dem ehemaligen Ostblock die Hütten blockieren, indem sie dort ungeniert ihre eigenen Esspakete auspacken.397 *Das Publikum ist auch mehr und mehr aus dem Osten,* pflichtet andeutend eine Ski fahrende Mutter bei.[399] Brita Steinwendtner sagt es poetisch, wenn sie zum „turbulenten Skigebiet" und den Winterwochenenden anmerkt: ... *halb Bayern, ganz Oberösterreich und halb Tschechien versammelt sich.*[400] Vermieter sehen den Wandel umfassender, aber treffsicher: *Früher kamen die Gäste, um zu wandern, das herrliche Essen – Jausen zu genießen – heute müssen sie an der Hand geführt werden, sonst finden sie nicht mehr nach Hause. ‚Hast du nichts zu bieten, dann flieg ich in die Türkei!' Das ganze Benehmen der Gäste hat sich geändert!!!*[401] Und an einem Ferienhof bedauert man: *Früher war die Gemeinschaft mehr gefragt: gemeinsame Abende in der Stube – heute ziehen sich die Gäste in die Wohnungen zurück u. a. zum Fernsehen.*[402] Es ist also über die ethnischen Sitten und Usancen hinaus wohl ein wirklicher Generationswandel im Tourismus eingetreten. Wie die Jet-set-Generation das skifahrerische Erlebnis heute bewältigt, vermittelt ein Bericht eines Urlaubers, der auf einer Berghütte des Hössgebietes Quartier nahm und seine Abfahrten mit der Musik eines MP3-players auskostete: *Die Tage verliefen ungefähr so: Schlecht im Stockbett geschlafen, unglaublich viel gefrühstückt, im Liegestuhl in der Sonne braten, bis die Pisten halbwegs uneisig sind, einige Male talwärts gefahren, Liegestuhl, weiter gebigfootlt, Liegestuhl, Nachmittagsschlaf, unglaublich viel Abendgegessen, Tarock gespielt, schlecht geschlafen ...*".[403]

Im Grundsatz ist der Stoder heute ein ganzjähriges Tourismusgebiet geworden (*K 16*, S. 213), in dem allerdings regional und nebensaisonal Schwankungen auftreten. In der Sommersaison besteht kulturell wie auch sportlich ein breites Angebot; seit 2003 gibt es ´die Lauf- und Walkingarena Stodertal, bald darauf waren 13 Rundwanderwege im Angebot. Als wirklich attraktiv für Bergwanderer erwies sich der neue Dolomitensteig über den Hochstein; für das kleine Segment der echten Kletterer hat man schon seit den 1990er Jahren einige Klettersteige adaptiert. Das

398 Mörth, Familiengäste im Stodertal, 25ff.

399 Interview Bäuerl, 24. 8. 2011. Interview Masseida 28. 8. 2011.

400 Www.diepresse.com/home/kultur/literatur.

401 Umfrage-Beantwortung 2005 von Ingeborg Ramsebner, Haus Sonnenschein, Vorderstoder.

402 Schriftliche Umfrage Kinderferienhof Großgrub 2005.

403 Erwin Rybin, e-mails für freunde: beobachtungen aus dem leben (2003) 68, zu einem Skiurlaub im April 2002.

Abb. 71a: Prielervilla 2009

Abb. 71b: Neue Württembergvilla

„Single-Wandern" machte 2008 von Stoder aus „Furore". Die Bergbahnen verfügen in der Gegenwart über eine Kabinenbahn, 2 Sessellifte, 9 Schlepplifte, 1 Sunny Kids Park und 3 Förderbänder – in Vorderstoder kommen einige Schlepplifte noch dazu. Im Winter stehen über 40 km Skipisten zur Verfügung und fast 30 km Langlaufloipen allein an der Steyr und auf den Hutterer Böden. Seit 2007 gibt es dort eine Cross-Trail-Strecke für Snowboarder. Die Schneesaison ist offenbar so fruchtbringend, dass nun 2010 eine zweite Skischule eröffnete. Vor 30 Jahren galten die Bergbahnen in gewissem Sinne als nicht ausbaufähiger Arbeitgeber. Es sind ganzjährig zwar weiterhin knapp unter 30 Personen bei den Bergbahnen in Hinterstoder beschäftigt, dazu kommen allerdings im Winter 60–80 bei den Aufstiegshilfen beschäftigte Leute sowie 30–40 gastronomische Kräfte, ganz zu schweigen vom Arbeitskräftebedarf bei Skievents. Der Aufwand für Wintergäste ist nicht nur im Privatbereich durch neue Skihütten, sondern auch bei der infrastrukturellen Ausrichtung enorm gestiegen. Etwa 95 ha werden heute beschneit, acht Pistengeräte zur Präparierung gebraucht. Die Zahl der Beschneiungsgeräte verändert sich in den letzten Jahren laufend und beträgt derzeit 55 Schneekanonen und 130 Schneelanzen. Zum Wasserreservoir am Hirschkogel für die Beschneiung gesellte sich nach 2004 noch der große Teich am Schafkogel.[404]

Vor allem in Hinterstoder hat sich auch das Ortszentrum erheblich verändert (*Abb 70a*, S. 222). Mit diversen Umbaumaßnahmen konnte man vor wenigen Jahren aus der alten Vereinshalle die neue Feuerwehrzentrale errichten, was zu einem neuen Ortsbild beitrug. *Während sich der Ort bisher vor allem entlang der Dorfstraße orientierte, wird nun durch die Abfolge öffentlicher Plätze (Kirchplatz – Dorfplatz – Veranstaltungsplatz) und der sich daran gruppierenden Gebäude (Kirche, Gasthof, Hösshalle, Vereinshaus, Feuerwehr) eine neue Ortsmitte für das dörfliche Leben definiert.*[405] Das über Jahrzehnte kultivierte „Schaufenster" der großen Welt machte sich selbst bei den Immobilien-

404 Hinterstoder pur 2008/2009, 9.

405 Hinterstoder pur 2009, 5.

preisen bezahlt. Sport und Events, Kultur und Tradition waren nicht nur Wegbegleiter der Tourismuswirtschaft, sondern auch eine wirksame Werbetrommel für den Handel mit Immobilien. *Nicht wegzudenken aus dem kulturellen Leben sind die zahllosen Konzerte und Auftritte der Stoderer Trachtenmusikkapelle, der Theatergruppe oder des Kirchenchores. Hinter sehr vielen kulturellen Aktivitäten steckt die „kultini histo", die Kulturinitiative Hinterstoder, die immer wieder Neues probiert und dafür sorgt, dass übers Jahr verteilt der Kulturgenuss kein Ende nimmt.*[406] Ein besonderer Akt der Tradition war die Neuaufstellung des Prielkreuzes am Großen Priel. Nach einem Gewitter im Sommer 2008 knickte das Kreuz nach 138 Jahren ein, nachdem schon einige Jahre Risse aufgetreten waren. Gemeinsam mit Gerd Schachermayer, dem Nachfahren jenes Schlossereibetreibers, der das Kreuz 1869 angefertigt hatte, ergriff Carl Herzog von Württemberg die Initiative zur Neuaufstellung des Kreuzes. Dieses wurde vom Linzer Metallbauunternehmen Wastler in gleicher Größe angefertigt und im August 2009 fundamentiert und aufgestellt.[407] Übrigens hat der Senior des Hauses Württemberg, zu dessen 75er die Trachtenkapelle Hinterstoder in Aufhausen aufspielte, 2006 den Neubau der Jagdvilla durchgeführt.

Passt die Zukunftsvision?

Die im Stodertal entwickelten Konzepte flossen teilweise auch in größerem Rahmen in der Pyhrn-Priel-Region ein. Im Ende 2008 beschlossenen „Tourismuskonzept Pyhrn-Priel 2009–1212" sind einige wegweisende Schlaglichter enthalten. Pyhrn-Priel (über 700 Beitragszahler, ca. 300 Vermieter) wickelte jetzt ja auch das Meldewesen der Betriebe sowie die Zweitwohnsitzabgabe ab. Schritt für Schritt hatte sich das Angebot erhöht: 2003 kam die Gästekarte, die Pyhrn-Priel Card, mit der man etwa Seilbahnen gratis benutzen konnte, war eine einschneidende Errungenschaft; 2004 Erlebniscard, nun auch Pyhrn-Priel Aktiv Card, bei der über die Hälfte der Betriebe in der Region mit taten. Freilich brauchte der Pyhrn-Priel Verband etwa bis 2005, um eine sinnvolle Vereinheitlichung in der Werbung zu erreichen. Bei immer neuen regionalen Ideen und Angebotsgruppen ist das wohl keine allzu leichte Aufgabe.

Die Tourismusregion schlug vor, nicht nur die Führung bei den Themen „Wandern, Golf, Wintersport" zu sichern- das Wanderkompetenzzentrum entfaltete sich in Hinterstoder – sondern in Oberösterreich auch das Thema „Reiten" stärker zu fördern. Die „Eventisierung des Themas Wintersport in allen Ausprägungen" sowie die „Skierweiterung Vorderstoder" bzw. die Vision „Höss-Wurzeralm" waren ohne Zweifel kontroversielle Themen. Noch 1995 war eine Skigebietserweiterung in keinster Weise angedacht worden.[408] Was dabei „Event" bedeutet, erlebte man bei den Weltcuprennen der Herren, die am 5./6. Februar 2011 bei strahlendem Son-

406 Aus der Immobilienanzeige Aigner&Gressenbauer für das Griesserhaus 2011; www.willhaben.at/iad/haus-kaufen/oberoesterreich.

407 Www.alpenverein.or.at/touristenklub-linz/Geschichte_Prielkreuz.pdf.

408 Tourismuskonzept Pyhrn-Priel 2009–2012 (cms.ttg.at/sixcms/media.php) 42. Keplinger, Natur- und Kulturtourismus, 78.

nenschein vor fast 50000 Fans ausgetragen wurden: „Für uns als Skiclub Raiffeisen Hinterstoder sind die beiden Weltcup-Rennen eine riesige Herausforderung. Wir freuen uns aber schon sehr darauf. Noch dazu sind wir das letzte Rennen vor der alpinen Ski-WM. Damit haben die Stars in Hinterstoder die letzte Möglichkeit ihre Form zu überprüfen bzw. sich zu qualifizieren", freute sich Organisator Hackl 2011 auf ein Skifest. Die Stimmung war großartig, nicht zuletzt wegen zweier österreichischer Siege. 22 ORF-Kameras und 350 Journalisten berichteten, im Hintergrund agierten 600 Helfer für eine perfekte Organisation. Das Verpflegungsservice unter großer Zeltfläche und 6000 Sonderparkplätze ließen vergessen, dass die verantwortliche Organisation 18 Monate vorbereitet hatte.[409] Böse Stimmen meinten allerdings, dass dieses Weltcupfieber außerhalb von Österreich kaum jenes Aufsehen erregte, das die Insider im Land annahmen. Wie auch immer, die wirtschaftliche Situation der Tourismusgemeinde blieb angespannt. Dies war weniger auf die Vorfinanzierung der neuen Abfahrtsstrecke durch die Freizeitanlagen GmbH zurückzuführen, als auf die Ausgaben für die touristische Infrastruktur, die Freizeitanlagen – das Freibad z. B. deckt nur 15 % der Ausgaben durch Eintrittsgelder ab – und die Ortsentwicklung. Hingegen sind Kläranlage oder Wasserversorgung keine belasteten Bereiche. Die realisierte Rundwanderwelt 2005 oder das mehrjährig konzeptierte Feuerwehrhaus waren ebenfalls Negativposten. Über ein Drittel der Steuerkraft wird durch gemeindeeigene Steuern erreicht. Demgegenüber machen gemeindeeigene Steuern in Vorderstoder nur 16 % der Steuerkraft aus, der obere Stoder gehört zu den finanzschwächsten Gemeinden im Süden Oberösterreichs und verzeichnet ebenfalls seit 1989 Abgänge. Negativ wurde dort der Aufwand für die Wasserversorgung eingestuft, die einige Jahre zuvor neu eingerichtet worden war (ebenfalls wie ein Feuerwehrzeughaus). Beide Gemeinden leisten sich recht aufwendige Kindergärten für eine geringe Kinderzahl.[410] Das kommunale Leben ist komplexer geworden und hat die Infrastruktur für anspruchsvolle Gemeindebürger und Urlaubsgäste bereitzustellen. Dabei zeigt sich zweierlei: Der grundsätzliche steuerliche Abstand zwischen Hinterstoder und Vorderstoder hat sich seit einem halben Jahrhundert kaum verändert. Die Konzepte und Investitionen sind an der Steyr naturgemäß umtriebiger und umfangreicher, die Entwicklung im Stoderpassland schleppender. Unabhängig davon versuchen Tourismus und Gastronomie ihre Ideen und angepassten Wege umzusetzen. Es lässt sich also nicht nur in Hinterstoder, sondern auch in Vorderstoder gut leben; manche aus dem Stodertal haben sogar jetzt ihr Siedlungshäuschen im Passland errichtet. Die Analysen schärften aber auch einen Blick dafür, dass Alltag in touristisch ausgerichteten Betrieben nicht weniger hektisch und arbeitsam, sondern nur anders geworden ist. Während einst der ländliche Raum traditionelle Lebenskonzepte vor lebte, die (wie sich herausstellte) kaum Zukunftschancen hatten, ermöglicht der Tourismus heu-

---

409 Pyhrn-Priel Magazin Nr. 17 (Sommer 2011) 10.

410 Prüfungsbericht der BH Kirchdorf an der Krems der Gebarung der Gemeinde Hinterstoder 2005–2007 (2009) 6, 9. Prüfungsbericht der BH Kirchdorf an der Krems der Gebarung der Gemeinde Vorderstoder 2005–2007 (2008) 6ff.

te eine früher nicht gekannte Vielfalt von bäuerlicher Tradition bis zum urbanen Lebensstil (*Abb. 72*, S. 223). Dadurch hat der Fremdenverkehr erheblich zum sozialen Wandel und zur Veränderung des Wirtschaftsraumes beigetragen. Allerdings ist der kommunale und private Aufwand dafür groß geworden. Gerade bäuerliche Pensionen und Ferienhöfe sowie die touristischen Spitzenbetriebe Stoders klagen über Stress und über wenig bleibende Privatsphäre. Man erwirtschaftet damit eine höhere Auslastung im Vergleich zu vielen Betrieben, die einen Zuerwerb ohne wesentliche Zukunftsinvestitionen in Anspruch nehmen. Ist die Balance zwischen lebenswert-ökologischer Ausrichtung und maximierender Ökonomie nur ein Zeitgeist oder gar eine Generationsfrage?

Bei der Generalversammlung der Raiffeisenbank Hinterstoder im Herbst 2010 erschien auch Peter Schröcksnadel als Mehrheitseigentümer der Bergbahnen AG und informierte über Erweiterungskonzepte des Skigebietes Hinterstoder-Wurzeralm. In einer kritischen Diskussion meinte er, *dass es unumgänglich sein wird, nachhaltig in touristische Projekte in der Region zu investieren. Vor allem dann, wenn man bleibende Gäste an die Beherbergungsbetriebe binden möchte und man die Quote von derzeit 70 Prozent an Tagesskigästen gegenüber 30 Prozent an Mehrtagesgästen entsprechend zugunsten der Mehrtagesgäste verändern will.*[411] Mit dieser Idee war Schröcksnadel zu Jahresende 2008 an die Öffentlichkeit getreten.

Alpinvereine und Naturschutzorganisationen haben 2011 gegen die Pläne einer Skischaukel zwischen dem Skigebiet Hinterstoder und der Wurzeralm mobil gemacht. Es handle sich dabei um ein naturzerstörendes Projekt. Seit dem Jahr 2008 stehen Teile des Warscheneck-Gebirgsstocks unter Naturschutz. Will man die Skigebiete Hinterstoder und Wurzeralm verbinden, müssten die Lifte und Pisten über dieses Gebiet verlaufen. Dieses Projekt stelle eine Gefahr für die Artenvielfalt dar – und vor allem: es sei wirtschaftlich unsinnig. Den Beteuerungen der Seilbahngesellschaft, dass das Projekt derzeit vom Tisch sei, trauen die Naturschützer nicht. Bereits nach dem achten Weltcupwinter in Hinterstoder waren Konzepte aufgetaucht, die „kleine Skischaukel" – die Verbindung des Höss mit den Liften in Vorderstoder – zu verwirklichen. Damit meint man die Verlängerung der Hackllifte Vorderstoders auf die Wildalm und über die Abfahrt ins Rottal die Verbindung zum Höss. Angesichts der Proteste gegen die große Skischaukel am Warscheneck, wurde diese Variante im Winter 2011 wieder thematisiert und scheint größere Erfolgsaussichten zu haben. Die stärkste Kritik an diesem Vorhaben kam vom Naturschutzreferenten des Österreichischen Alpenvereins: *Alle anderen Skigebiete versuchen Höhenmeter zu gewinnen. Hier wird von 1500 Metern auf 800 Meter hinunter gebaut. Das ist eine Verschwendung von Steuermillionen.* Die Bürgermeister, die Bergbahnen, Banken, Tourismus und Wirtschaft sehen das naturgemäß nicht so.[412] Gottfried Ramsebner, langjähriges Vorstandsmitglied des Pyhrn-Priel-Verbandes, meint dazu: *Es muss ein Schritt geschehen, ich persönlich glaube, diese Verbindung nach Vorderstoder ist tragbar und wird sich die nächsten zehn Jahre im Tourismus bezahlt ma-*

411 Raiffeisenbank, Wirtschaft und Politik, 43. Woche 2010 unter www. warscheneck.at.

412 Oberösterreichische Nachrichten, 8. Februar 2011.

Abb. 73: Frühjahrsabfahrt in Hinterstoder

chen.[413] Hannes Trinkel, einst Skiweltmeister der Abfahrt und Vizepräsident des ÖSV geht sogar noch weiter und befürchtet, dass es im Stoder kein Großevent mehr geben wird. *Der Weltcup in Hinterstoder ist gestorben … der internationale Verband hat uns vorgeschrieben, dass wir rund 1000 zusätzliche Gästebetten brauchen. … Touristisch tut sich doch in Hinterstoder überhaupt nichts … Wir brauchen eine Skischaukel um überleben zu können. Man muss den Leuten was bieten.*[414] Dieses Interview im Juli 2011 gleicht einem Offenbarungseid. Ist das der einzige Weg in die Zukunft? Zu Bedenken ist ja letztlich auch der „Klimawandel". Die Schneesicherheit wird Analysen zufolge von 1200 m auf 1500 m hinauf wandern. Höhere Temperaturen bedeuten weniger Schnee, ganz zu schweigen von der Prognose einer kürzeren Saison durch Ausfall von Weihnachts- und Ostergeschäft.[415] D. h. aber, der Einsatz von Schneekanonen könnte in absehbarer Zeit bei der Talabfahrt von Höss und Böden problematisch werden. Und was schneearme Winter für Szenarien bescheren, ist von der Bärenalm genügend bekannt. Droht die Aufspaltung von Erlebnisraum und Lebensraum? War die einseitige Förderung des Wintertourismus eine Fehlspekulation? Laut Klimaprognose für Oberösterreich wird schon in 15 Jahren die Tourismusbranche am stärksten betroffen sein, wenn es einen Rückgang der Bruttowertschöpfung um 20 % geben wird. Der Wintersport wird also an Be-

413 Interview mit Gottfried Ramsebner in Vorderstoder, 1. 9. 2011.

414 Kurier (Sport) 24. Juli 2011.

415 Matejowsky, Klimawandel, 84.

deutung verlieren. Vergleiche mit anderen Alpengebieten legen nahe: Die Antwort kann nicht allein in neuen Beschneiungsanlagen oder kühnen Gondelfahrten über das Warscheneck liegen. Es sollte auch die Schneeabhängigkeit des touristischen Angebots rechtzeitig reduziert werden.[416]

Ein weiterer Plan betraf ein Feriendorf auf den Hutterer Böden (Fa. Guntram Jäger) sowie das Projekt eines Großhotels im Zentrum von Hinterstoder. Das Chalet-Dorf „Alpin Lodges Hinterstoder" mit einem Hauptgebäude (28 Apartments) sowie 6 als Zweitwohnsitze gewidmete Chalets sollten im Immobilienhandel EU-Bürgern angeboten werden. Weitere 25 Ferienwohnungen in 13 Chalets wären mietbar gewesen. Dieses luxuröse Ressort sollte die gehobene Preisklasse von Wintertouristen, aber auch Immobilien-Anleger ansprechen. Das Projekt „starb" allerdings bereits im Juli 2011.[417] Und von einem 4/5 * Hotel im Stodertal spricht man eigentlich schon seit den späten 1970er Jahren unter verschiedenen Vorzeichen. Ob sich das alles in Einklang mit den Zielen der „Pearl-Gemeinde" entwickelt, wird sich weisen. Jedenfalls dürften neue Herausforderungen heran nahen. Dabei sind seit über einem Jahrzehnt mit einigen Ausnahmen – z. B. Ausbau des Poppengutes oder das neue Seminarzentrum am Baumschlagerberg – im gesamten Stodergebiet wenig zukunftsweisende Investitionen in touristische Betrieben getätigt worden. Vielleicht hat das auch mit der Ambivalenz der Situation zu tun. Zum einen sind Natur- und Kulturtourismus willfährig aufgenommen worden, zum anderen sind aber Schnittstellen zwischen Ökologie und Ökonomie zu beachten, wo nicht alles im Einklang ist. Seit 2010 diskutiert man in der Region wieder über „Logo" und Regionsbezeichnung. Offenbar wurde der unverwechselbare Marketingname noch nicht gefunden. Weil die Vollversammlung des Pyhrn-Priel-Verbandes mehrfach den Vorschlägen der Verantwortlichen nicht zustimmen wollte, löste sich im Frühjahr 2011 Vorstand und Aufsichtsrat auf. Inzwischen sind Gremien und Tourismusdirektor neu bestellt.[418] Werden aus dieser Veränderung die erlösenden Akzente kommen?

Einst hatten im Stoder Großbauern das Sagen, dann der Adel und alpine Vereine, heute sind es Touristiker und größere Fremdenverkehrs-Betriebe; Bauern haben sich dieser Welt weitgehend angepasst. Ob allerdings im Stoder etwa ein Drittel des Einkommens durch „Urlaub am Bauernhof" erwirtschaftet wird (ø Österreich) ist die Frage. Im Schlepptau dieser führenden Gruppen profitieren viele „kleine Leute" und kleinere Betriebe. „Spezialisierung" heißt seit über einer Generation das Zauberwort, um wichtige Kunden-Segmente anzusprechen und auch den Wandel der Gästeschar zu berücksichtigen. Und der regionale Tourismusverband legt noch nach: „Wanderspezialisten" und „Abenteuerprofis", „Zwergenbetriebe" und „Grup-

416 Bruno Abegg, Klimaänderung und Tourismus: Klimaforschung am Beispiel des Wintertourismus in den Schweizer Alpen (Bern 1996) 155. Robert Tichler-Friedrich Schneider-Johannes Lindorfer, Volkswirtschaftliche Auswirkungen der Klimaerwärmung in Oberösterreich und Österreich. Bericht des Energieinstituts der Uni Linz 2007 (anschober.at…volkswirtschaftliche Auswirkungen.pdf).

417 Pyhrn-Priel Magazin 17 (Sommer 2011) 9.

418 Pyhrn-Priel Magazin 11/12 (Winter 2011) 10f.

pen-Destination" bestimmen die Gegenwart; auch „Urlaub am Bauernhof" und „Kinderhotels" sind nach wie vor gefragt. Dass in Hinterstoder eine neue Zeit angebrochen ist, merkt man heute an den neun Skihütten und den sechs Apres Ski Lokalen des Stodertales, die es vor zwei Jahrzehnten noch nicht gab. In Vorderstoder läuft vieles stiller und traditioneller ab – die Gäste sind damit zufrieden.

Einst wohnten im Stoder viele Bergführer, heute gibt es gerade dort keinen mehr. Dafür haben sich „Outdoor-Anbieter" mit ihren Attraktionen und Nervenkitzel eingenistet. Früher stieg auch viel Jugend auf die benachbarten Berge und Wanderer unternahmen raumgreifende Partien. Heute leiten „geführte Wanderungen" Urlauber zu schönen Aussichten und ihr Nachwuchs spielt im SWUWIZ, Sunny Kids Park oder im Skaterpark. Einst waren Erlebnis und Erholung die Devise. Das hat sich wohl nicht verändert, die Ausdrucksformen und die Vielfalt aber schon. Die bergbäuerliche Urwüchsigkeit gibt es noch vereinzelt, der moderne Alltag der Bergbauern sieht aber ganz anders aus, wie vor einem Jahrhundert. Die allmähliche Veränderung von der überlieferten Wald-Grünland-Ackerwirtschaft zum Eigenbedarf über extensive Reduktionswirtschaft auf mechanisierte biologische Grünlandwirtschaft – gleichsam als Mindestmaß gepflegter agrarer Substanz – war für die Belange des Fremdenverkehrs eher positiv; gerade in Vorderstoder ist zudem die Höhenlage, Jahrhunderte ein Produktionsnachteil, ein Vorteil für den Tourismus. Was macht nun die Tourismuslandschaft aus, die sich anstatt der Bergbauernlandschaft etabliert hat?

Vergleichen wir dazu die Infrastruktur im späten 19. Jahrhundert mit dem 21. Jahrhundert: Natürlich gibt es heute nicht mehr den Schuster vom Häusel am Stein (Vorderstoder), der ausgezeichnete Bergschuhe nagelte. Und natürlich gibt es Entwicklungen der Zeit wie Sportgeräte oder Fotohandel, die das Gewerbeangebot erweiterten. Aber Fleischhauer oder Lebensmittel- und Gemischtwarenhandel gibt es damals wie heute, nur sind Umfang und Angebot deutlich größer. Auch Geldinstitute und die Gastronomie existierten, die Konkurrenz belebte aber entschieden das Wachstum. Eine traditionsreiche bäuerliche Siedlungslandschaft wich in der Nachkriegszeit einer funktional neu ausgerichteten modernen Besiedlung (*K 17*, S. 214), ja mehr noch – mehrfach entfalteten sich im Stoder durch die Wochenendhaus- und Ferienhaus-Idee weilerhafte Konzentrationen, die die Gemeinden zu neuer Flächenwidmung zwangen. Dazwischen wurden Flächen für das Freizeitverhalten verbaut und reserviert wie Aufstiegshilfen, Sportstätten oder Bad und Parkplätze. Der Aufwand machte auch neue kommunale Einrichtungen wie Kläranlage oder Kraftwerke notwendig. Tourismus dringt zumindest saisonal intensiver auch in die Natur vor, wie Pisten, Hochseilgarten oder Rodelbahnen zeigen, ganz zu schweigen von den zurecht gerichteten Reit- und Wanderwegen. Bergbauerneinschicht gibt es heute nicht mehr, weil Motorisierung und Verkehrsausbau Stoder der Welt ein Stück näher gebracht haben. Was auffällt: Trotz einer explosiven Entwicklung der Häuserzahl veränderte sich im Stoder die Bevölkerungszahl kaum. Es kam letzten Endes trotz wiederholter Ansätze vor allem im Stodertal nicht zur Verstädterung wie in anderen Tourismuslandschaften. Und man blieb, zwar regional im unteren und oberen Stoder abgewandelt, bei einer stärker volkswirtschaftlich geprägten Tourismusstruktur. Das lief nicht ohne Diskussionen ab. Die Frage wird sein, ob Tourismus in dieser Bergbauernregion in der bisherigen volkswirtschaftlichen Ausprägung bleiben oder eine ökonomische Konzentration erfolgen wird. Es scheint so, dass intakte Landschaft und Umwelt für die Bewohner und Gäste als vorteilhafter empfunden werden, als eine übermäßig gewinnstrebende Entwicklung der Tourismuswirtschaft. Stimmt das angesichts von Eventkultur und Schischaukel, Klimawandel und Nachhaltigkeit auch für herauf dämmernde Interessenkonflikte?

Zahlreiche Vereine können seit Frühjahr 2011 das Haus der Vereine in Hinterstoder nutzen. Den Ball der Vereine gibt es alljährlich ja schon seit 2002. Tagungen und Seminare finden nun auch in Vorderstoder statt und die gelebte Tradition, der das Alpineum 2004 eine Ausstellung widmete, wird auch im oberen Stoder groß geschrieben; vor gar nicht langer Zeit gab es das erste „Konzert" der Musikkapelle im privaten Rahmen (Ferienhof Großgrub).[419]

Trotz allem kann man Vorderstoder nicht als „kleine" Kopie von Hinterstoder bezeichnen, Bevölkerung und Tourismus in diesem Ort haben ihre unverwechselbare Note gefunden. (*Abb 74*, S. 224) Natürlich ist manches im Stodertal „schriller", „hippiger" und großzügiger, was mit den Resourcen und der erarbeiteten Infrastruktur zusammenhängt. Sonnenaufgangswanderungen und Moonlightshopping, Bläsergesangswolke oder Weihnachtsfeiern am Schiederweiher, das „Skiopening" auf den Hutterer Böden und die finale Firnparty der Lögerhütten samt dazwischenliegenden FIS, Europacup oder Weltcup-Rennen oder auch regionalen Meisterschaften signalisieren genauso „Eventcharakter", wie Volksläufe, Jazzworkshops oder Literaturtage. Die Ortsbildmesse 2006 oder das mehrtägige Dorffest 2009 zeichneten aber auch ein Stimmungs- und Gesinnungsbild der Bevölkerung. Am Weg zur Nachhaltigkeit sind die gemeinsamen Ferienprogramme für Kinder („Nur keine Langeweile!") sicher ein geeigneter Baustein. Was besonders auffällt: Hinterstoder versucht die Ambivalenz zwischen Event und Tradition durch Pflege und Ausbau der Vielfalt unbeirrt weiter zu gehen. Tourismus kostet, das hat man begriffen. Manche allerdings meinen, Aufwand und Nutzen stehen derzeit in keinem fruchtbaren Verhältnis.

Die Wünsche Hinterstoders, das in der Gegenwart angeblich zu 80% vom Tourismus lebt, sind vermutlich klarer ökonomisch auf den Tourismus und Konsum ausgerichtet, als jene von Vorderstoder, wo die Rücksicht auch andere Wirtschaftsbereiche einkalkulieren muss. Dass aber nach den stagnativen letzten Jahren beide eine größere Auslastung haben wollen, versteht sich von selbst. Deshalb versucht man derzeit im Zusammenhang der Pyhrn-Priel-Region eine neue Standortbestimmung der „Regionalstudie 2020", von der man sich wegweisende Schritte erwartet.

---

419 WIKU Nr. 381 (März 2010) 12.

Anhang

Verzeichnis der Karten und Diagramme

Kursiv geschriebene Nummern im Verzeichnis befinden sich im Farbteil.

Karten

Diagramme und Prospekt-Tabellen

Verzeichnis der Abbildungen und Bildnachweis

Kursiv geschriebene Nummern im Verzeichnis befinden sich im Farbteil.
Fotos aus dem Franziszeischen Kataster (BEVM) und Fotos aus Prospekten durch H. Krawarik. Leihgeber und Bildrechte bzw. Verlage der Fotos werden in Klammer der Abb. Nummern angemerkt, Gemälde werden kursiv hervorgehoben.
Abkürzungen: AG = Archiv Girtler, AL = Fotosammlung Johann Lang, ASE = Graf zu Eulenburg, Haus Kolk, AW = Archiv des Hauses Württemberg, Schloss Altshausen
Coverbild oben: *Aquarellstudie um 1965 beim Großgruber am Gaisriegl* (Olga Krawarik) unten: Blick auf die Hutterer Böden um 2000 (Rainer Kletzmair, Hinterstoder)

Verzeichnis der Abkürzungen

AÖG	Archiv für Österreichische Geschichte
Bd.	Band
BzöSt	Beiträge zur österreichischen Statistik, Statistisches Zentralamt
Dipl. A.	Diplomarbeit an der Universität
Diss.	Dissertation, Doktorarbeit
e. o.	Ex officio (von Amts wegen)
Fewo	Ferienwohnung oder Apartement
FrstP	Frühstückspension
FsHHStA	Festschrift des Haus-, Hof- und Staatsarchives
GgJbÖ	Geographischer Jahresbericht aus Österreich
HA	Hausarbeit an einer Universität (Lehramtsstudium)
Hg	Herausgeber
JbÖAv	Jahrbuch des (Deutsch-) Östereichischen Alpenvereins
JbOöMv	Jahrbuch des Oberösterreichischen Musealvereins
Jg.	Jahrgang
LFW	Land- und Forstwirtschaft
Mag. A.	Magisterarbeit an der Universität
MOöLa	Mitteilungen des Oberösterreichischen Landesarchivs
ONBOE	Ortsnamenbuch des Landes Oberösterreich (hg. v. Peter Wiesinger).
Oö La	Oberösterreichisches Landesarchiv
OöHbl	Oberösterreichische Heimatblätter
ÖTC	Österreichischer Touristenklub
UaB	Urlaub am Bauernhof (Gästering Österreichischer Waldalpen)
WIKU	Windischgarstner Kurier
WU	Wirtschaftsuniversität Wien
ZÖAv	Zeitschrift des Österreichischen Alpenvereins

Glossar

Anachronismus	Unzeitgemäße Erscheinung
Benefiziat	Seelsorger an einem gestifteten Benefizium (Teilpfarre)
Disparität	Nebeneinander von Ungleichem, Verschiedenheiten
Egarten	Agrarsystem mit Ackerland und Wechselwiesen in sechs- sieben jährigem Zyklus
Endogamie	Heirat innerhalb einer (abgeschlossenen) Gruppe
Fassion	Vom Staat durchgeführte Steuerbeschreibung der Frühen Neuzeit
Gattihose	Lange Unterhose im bäuerlichen Alltag
Hektarsätze	Hilfsmittel der Einheitswertermittlung aus spezifischen Daten (Bodenklima, Lagen, Nutzung)
Hufe (Hube)	Ernährungseinheit einer Bauernfamilie, die mit bessere Agrartechnik immer weniger Kulturland (Egartenausmaß) benötigt
Inwohner	Im Bauernhaus lebende Mitbewohner, der „Hausherrschaft“ unterworfen
Katastral-gemeinde	Steuergemeinde, unter Kaiser Josef II. errichtet
Kataster	Bemessungsgrundlage (Buch, Karte) für Steuerpflichtige
Landauer	Viersitzige und vierrädige Kutsche mit klappbarem Verdeck
Marginalisierung	Verdrängung an den unbedeutenden Rand
Nachsömmerung	Kurzfristige Beweidung nach dem Almabtrieb in Zuhuben oder Reitern
Orographie	Geländeverhältnisse und Höhenstrukturen
Pflegamt	1808–1848 war die Religionsfondherrschaft im Pflegamt/Pfleggericht Spital am Pyhrn konzentriert
Pfoaden	Hemd (Kittel) in bäuerlichen Kreisen
Religionsfonds	Aus der Klosteraufhebung gewonnenes Staatsvermögen und Liegenschaften
Robot	Persönlich (oder durch Zugvieh erfolgende) Arbeitsleistung für die Grundherrschaft
Sechelboding	Trog oder Bottich für die Ernte
Speltenzaun	Zaunhölzer aus Lärchen (Spelten) mit Weidengeflecht verbunden
Triangulierung	Durch Distanz- und Winkelmessung errechnete Kennzeichnung einer bestimmten Höhenlage
Urbar	Steuer- und Abgabenverzeichnis des Mittelalters
Vasall	Gefolgsmann im Dienst eines hohen Adeligen oder Prälaten
Vergaltung	Entwicklung von der Milchwirtschaft zur Aufzucht von Jungvieh und Ochsen
Vergleyter Boden	Nasse und wenig fruchtbare Braunerden
Verschlachtung	Sicherung der Bachufer durch Holzwände und Mauerwerk

Verzeichnis der Tourismusbetriebe

Abkürzungen im Häuserverzeichnis:

A P Am Poppenberg, A Stb Am Steyrsberg, A W Am Weissenbach, A St An der Steyr, An Angerhoferweg, A Auweg, B Brunnenweg, F Farnau, Fl Flötzerweg, G Goierweg, Hw Haberlweg, Hbg Hinterberg, H Hinterstoder, H B Hutterer Böden, Kbw Karlbauernweg, Kw Kohlbachweg, M Mitterstoder, Mb Mühlboden, P Prielerweg, Sw Salmerweg, Sch Schmalzerweg, Sl Sonnleiten, T Tambergau, Htb Hintertambergau, Vdt Vordertambergau, W Walchegg, G Gaisriegl, Wb Weissenbachtal

Hinterstoder

Betriebe	Familie	Adresse	Anmerkungen
„Altes Schulhaus" **Kininger**		H 94 (M 55)	Vermietung PZ ab ca. 1905 (zumindest vor Erstem Weltkrieg)
„Försterhaus" *heute Gemeindeamt*		H 38 (M 38)	1879–1882 Dependance des Jaidhauses mit Ausschank und Vermietung
„Winkler"		Leitnerweg 4 (M 27)	1905 2 PZ 1 Küche
Almgasthof Baumschlagerreith (724 m)	Schmeissl	Baumschlagerr. 1 (H 81)	Ab ca. 1940 Jausenstation (auch 1960), 1987 Gasthaus, 1996–2000 Neubau des Gebäudes mit modernen Zimmern, 2010 4 PZ, 2 Fewo
Angerhofer		An 3 (M 16)	Um 1895 bereits PZ, 1923 Neubau, 1948 Pension, 1961 8 PZ, 1974 Umbauten
Baby & Kinderbauernhof Peterhof (600 m)	Bürtlmair	T 5 (Htb 7)	1950 Beginn der Vermietung (4 PZ), 1967 Genreralsanierung und Umbau auf 9 PZ, 1974 erste Fewo, 1978 10 Betten, 1985 zweite Fewo, 2001 Ferienbauernhof und Spezialisierung auf „Babyhotel", 2003 Baby&Kinderbauernhof, PZ aufgegeben; siehe auch Hotel Garni Bürtlmair
Bärenhütte Höss	Cernkovic	H B 108	Restaurant/Skihütte um 2001 errichtet, bis 2008 beworben
Bärenreith		(H 43)	PZ 1978 (10 Betten)

Berggasthof Höss: Berghaus Hutterer Höss (1834 m)	Pernegger	Höss 1 (M 197)	1978 74 Betten, 7 DZ, 8 MZ, 2000 12 Z, 2010 40 Betten
Berghaus Bärenalm			1970–2003 Gaststätte, im Sommer nur drei Tage pro Woche offen
Bergheim	Klammer	A P 18 (M 72)	Altbau um 1930, PZ, 11 Betten 1961, 1978–1985 8 Betten
Berghof Sturmgut (800 m)	Kletzmair	F 6 (M 198)	Erste Sommerfrischler 1945–1950 (UaB), 1955 Umbau, 1966–1970 Neubau des Berghofes als Pension, seit 1973 Tourismusbetrieb, 1984 27 Betten, Anbau 1985/86, 1992 Aufgabe der Milchwirtschaft, Spezialisierung auf Familien, Wanderer und Skifahrer, „Berghof" 2001 mit 11 Z und 3 Fewo, weiter UaB, 2010 Berghotel mit 38 Betten
Berghotel Hinterstoder ** (1400 m)**	Dr. Sedlak (zugezogen)	HB 70 (M 200)	Beginn der Vermietung nach dem Neubau 1975 (122 Betten), Winterbetrieb mit ca. 20 Arbeitskräften seit 2000, 1983 26 Z und 14 Fewo (110 Betten), 1985 bereits Komfortzimmer und Apartements, laufend Qualitätsverbesserungen, 2002 100 Betten
Bichler Herta *früher: „Sonnhof"*	(Schmach)	G 2 (H 4)	Neubau 1947–1950, 1960 8 PZ, 1978–1985 FrstP (16 Betten) – 2001
Biobauernhof Prentnergut (650 m)	Pernkopf	Hbg 39 (H 15)	1898 neues „Prentner'sches Gasthaus" für einige Jahre, Vermietung seit 1935, 1975 Zubau einer Fewo, 1978 FrstP mit 18 Betten, 1982 teilweise Umwidmung auf Fewo, 2010 PZ + 2 Fewo (10 Betten)
Blasriegl (690)	Herzog-Kniewasser	F 2 (M 24)	Altbau 1842, 1931 Beginn der Vermietung, UaB 1978 18 Betten, 2003 10 Betten, bis 2005 nur Fließwasser, Zubau, mit 2 Fewo erweitert, 2007 Familien Bauernhof,
Brandstätter		A W 7 (H 148)	Neubau 1964, 1978–1985 3 PZ
Bruderhof (750 m)	Ramsebner	Sl 7 (Htb 38	Umbau 1966, UaB begann um 1975, deshalb Neubau, 1984 2 DZ, 2 MZ, 2010 PZ + Fewo (10 Betten)

Bruderhoferhütte (680 m)	Hackl	Sl 4 (Htb 17)	Altbau 1840, 1968/70 Neubau für sechsköpfige Familie (ab 1964), als Kinder weggingen zuerst PZ (8 Betten), erste FW ab 1982/83 neben 3 PZ, dann ebenerdig Ausbau zu Komfortzimmern in 1990er Jahren, 2000 2 Fewo, jetzt wegen Eigenbedarf reduziert (1 Fewo)
Brunner		M 3 (M 178)	Neubau in 1970er Jahren, 1978–1985 7 Betten, 2000–2004 3 PZ
Buchebnerreith (900 m)	Pernkopf > Eva Prenninger	Wb 5 (H 75)	Vermietung bereits 1956, 1984 Ferienhaus mit 4 Fewos, 2001 2 Fewo, 2010 10 Betten
Buchegger			Vermiertung PZ 1905
Buffet Schmeißl			Buffet an der Tankstelle, bis 2006 beworben
Café	Reingruber	H 58 (M 86)	Altbau 1939, 1960 Café
Cafè Annemarie*** vorher: Haus Kornelia (Hackl)	Mühlbacher (zugezogen)	H 11 (M 159)	Neubau um 1970, dann Frühstückspension, Übernahme durch Mühlbacher und nach Renovierung Eröffnung im Dezember 1988, 5 Z (10 Betten), zehn Jahre später Einbau von Pizzeria/Bar Mamamia, Apres Ski Lokal „Kuhstall“ um 2000
Dachsalm			Schutzhütte auf den Hutterer Böden seit 2005
Diesenreiter J.		P 10 (H 150)	Neubau 1964, 1978–1985 6 Betten
Dorfstub'n und Dorfalm	Koblinger	H 40	Restaurant im Tiroler Stil 1996, Gebäude stammt von einem ca. 250 Jahre alten Bauernhof aus St. Johann in Tirol, 1999 „Dorfalm“ (Apres Skilokal) angebaut aus 300 Jahre alten Bauernhaus im Tiroler Westendorf
Edelweiss alpine lodge*** *fr: Wallnerscheider*	Grabner > Bindlehner	H 8 (M 53)	Altbau 1928, 1948 „Fremdenheim“, 1960 8 PZ, 1978 Gasthaus mit 23 Betten, 2000 7 Z, 2010 20 Betten * Fewo, mutierte vom Gasthof 2009 zur „alpine lodge“, 2002 17 Betten
Eder Paula		H 74 (M 140)	Neubau 1965, 1978 PZ (8 Betten), 1982 Umwidmung zur Fewo, 2000–2004 3 PZ
Eder Ulrike		P 18 (H 41)	Neubau 1955, 1978 PZ (4 Betten)

Ehry		AP 26 (M 202)	PZ 2000–2008
Faust		H B 75	2005/2008 Fewo im Angebot
Ferienhaus am Steger *früher: Stögergut*	Maier-Reichel	An 29 (H 37)	Umbau 1952, 1983–2000 4 Fewo, 2002 2 Fewo im Angebot, „2000–2011 „Ferienhaus am Steger" mit Unterbrechungen vermietet, 2010 2 Fewo
Ferienhaus Frühwirth (1400 m)		HB 52 (M 296)	Neubau auf Hutterer Böden 1990, seit 2000 2 Fewo
Ferienhaus Pernegger *früher „Bergfried"*	Pernegger	H 6 (M 65)	Villenbau 1904, 1975–80 teilweise weggerissen und umgebaut, dann 4 Fewos und teilweise PZ, Ferienhaus seit 2006, schwankend 3–5 Fewo ab 2000 im Angebot, Privatzimmer; Fewo, 2011 5 Apartements (20 Betten)
Ferienhof Gausrab (554 m)	Hackl	T 7 (Htb 7)	Gasthaus seit 1837, Vermietung von 2 Z, 1907 Speisesaalanbau, 1948 Gasthaus und Pension, 1978–1985 12 Betten, 4 DZ, 1 MZ, Aufgabe vom Gasthaus 1998, 2000 1 Fewo, 2010 „Ferienhof"
Ferienhof Rinnergut (650 m)	Prieler	Hbg 10 (H 3)	Vermietung seit 1938, 1960 UaB mit 4 PZ, 1978 8 PZ (19 Betten), 1985–2001 FrstP, 2010 10 Betten
Ferienwohnung Mühlberger		H 80 (M 211)	Fewo bis 2004 im Angebot
Ferstl Johanna		T 16 (Htb 30)	Neubau 1954, PZ 1978 (7 Betten)
Fessl Renate		A W 4 (H 161)	Neubau 1961, PZ 1978- 1985 (5 Betten)
Flötzerstub'n		Tamberg-au	Mostschänke seit etwa 2000 am Karlbauernweg
Förster Gellner			1905 2 PZ
Forsthaus	W. Pilz	Schmiedweg 7 (M 36)	1950 Bäckerei, PZ 1978–1985 (4–6 Betten)
Gasthaus Dietlgut	Fessl	Dietlgut 2 (H 19)	1960 Gastwirtschaft und Landwirtschaft, auch bei Dietlgut 1 (H 114, Zubau 1940)
Gasthaus Jaidhaus		H 2 (M 44)	Gasthaus vor 1826, 1873 Anbautrakt, 1890 7 Z, vor 1905 Ausbau zu 16 Z und 9 Mansarden, 1961 5 Z, 1978 30 Betten, 1985 19 B

Gasthof Polsterlucke**	Baum-schlager		Neubau 1960 30 Betten (ÜF, HP), 1984 11 DZ (25 Betten), 2000 8 Z und 1 Fewo, 2002 4 Fewo, Gasthof bis 2010 im Angebot
Gasthof Sonnfeld**	Mistelb-Berger	Sl 5 (Htb 36)	1977 FrstP, 1983 und 1992 Ausbau, 1990 Gasthaus, 13 Zimmer, 2010 25 Betten
Gasthof zur Post „Wirt bei der Kirche“	Pichler > Pernkopf > Rohregger	H 24 (M 57)	Altbau 1895, errichtet als Gasthaus, seit 1939 Familienbetrieb (Pichler), 1948 „Touristenlager“, 1960 nach Zunau 7 Zimmer, Zubau 1970, 1978 39 Betten, 2000 15 Z (ÜF, HP), 2010 30 Betten, seit 2003 Einrichtung der Postbar (Apres Ski Lokal)
Geyer Gertrude		Htb 23 (H 163)	Neubau 1967, PZ 1978–1985 (4 Betten)
Geyer Hilde		Mb 3 (M 123)	Neubau 1962, PZ 1978–1985 (5 Betten)
Goier	Klinser	G 1 (H 7)	Altbau 1854, 1 PZ 1978–1985 (3 Betten)
Grillhub		A St 1 (Htb 10)	PZ 1978–1985 (8 Betten)
Haus Andrea		A P 5 (M 166)	Neubau 1969, PZ 1978 (11 Betten)
Haus Bergblick	Schönegger Christine	Hbg 38 (H 169)	Neubau 1968, 3 PZ 1978–2001 (6 Betten) im Angebot
Haus Ebner	Ebner	AW 1 (H 11)	Seit 1980er 5 PZ (10 Betten)
Haus Ecker	Ecker	B 5	2000 1 Fewo, 2010 2 Fewo
Haus Edlinger	Edlinger	A St 27 (M 204)	2000 4 Fewo, 2005 auch PZ, im letzten Jahrzehnt Reduzierung von 4 (2002) auf 3 (2006) und 2010 2 Fewo (hört demnächst auf)
Haus Glieder	Glieder	Hbw 2 (M 135	Bis 2001 2 Fewo, dann bis 2009 1 Fewo im Angebot
Haus Gollner *bis 2005 Haus Lemmerer*	Fr. Gollner zuge-wandert	H 36 (M 134)	Bäckerei 1949–1972 (siehe Tischlerhaus), Neubau 1963, 1972–84 durch Zubau 1971 auch Konditorei, 1978 7 Betten, ab 2003 nur mehr Eigenbedarf, seit 2007 Vermietung 3 PZ und Fewo 2010

Haus Grete bis 2008 Haus Wallner	Wallner	H 12 (M 43)	Neubau 1955, 1963 PZ (4 Betten),seit 2000 3 PZ (6 Betten)
Haus Hackl		H 62 (M 158)	Neubau 1968, 3 PZ 1978–1985 (5 Betten), 2000 – 2009 2 Fewo
Haus Huem *früher: Huemergut*	Hieslmayer & Urbanek	An 26 (H 35)	Seit 2003 Vermietung, Fewo (10 Betten)
Haus im Freizeitpark	Forsthuber, Erika Rokhgar	AF 2 (M 260)	2000–2004 1 Fewo im Angebot
Haus Inge**	Fenz > Baumgartner zugewandert	A St 30 M 206)	Neubau 1977 als Pension Inge (, FrstP 20 Betten), teilweise HP, 4 DZ, 2 MZ, 2002 19 Betten, 2008 Reduzierung auf „Haus Inge" (10 Betten)
Haus Kniewasser	Kniewasser	H 63 (M 128)	Neubau 1954, Beginn der Vermietung 1962, 1978 FrstP (10 Betten), 1995 Umbau und Erweiterung auf 2 Fewo
Haus Kornelia siehe: Café Annemarie	Hackl	H11 (M 159)	Neubau um 1970, dann Frühstückspension mit Komfortzimmern (4 DZ, 1MZ), 1988 von Mühlbacher erworben
Haus Mayr**	Gabriele Mayr	A 3 (M 188)	Beginn der Vermietung 1973 als FrstP (23 Betten), 1984 Pension mit 23 Betten, 2000 4 PZ/3 Apartements, Veranstaltung von Seminaren, 2002 17 Betten, 2010 6 Fewo (= 20 Betten)
Haus Niedermayr (700 m)	Niedermayr	A P 19 (M 272)	Vermietung seit 2006, oberer Stock im älteren Privathaus als Fewo
Haus Poldi *fr: Haus Auer*	Leopoldine Auer	P 17 (H 189)	Neubau 1971 (länger im Rohbau, aber ohne Komfort schon vermietet) 1978–1985 5 Betten, PZ (Winterbetrieb) 2001–2005 3PZ >2 PZ reduziert (5 Betten)
Haus Stins		An 8	Neu erbaut 2007 (PZ), Ferienhaus mit 8 Betten 2007 im Angebot
Haus Traudl	Pöllhuber	A P 13 (M 269)	Neubau 1980er Jahre, 2010 2 Fewo
Hinterstoder Lounge		Im Alpineum	2006/2007 als Info-Zentrum ausgebaut
Hofbauer (600 m)	Antensteiner	Sl 2 (Htb 11)	Beginn der Vermietung 1950, Erweiterung 1961, 1978–2005 UaB, 1984 3 Betten, 2005 5 PZ (11 Betten)

Holzer Josefine		Hbg 7 (H 190)	Neubau 1970er, 1978 6 Betten
Höss Salettl		H B 83 (M 118)	Ski Restaurant auf den Hutterer Böden um 2004, gehört zum Hösshaus
Hösshaus	Fessl > Wendl	HB B 83 (M 118)	Neubau 1960, 1960 Gasthaus mit 3 Z, 1978 Gasthaus mit 15 Z, Selbstbedienungsrestaurant (bis 2004)
Hotel Garni Landhaus Bürtlmair *** *fr. „Haus Platzer"*	Bürtlmair	Mb 10 (M 243)	Neubau um 1980 (FrstP. Platzer), 2001 Landhaus, 2006 Hotel Garni Landhaus (8 Z, 17 Betten)
Hotel Garni Lisa*** vorher Pension Christal (Kletzmair)	Mühlbacher	H 22 (M 168)	Neu- und Ausbau 1968–1974, zunächst Gasthaus, dann Pension (Christal/Kletzmair), Erwerb und neue Vermietung durch Mühlbacher ab 1998, 2 EZ, 6DZ, 1MZ, 2009/10 renoviert, 2010 20 Betten
Hotel Garni Wallner*** *fr. „Haus Wallner"*	Wallner	H 7 (M 195)	Neubau 1974, Beginn der Vermietung, FrstP mit 21 Betten, 2000 8 Z und Fewo, 2001 Hotel, 2008 Umbau, 2010 20 Betten
Hotel Hubertus***	Hackl	H 3 (M 255)	Neubau 1977–1981, ab 1982 Pension (FrstP und HP), 1984 14 DZ und 6 Apartm., Veränderung zum Hotel nach 1995, 2000 1 Fewo, 2002 30 Betten und 4 Apartements, 2010 46 Betten
Hotz Hubert		H 100 (M 153)	Neubau 1968, PZ 1978–1985 (6 Betten)
Huber Stefanie	(Schick)	T 28 (Htb 25)	Neubau 1962, PZ 1978–1985 4 Z (7 Betten)
Hutterer Bodenhütte		H B 82 (M 75)	Altbau um 1880, bereits 1948 bewirtschaftet, 1978–1985 Gasthaus, Bettenlager (20 Betten)
Johannishof (Stegbauer)	Spanyi	Polsterlucke 2 (H 33)	Altbau 1860, um 1890 verändert, erweitert und im Jugenstil ausgebaut, 19 Z, 6 Mansarden und 5 Küchen (Fewo), 1916 Offizierslazaret, nach 1920 Fremdenheim, nach 1954 Pension und UaB (1960 4 Z), noch in den 1990ern Zeltlager für bedürftige Kinder aus Ostländern
Jutel Hinterstoder		H 33 (M 137)	1964, erweitert 1975 (98 Betten), 2010 87 Betten mit ÜF/HP/VP

Karlbauernhof (610 m)	Kniewasser	Kbw 34 (H 55)	Altbau teilweise mit Altbestand (z.B. Getreidekasten), Nebengebäude beim Stall ausgebaut, 1960 UaB mit 3 PZ, 1978 10 Betten, 1984 6 DZ und 2 MZ, 1985 FrstP, 2000 UaB mit 6 Z, 2010 5 Z
Keleman Walter		M 52 (M 121)	Neubau 1957, PZ 1978–1984 (9 Betten)
Kettenhuemer		Hbg 37 (H 175)	PZ 1978 (4 Betten), bis 2004 3 PZ im Angebot
Kniewasser	Kniewasser Josefa	Kw 13 (M 100)	Neubau 1953, 3 PZ 1978–1985 (5 Betten)
Krämerhaus Jeremias Schweiger		M 59 (M 11)	Vermietung um 1905 (sicher vor dem Ersten Weltkrieg)
Landeserholungsheim		G 21 (H 106)	1927 als Villa Peham erbaut, 1940 Müttererholungsheim (Ns Volkswohlfahrt), 1945 Bundes-, 1956 Landesbesitz, 1960 16 Zimmer
Landes-Jugendhaus Edtbauernalm (1365 m)		H B 3 (M 99)	1954 errichtet, derzeit 80 Betten in Zwei- bis Vierbettzimmern mit Vollpension,
Landgasthof Schmalzerhof (600 m)	Hackl	Sch 1 (M 32)	Gasthof um 1820, 1889 5 Z, Um bau 1906, 1948 Gasthof und Pension, „Gasthof und Familienhotel" um 1950, 1978 34 Betten, Zu- und Umbauten 1979 und 2000, 1996 Landhotel, 2000 1 Fewo, 2001 Familienhotel und Landhotel, 2002 15 Z und 1 Fewo, 2010 Landgasthof (35 Betten)
Landhaus Elisabeth	Kniewasser	Zu Popp	Neubau 2001 (einige Jahre gesondert in der Werbung)
Landhaus Kniewasser		Kw 8 (H 258)	2001–2009 mehrfach Fewo im Angebot
Landhaus Wartegg	Rebhandl	Kw 27 (M 221)	2000- 2004 1 Fewo
Landhotel Gressenbauer* (670 m)**	Gabriel	M 57 (M 12)	Altbau 1836, 1902 Einbau von 10 Z und 2 Mansarden, 1971 Pension, 1972 Gasthaus, ab 1975 mehrfach Um- und Zubauten, 1978 27 Betten, 1984 5 DZ und 6 MZ, 1995 Landhotel, 1996 Einbau von 6 Apartements im Stallgebäude, 2000 2 Fewo, 2002 30 Betten, 2005 Landgasthof, 2010 37 Betten
Lichtenstein	Tilgner	A P 2 (M 48)	PZ 1978 (2 Betten)

Löger Hütt'n	Ernst Ramsebner	H B 81 (M 300)	Neubau als Ski-Wanderhütte 1989 auf den Hutterer Böden
Lotter Karoline		Kbw 9 (H 134)	PZ 2000
Luckerbauer	Sager	M 88 (M 182)	3 PZ 1985 (6 Betten)
Maier Hilde		Steyrsb 1 (M 9)	2000–2003 2 PZ im Angebot
Moosbauer *Kohlmeigner*	(Stoderegger)	Kw 21 (M 18)	Neubau 1960, 1978–1985 (10 Betten)
Moosschuster		Kw 20 (M 17)	Umbau 1949, 1978–1985 8 Betten
Mühlberger		H 80 (M 211)	1984 2 DZ (4 Betten), 1985/2000 1 Fewo
Naturhotel-Pension Bäcker-Ferdl ** *fr: Fondsleiten* (700 m)	Motschmann (zugewand.) 2001 Fessl	Kw 18 (M 15)	Ursprünglich Bäckerei mit PZ, 1939 FrstP, 1955 Wiederaufnahme, Veränderungen bis 1991, 1978–1985 38 Betten, 1984 11 Z, 2000 2 Fewo neben FrstP, 2002 26 Betten, 2009 Naturhotel-Pension, 2010 30 Betten
Naturidyllhotel Dietlgut *** *Dietlgutvilla*	Fessl > Wendl	Dg 5 (H 99)	1925/26 im Villenstil errichtet, 1948/1961 „Fremdenpension", 1978 Pension mit 35 Betten, 1991 Kinderhotel, 1996 Bio Badeteich und Familienzimmer, 2000 4 Fewo, 2001 Hotel, 2002 58 Betten, 2005 Landidyllhotel, 2006 Hotel, 2008 Forever Young Landhotel, 2009 Naturidyllhotel, 2010 40 Betten
Oberklamm	Gertraud Auer	P 27 (H 42)	1961 3 PZ, 1978 PZ (6 Betten)
Offenthaler		Hbg 31 (H 156)	Neubau 1965, PZ 1978 (4 Betten)
Öhlschläger		M 51 (M 210)	Neubau 1970er Jahre, Beginn der PZ Vermietung 1984 3 PZ mit 8 Betten
Öttl		Öttl 1 (H 36)	PZ 1978 (6 Betten)
Pension Alpenblick	Herzog	An 1 (M 115)	Neubau 1960, 1978 FrstP (11 Z), 1984 2 Fewo
Pension Alpenrose	Födermayr	Kw 4 (M 91)	Neubau 1950, 1960–1985 Gasthaus mit 8 Z (33 Betten)

Pension Christal siehe: Hotel garni Lisa	Kletzmair	H22 (M168)	Neubau um 1970, ab 1974 Gasthaus, 1980–1996 Frühstückspension (17 Betten) teilweise mit Komfortzimmern (2 EZ, 5 DZ, 2 MZ)
Pension Edtbauernalm (1423 m)	Zä Ramsebner	H B 2 (M 79)	In 60er Jahren Jausenstation, 1979 Neubau der Pension, 1984 21 Betten, 2010 25 Betten
Pension Enzian	Schachner (Laska)	P 9 (H 67)	Altbau 1864, Vermietung nach Umbau 1912 bereits 1913 (Dietl), 1948–1960 7 Z, 1978–1985 8 Z
Pension Pichler**	Grasegger > Pichler > Rohrauer	H 85 (M 31)	Altbau 1928, immer wieder PZ Vermietung, 1974–2001 11 Z (HP, VP), 1984 16 Betten, 2002–2010 26 Betten
Pension Prielkreuz	Schachinger > Muck >Huber	Flw (H 86)	1900 als Erholungsheim erbaut, 15 Z mit 31 Betten (unverändert 1948/1960), 1985 Gasthaus und Pension mit 25 Betten, 1998 FrstP, Ende 2004
Pension Steinwänd(2001)**	Stuhlpfarrer	M 67 (M 61)	Altbau 1904, 1978 FrstP (13 Betten), 2000 4 Z + 1 Fewo, 2010 10 Betten
Pension Stoder		Kw 12 (M 82)	Umbau 1946, 2010 PZ/Fewo (10 Betten) im Angebot
Pernegger Franziska *früher „Ziegler"*		M 72 (M 10)	Großeltern begannen 1928 zu vermieten (Sommerfrische, Stammgäste), 1978–2010 5 PZ (10 Betten), will aufhören
Pernegger Stefanie *bei „Ziegler"*		M72 (M 10)	1978 PZ (5 Betten)
Pfarrhof Hinterstoder *„Haus Bergfrieden"*		H 41 (M 37)	Vermietung bereits in 1860er Jahren, 1905 5 Z, 1 Kabinett bis 1938, wieder Vermietung nach Renovierung und Dachausbau 1958 – 1998, 1984 1 EZ, 2 DZ, 2 MZ mit 11 Betten
Pichler Ludwig		Schmiedweg 4 (M 186)	Neubau 1970er, 2 PZ 198 (4 Betten)
Polsterstüberl	(Renate Pernkopf)	Polsterlucke	Errichtung einer Jausenstation 2001, Nebengebäude des Polstergutes
Prielschutzhaus (1420 m)	ÖAV		1884 Karl Krahl Schutzhaus, 1905 neues Prielschutzhaus (ÖTK), 1956–1958 Dachgeschßausbau, 1970–1975 durch Anbau erweitert, 1992 Kläranlage, 2000 Sanierung, 2010 Seminarraum, ca. 50 Betten und Matratzenlager (100)
Pur (Café, Bar, Lounge)		In Hösshalle	Eröffnung Dezember 2009

Ramsebner Gottfried		A W 14 (H 124)	Neubau 1950, PZ 1978–1985 (3 Betten)
Ramsebner Josef		A W 12 (H 123)	Neubau 1950, PZ 1978–1985 (4 Betten)
Ramsebner Qitteria		H 76 (M 104)	Neubau 1952, 1 PZ, 1978 4 Betten, 1 PZ bis 2004 im Angebot
Ramsebner Traude		Kw 1 (M 89)	4 PZ 1984 (9 Betten)
Reichenbach Helga		H 46 (M 205)	PZ 1978–1985 (5 Betten)
Relax&Wanderhotel Poppengut ****	Kniewasser	M 20 (M 46)	Teilverbauung 1933, um 1960 8 PZ, 1971/1978 Gasthaus (50 Betten), 1975 auch Pension, 1984 21 Z (45 Betten), seit 1990ern Ausbau (z. B. 1992) und Qualtitäsverbesserungen, 2002 35 Betten, 2009 „Europa Wanderhotel", 2010 65 Betten (mit Landhaus Elisabeth)
Retschitzegger Cilli		Hbg 19 (H 135)	PZ 1978 (7 Betten)
„Jägerhaus"	Retschitzegger Leopoldine	Hbg 24 (H 9)	Neubau 1958, PZ 1978 (4 Betten), 1984 2 DZ, 1 MZ (7 Betten)
Riedler Margarete		H 20 (M 113)	2 PZ 1985 (4 Betten)
Sanglhuber Günther		A 1 (M 224)	1985 PZ (9 Betten), 2000 4 Fewo, 2002 2 Fewo
Sanglhuber *füher: Wagnerhäusel*	Vogl > Sanglhuber	A 4 (H 66)	1960 3 PZ, ab 2001 2 Fewo
Sattler		A P 7 (M 49)	PZ 1978 (8 Betten)
Schafferreith (1040 m)		Schafferreit 1 (H 78)	Jausenstation und Schutzhütte, mit Unterbrechungen beworben
Schmidtmayer *„Schusterfriedl"*		H 92 (M 171)	Neubau 1970er Jahre, 1978 FrstP (18 Betten), 1985 10 Betten
Schnablgut (610 m)	Baumschlager	Kbw 14 (H 54)	1979 Hausneubau, 3 PZ in UaB (Altbauern blieben Bauern), ab 2002 Mostausschank und Spezialisierung auf Reiten, 2010 3 Komfortzimmer
Schoiswohl Ernst		M 61 (M 56)	PZ 1978 (6 Betten)

Schusterfriedl		P 11 (H 92)	PZ 1978–1985 (10 Betten)
Schutzhütte zur Lederhos'n	Jansen-berger	H B 82 M 75)	Apres Ski Lokal auf den Hutterer Böden, um 2001 errichtet, gehört zur Schutzhütte Hutterer Böden, bis 2008 beworben
Schwarzbach	Lindbichler B. – Kohlmeigner	M 74 (M 8)	Eine Dachkammer ab 1905 (im Altbau vor 1961), 1984 3 PZ (8 Betten)
Schyra E		Kw 6 (M 96)	PZ 1978 (4 Betten)
Siglu			Apres Ski Lokal und Pub beim Hössparkplatz seit 2005 (Pub Schirmbar)
Sonnblick	C. Herzog	A 10 (M 223)	4 PZ 1985 (9 Betten)
Sonnfeld		(Htb 19)	1978–1985 FrstP (9, dann 13 Betten), 2000 Gasthaus
Sportbuffet Hinterstoder			In Tennishalle, seit 2001 Werbung
Stegerhütte Ski-Wanderhütte		P 19 (H 38)	Ab 2008 Vermietung als Ferienhaus
Steinergütl	Grabner	Hbg 25 (H 10)	1 PZ 1984
Steyrsberger Reit (1190 m)		Stbg 1 (M 9)	Seit 1894 Unterkunftshütte, heute Jausenstation
Stodertaler Almen (1640 m)			Skihütte zwischen Hutterer Böden und Höss, seit 2011
Stöttinger		H 32 (M 127)	Neubau 1963, PZ Beginn 1968 (4 Betten), 1984 9 Betten, 2000 2 PZ bis 2004 im Angebot
Stücklhütte	Kronberger	Hb 2 (H 60)	1978–1985 1 Fewo
Tischlerhaus Karl Dietl	Groiß > Gollner	H 25 (M 39)	1902 erbaut, um 1905 4 PZ und 2 Mansarden, 1949 Bäckerei
Trinkl (Gütler)	Lotter	Kbw 13 (H 53)	UaB 1978–1984 3 DZ (6 Betten)
Trinklerhütte		Kbw 4 (H 49)	Der Trinklersohn Johann Wallner betrieb neben dem Sägehäusel seit 1894 ein Gasthaus (sicher bis 1914)
Unterklamm		P 26 (H 43)	1960 UaB 4 PZ, 1978 (4 Betten)

Villa Bergzauber	Stepnow zugewandert	H 9 (M 66)	Villa 1904 (Jaidhauservilla), 2000 2 Fewo oder Ferienhaus
Villa Huem	(Kletzmair)	An 25 (H 104)	PZ 1978 (5 Betten)
Villa Weidmannsruh		Leitnerweg 2 (M 60)	1905 3 PZ 1 Küche
Vital Hotel Stoderhof****	Fruhmann (*Grazer Familie)	H 10 (M 150)	Neubau 1966, 1978 Hotel mit 58 Betten, 1984 2 Fewos in Ortsnähe, sonst 8 EZ, 25 DZ, 1992 Umbauten, um 2000 Einrichtung der Kernd'l Bar, seit 2008 Vital Hotel, 2010 23 Komfortzimmer, 5 Apartements (53 Betten), seit 2009 auch Restaurant
Waldhaus 2008***	Schoiswohl	Sw 3 (Htb 34)	Neubau 1968, Beginn der Vermietung 1973 (PZ 9 Bertten), bereits 1982 erste Fewo, 1984 4 Fewos, bzw. 3 DZ, 1 MZ, ab 2000 2Fewo
Waldhaus Erika *Dependance v. Prielkreuz*		A P 28 (M 54)	Diensthubervilla (1869) um 1880 als Ferienhaus adaptiert, Vermietung PZ ab 1905 (mit Unterbrechungen) noch bis 1945 „Fremdenheim"
Wallner Gerlinde *Talerweber*		Kbw 8 (H 51)	1978 PZ (6 Betten)
Wartegg	Klammer	Kw 28 (M 13)	PZ 1978–1985, UaB, 6 Betten
Windscheck		H 61 (M 70)	1905 4 Zimmer

Vorderstoder

Betriebe	Familie	Adresse	Anmerkungen
Almgasthof Baumschlagerberg (1020 m)	Berger	*V 19*	1961 8 PZ, 1965 FP mit 9 Z, 1967 Jausenstation, 1982 Gasthaus, 1985 „Almgasthof", 1995 13 Z (25 Betten)
Almhotel Lindbichler* (930 m)** *früher: Vorderramseben*	Lindbichler (zugewandert)	*Vdt 31*	1956 aus Konkursmasse an Lindbichler, Umbau 1960, 1962 Jausenstation und 7 Z, 1970 Gasthaus und Pension mit 10 Z, 1974 Zubau mit 6 Z, 1982 19 Z, 1984 13 Z und 1 Apartm., 1984 2. Apartment, 1992 Bau Nebenhaus mit 2 Fewo, 1993 Hotel, 1995 16 Z + 5 Apartements (44 Betten),1997 Ende des Gasthausbetriebes, 2001 Familien Landhotel, 2005 Erweiterung mit 3 Familienzimmern, 2009 „Deinhotel", 2010 „Almhotel"
Almhütten Baumschlagerberg	Berger	*zu V19*	Neubau 2003
Althuber Herta		*V 67*	Althaus 1930, 1965 2 PZ
Antensteiner Hermine		*V 50*	Neubau 1961–1967, 1982–1987 4 PZ, 1995 3 PZ (6 Betten)
Aussweiler Haus Ferienhaus	Brenneis (auswärtig)	*W18*	Neubau um 1980, 1 Fewo ab 2000
Baumschlager Martha		*V 52*	Neubau 1974, 1982–1992 8 PZ, 1996 3 PZ (5 Betten)
Berger-Schauer Franz		*V 39*	Neubau der Trafik 1952, 1965 1 PZ
Café Stockerberg		*V 150*	Café und Bar, 1980 – 2009, siehe Wirtshaus Bergpfeffer
Degelsegger Agnes		*Vdt 1*	Neubau 1962, 1965 4 PZ
Edtbauer (805 m)	Gottfried Ramsebner	*V 16*	1982–1987 3 PZ, variabel als Fewo
Ferienhof Grasegg (850 m)	Johann Lindbichler	*Vdt 38*	Altbau 1826, Pension 1960 mit 10 Z, Zubau Gästehaus 1969–1978, 1982 13 Z, 33 Betten, 1984 teilweise umgewidmet in 5 Apartm., 1995 9 Z (30 Betten), Vermietung aufgegeben

Ferienhof Grossgrub (900 m)	Pernkopf	*G 6*	Vermietung schon 1945, 2 Fremdenzimmer seit 1960, 1965 + 3 PZ, 1972 Neubau von 3 Komfortzimmern, dann Verbesserung des Altbestandes, 1978 Beginn der Umrüstung auf variable Fewo (17 Personen), 1982 Pension mit 11 Z, 1984 9 PZ, 1996 Ferienhof 3 PZ (5 Betten) + 5 Fewo, 2005 Familien Landhotel, 2006 Biohof
Ferienhof Hanslbauer* (650 m)	Popp	*W 12*	Vor 1945 (teilweise 1938) Wiener Gäste (Einzl), später UaB mit PZ, 1962 Pension, 1977 neuer Zubau, 1984 12 DZ und 2 MZ, 1995 12 Z (24 Betten), 2001 Ferienhof, 2006 Familien Ferienhof, 2008 Gewerbe verkleinert an Tochter (10 Betten)
Ferienhof Mittermair (860 m)	Schmeißl (zugewandert)	*Vdt 37*	Seit 1962 Fremdenzimmer, 1965 2 PZ, Pensionsneubau 1972, 1972–1992 gewerbl. Pension mit 10 Z, 1984 1 EZ, 5 DZ, 1 MZ, 2 Apartm., mit Fewo seit 1990, dann Ferienhof, Umbau auf Fewo, 1995 4 PZ (9 Betten) + 4 Fewo, 2001 Baby&Kinderhof, 2006 Biohof
Ferienhof Wolferlgut	Weixlbaumer	*G 19*	Seit 2000
Ferienhof Zansegg (800 m)	Antensteiner	*Vdt 9*	1947 Vermietungsbeginn, seit 1965 PZ 5 (10 Betten), 1975 UaB. 1984 1 EZ, 3 DZ, 1 MZ
Ferienwohnungen Frech		*V 180*	Neubau 1988, 1995–2003 2 Apartements im Angebot
Filzmoser, Bauerngut (825 m)	Mathäus Pernkopf	*V 8*	1965 5 PZ, 1982 3 PZ
Fleischhackerhaus		*V 5*	Um 1905 bot M. Zöls 1 PZ an (vor dem Ersten Weltkrieg)
Furtwagner (790 m)	Gottlieb Frech	*V 12*	1965 4 PZ, Aufstockung um 1980, 1982 8 Betten, 1996 3 PZ
Gantioler Johann		*V 77*	Neubau 1968, 1982 3 PZ
Gesundheits & Biobauernhof Rotbuchner (820 m)	Karl & Maria Klinser	*G 11*	1960 Neubau nach Brand, seit 1967 Vermietung von 3 PZ, 1970/71 Anbau (5 PZ), ab 1975 UaB, 1982 Umbau zu Komfortzimmern (in Pension 8 Z), 1984 1 Fewo, 1995 4 PZ (5 Betten) + 2 Fewo, derzeit 2 Fewo, 1 DZ, 1 MZ

Glöckl Bruno		*V 61* *V 108*	Altbau 1929, 1965 2 PZ Neubau 1976, 1982 3 PZ, 1995 2 PZ (5 Betten)
Grabenhütte	Hubert Plursch	*Vdt 13*	1965 3 PZ
Grasl	Peter Ramsebner	*W 3*	1965 3 PZ
Großgruberhütte	Maria Lindbichler	*G 7*	1965 1 PZ
Gsperrer	Karl Rodler	*Vdt 41*	1965 4 PZ
Hackl		*V 23*	Seit 1905 1 PZ (vor dem Ersten Weltkrieg)
Haus Christa	Linzer Besitzer	*V 87*	Neubau 1975, in 1980ern 1 Fewo
Haus Friederike	Auswärtiger Besitzer	*Vdt 108*	Neues Blockhaus, 1982–2003 Fewo im Angebot
Haus Kulmer	Kulmer> Gerhards	*V 75*	Neubau 1965, PZ ab 2005
Haus Prielblick	Auswärtiger Besitzer	*V 82*	Neubau 1971, 1982–1996 Fewo im Angebot
Haus Sonnenschein	Ramsebner	*Vdt 76*	Neubau, Vermietung ab 1983 4 PZ, 1995 5 PZ (10 Betten)
Haus Tamberg (930 m)	Eibl	*Vdt 93*	Neubau 1971, PZ ab 1974, 1982 Pension mit 14 Z, Umbauten 1988, 1995 12 Z (26 Betten), ab 2007 Familien und Wanderpension, Aufgabe 2009
Haus Waldesruh	Kramlehner	*Vdt 22*	Neubau 1966, 1986–1996 1 Fewo im Angebot
Häusl am Stein (810 m)	Gisela Steininger	*V 55*	1965 4 PZ
Herzog (810 m)	Arthur Hotz	*V 7*	1965 4 PZ
Hinterramseben (960 m)	Klinser	*Vdt 30*	1970 Beginn der Vermietung PZ, 1982 Frst. Pension mit 9 Z, 1994 Umwidmung auf Fewo, 1995 8 Z (15 Betten), 2004 Erweiterung
Hochleithen (810 m)	Eibl	*Vdt 51*	1965 3 PZ und Jugendlager, 1982 Pension mit 5 Z, 1984 9 Z, ab 1995 2 Z (5 Betten) + 2 Fewo

Hornaus	Auswärtiger Besitzer		2003 Fewo im Angebot
Hutstückl	Karl Mitterhauser	*V 56*	1965 4 PZ,
Immerl	Leopold Kniewasser	*Vdt 23*	Umbau 1953, 1965 2 PZ,
Kernhof**	Lotter	*W 2*	1970 Beginn der Vermietung, 1977–1982 Pensionsbau mit 12 Z, 1995 10 Z (20 Betten), 1997 Bienenschauhaus, 2001 Bienenhof Kerngut, später Kernhof
Klinser Pferdehof „Krapfweyer" (700 m)	Klinser	*700*	1946 erstmals Gäste, 1960er Z mit Fließwasser, 1964 4 PZ und Jahresmiete, 1982 5 PZ und Gästeküche, Dachbodenausbau, ab 1991 Pferdehaltung, 1995 3 Z (6 Betten) + 2 Fewo, Komfortzimmer nach 2000,2001–2009 Pferdehof Krapfweihergut, ab 2010 „Klinser"
Kreilgut	Redtenbacher	*W 4*	1945 UaB-Vermietung, 2 PZ 1965, 1975 neues Haus gleich mit FZ, 1984 5 DZ, 1995 10 Betten + 1 Fewo, um 2001 Umbau zu 2 Ferienwohnungen
Kriechhammer Franz „Alpenblick"		*Vdt 50*	Neubau 1966, 1982 5 PZ,
Landhaus Gaisriegl	Roithner> Feher aus Linz	*G 8*	Altbau, zunächst Großgruber Haarstube (Grundmauern), um 1950 erster Aufbau, Ankauf 2005, renoviert und für die Vermietung ausgebaut, seit 2007 Tourismusbetrieb mit PZ (4 Edelweis)
Landhotel Stockerwirt * (800 m)**	Ramsebner	*V 2*	Seit 1664 Gasthaus, um 1905 5 Zimmer, 1961 12 Z, 1965 Hotelbetrieb mit 13 Z, Erweiterung 1969/70, 1977 Hallenbad, Erweiterung 1982 22 Z, 1995 Landhotel mit 20 Z (40 Betten), Erweiterung und Umbau 2000, 2001 Neugestaltung des Restaurants, 2002 35 Betten
Lugis (710 m)	Friedrich Jansenberger	*Vdt 1*	Umbau 1953, 1965 3 PZ, 1982–1988 Pension mit 6 Z, dann wieder PZ bis ca. 1993, um 2000 UaB (Ferienhof)
Michl im Hof (820 m)	Albert Hackl	*G 12*	Ausbau 1960, 1965 5 PZ,
Mösenbichler (1000 m)	Mösenbichler	*V 157*	Neubau 1980, ab ca. 1985 2 PZ, 1995 3 Betten, 2003 Fewo, dann wieder PZ (6 Betten)

Oberbucheben (765 m)		*Vdt 14*	Um 1905 1 PZ (vor dem Ersten Weltkrieg)
Paderau	Karl Rohregger	*V 34*	1965 2 PZ
Pension Lögergut (750 m)**	Ramsebner	*Vdt 20*	1960 Pension und Jausenstation, 1984 9 Z (davon 4 MZ), 1995 Gasthaus mit 8 Z (23 Betten) + 1 Fewo, 2001 auch Almhüttenvermietung auf 1400 m, 2002 3 Fewo, PZ 25 Betten
Pension zum Loigistal – Hof Schoiswohl (680 m)	Knittl-Frank	*G 16*	Gasthaus seit ~1850 (mit Unterbrechungen), um 1905 „Zimmer bei Bedarf", 1974 Neubau der Pension mit 10 Z (26 Betten), 1984 9 Z, 1 Apartm., bis 2003 im Angebot, 2006 Ende der Vermietung
Pfarrhof Vorderstoder		*V 1*	Um 1905 4 PZ, 1965 3 PZ
Pferdehof Saukogel* (920 m)	Baumschlager	*Vdt 44*	Beginn der Vermietung in 1950er, UaB und Pension 1960, 1982 Pension mit 7 Z (16 Betten), 2009 Pferdehof
Pörleiten	Hermann Trinkl	*W 9*	Umbau 1966, 1982 2 PZ,
Ramsebner Herbert		*V 14*	Neubau um 1962, 1982 3 PZ,
Ramsebner-Fastner *„Kleinbauernhof" (910 m)*		*Vdt 46*	Vermietung im Altbau seit 1951,Neubau um 1962, neue Vermietung ab 1985, 1989 daraus zwei Fewo, seit 1995 2 PZ + 1 Fewo
Rauschenberger Hedwig		*V 101*	Neubau 1973, 1982 4 PZ,
Retschitzegger Maria, heute Fessl Herbert		*V 60*	Neubau 1955, 1965–1996 2 PZ, 1995 1 Fewo
Riesergut (915 m)		*Vdt 43*	Jugendheim in 1930er
s'Dorfstüberl		*(V 73)*	Restaurant bei der Volksschule 1999 und Mehrzweckhalle (1996, Gemeinde)
Schaffer (820 m)	Johann Koppelhuber	*V 13*	1965 3 PZ
Schaffermühle	Josef Eckhart	*V48*	PZ 1965
Schmied (790 m)	Ludmilla Schleifer	*V 15*	1982–1992 3 PZ,

Schneiderpeter	Karl Buchegger	*V35*	1965 2 PZ
Steiner Wirtshaus (810 m)	Retschitzegger	*V 16*	Gasthaus seit den 1850er Jahren, um 1905 6 Zimmer, 1960 16 Z, 1965 14 Z, seit 1985 große Fewo
Steinergut (810 m)	Retschitzegger		Ferienhaus Neubau 1974 als Hotel mit 15 PZ, 1984 1 Fewo, 1995 3 Fewo, heute Apartments, Renovierung 2011
Steinergütl Ferienhaus	Retschitzegger	*G 10*	Privatzimmer/Fewo 2000
Stockerhütte	Ramsebner	*V 3*	1961 1 Wohnung, Ferienhaus mit 5 Schlafzimmern
Tuffschuster	Lambert Rammer	*V 29*	1965 – 1982 3 PZ
Unterbucheben (765 m)	Franz Platzer	*Vdt 10*	Umbau 1956, 1965 6 PZ, 1982 Pension mit 7 Zimmern, 1984 mit 5 Z, 1995 10 Betten, Vermietung aufgegeben
Wirtshaus BergpfeffeR	Andreas Eder (NÖ)	*V 150*	Übernahme von Café Stockerberg, rustikal/modern adaptiert, 2009 eröffnet
Zellerhütte (1575 m)	ÖAV	*G 23*	Schutzhütte 1911 errichtet, Zimmer und Lager

Tourismusstatistik Stoder

Bis 1975/76 betreffen hochgestellte Zahlen bei den Betrieben die Privatvermieter, da in der Regel nur gewerbliche Betriebe angegeben werden. Da die Kalenderjahrrechnung erst ab 1960 ausgewiesen wird, ist hier aus Gründen der Vergleichbarkeit die Statistik nach Winter- und Sommersaison getrennt. Die Differenz der Bettenanzahl zwischen Winter und Sommer wurde vernachlässigt. 2011 werben 49 (H) bzw. 25 (V) Betriebe im Katalog Pyhrn-Priel. H = Hinterstoder, V = Vorderstoder.

Jahr	Betriebe	Betten	Ankünfte Wi	Übernachtung Wi	Ankünfte So	Übernachtung So
1952/53	H 15	429	1250	4416	4475	22910
	V 4	180	205	2852	3318	18844
1953/54	H 14	468	934	4898	2639	18651
	V 4	260	172	746	715	9100
1954/55	H 14	475	1331	4227	3637	21177
	V 3	140	116	478	695	9777
1955/56	H 14	470	1416	5609	4562	28186
	V 3	160	94	517	686	9186
1956/57	H 14	472	2870	10184	5565	33826
	V 3	140	156	796	760	10816
1957/58	H 14	523	2357	10458	5549	33628
	V 3	140	159	760	832	11126
1958/59	H 17	642	2 462	10842	5403	39449
	V 2	194	128	670	940	10750
1959/60	H 19	728	3519	14874	6959	41470
	V 4	239	206	1140	826	11909
1960/61	H 21	867	6071	15294	8564	50794
	V 4	239	337	1490	1097	12067
1961/62	H 25	960	5085	19318	8127	52899
	V 8	255	390	1689	1139	12839
1962/63	H 25	960	6051	21674	7867	49184
	V 7	282	352	1637	1182	13436
1963/64	H 26	1066	5420	19018	8568	47300
	V 9	377	466	2454	1228	14638
1964/65	H 26	1096	6102	28059	6409	42471
	V 7	321	549	3182	1224	15294
1965/66	H 27	1153	7510	30754	6869	46076

	V 9	399	630	3168	1280	15819
1966/67	H 28^{91}	1219	6752	31179	8096	46699
	V 10^{29}	486	958	4605	1463	15455
1967/68	H	1327	7298	27993	8288	43139
	V	496	1019	5121	1810	19195
1968/69	H	1333	7086	31417	9374	44281
	V	515	1166	6450	1755	19783
1969/70	H	1333	6704	30201	7354	44894
	V	507	1674	9156	2012	21631
1970/71	H	1361	8298	35569	9903	63477
	V	482	1558	9444	2260	24756
1971/72	H 29^{96}	1084	7318	37115	9638	74104
	V 12^{21}	484	1672	9527	2336	29268
1972/73	H 30^{37}	1102	7606	39017	10412	82749
	V 12^{21}	491	1939	10199	2627	31504
1973/74	H 27^{72}	1507	9385	54255	11045	79909
	V 13^{22}	546	2810	14572	2206	28349
1974/75	H 27^{76}	1690	11915	62372	10536	83480
	V 12^{21}	556	2853	16961	2685	31121
1975/76	H 34^{75}	1844	10918	58878	11646	81552
	V 11^{23}	552	2362	15623	2573	31829
1976/77	H 111	1978	13523	70733	12153	86115
	V 35	591	2620	15224	2690	30008
1977/78	H 105	2153	14623	79490	11011	88412
	V 38	628	2988	17427	3225	33900
1978/79	H 94	1987	14793	84184	13205	98189
	V 38	665	2953	18374	4437	35387
1979/80	H 99	2015	16293	87974	12755	98094
	V 37	573	3502	17882	3430	30473
1980/81	H 116	2126	18644	92699	13925	96175
	V 42	677	2120	13787	3185	32898
1981/82	H 106	1916	18839	101533	14524	98915
	V 43	709	3271	18336	3423	34135
1982/83	H 127	2035	16652	94454	13977	90376
	V 37	648	3655	20081	3341	32033

1983/84	H 128	2001	21447	103635	12751	84883
	V 38	633	3489	19269	3357	31847
1984/85	H 126	2001	17845	94880	10679	82071
	V 35	598	3365	17437	3336	27406
1985/86	H 134	2039	19826	108984	10728	75335
	V 33	568	4600	22162	3207	25108
1986/87	H 124	1791	21890	113862	12103	80512
	V 32	525	4669	24978	3103	26166
1987/88	H 119	1984	20214	109497	13601	77037
	V 31	532	4217	21348	3292	25659
1988/89	H 123	2107	22128	117994	16223	80476
	V 32	544	5783	26147	3376	24957
1989/90	H 117	1786	17224	93086	16092	86572
	V 33	544	3578	18872	3330	24814
1990/91	H 121	1886	17820	91831	16873	86150
	V 34	589	4244	22508	3659	30712
1991/92	H 108	1667	20261	94640	17264	91495
	V 33	562	4879	24177	4121	32051
1992/93	H 102	1749	21612	105256	15776	91464
	V 34	569	4793	24118	3786	31364
1993/94	H 90	1755	19462	108534	17401	88595
	V 33	568	4723	24463	4033	33019
1994/95	H 95	1696	19073	94274	16976	76842
	V 33	562	4387	24395	4026	32268
1995/96	H 95	1682	22091	92235	14462	67644
	V 32	554	4425	22734	3959	30018
1996/97	H 108	1790	19238	77756	16239	66356
	V 31	537	3782	20731	3814	28800
1997/98	H 100	1686	21648	80275	16743	69378
	V 30	546	3722	20669	3774	28878
1998/99	H 96	1516	23342	85208	18066	69094
	V 29	497	4275	23004	3746	28213
1999/00	H 97	1428	20980	84241	17346	66045
	V 27	494	4458	22602	3562	26022
2000/01	H 94	1489	22051	82282	16965	57561

	V 27	468	4272	22532	3528	25067
2001/02	H 98	1400	24130	86775	17883	56324
	V 26	439	4464	23562	3468	24310
2002/03	H 89	1322	24091	85244	19322	57803
	V 28	422	4039	21135	3703	23544
2003/04	H 77	1077	18700	79365	10914	49109
	V 34	393	5264	24885	3562	21672
2004/05	H 91	1297	20087	80486	11175	51652
	V 41	526	3766	18763	3722	22327
2005/06	H 99	1423	21780	86161	12048	51725
	V 43	540	3780	18849	3633	21456
2006/07	H 100	1312	17727	70662	10117	42945
	V 45	452	3257	16454	4653	24494
2007/08	H 98	1324	20478	80878	13648	55007
	V 49	493	3687	18816	5854	26742
2008/09	H 95	1399	21734	82196	14907	52070
	V 39	523	3883	17564	5481	25963
2009/10	H 91	1470	20701	78293	15315	49652
	V 44	465	3760	17506	5242	23451

Quellen und Literaturverzeichnis

Quellen

Ansichtskartenarchiv Roland Girtler.

Grundbuch Hinterstoder, Bezirksgericht Windischgarsten (1879ff).

Grundbuch Vorderstoder, Bezirksgericht Windischgarsten (1879ff).

OöLa Fassionsbuch der Steuergemeinde Hinterstoder 1787/88.

OöLa Fassionsbuch der Steuergemeinde Vorderstoder 1787/88.

OöLa Franziszeischer Kataster 352 (Hinterstoder) und 1106 (Vorderstoder).

OöLa Stiftsarchiv Spital am Pyhrn Bd 51 (Errichtung der Pfarre Hinterstoder 1785).

Bd 127 (Bauernrebellion).

Bd 358 Wald.

Bd 756 Prozess.

Hs 51 Urbar Klaus 1499.

Hs 89 Inventarprotokolle.

Pfarrchronik Hinterstoder.

Pfarrchronik Vorderstoder.

Ramsebner Arthur, Erzählungen (Diktaphonmitschnitt um 1990, im Archiv Gottfried Ramsebner).

Schröckenfux Franz, Sensenwerkschronik (Privatarchiv Schröckenfux Roßleithen).*

Auzinger Felix, Gemeindechronik von Vorderstoder bis 1979 (Maschinschrift 1980, Vorderstoder).

Auzinger Felix, Heimatkunde von Vorderstoder (Maschinschrift 1980, Vorderstoder).

Enichlmayr Josefa, Chronik von Hinterstoder (Maschinschrift 1975, OöLa).

Krawarik Franz, Einnerungen (Maschinschrift, gebunden, 1969).

Schachinger Erika, Die Geschichte der Familie Schachinger (gebundener Satz, Berlin 1986).

Siegwart Graf von Eulenburg, Chronik vom Prielerhaus (2009).

Zeman Rudolf, Die Jagd, die Leiden schafft (Maschinschrift unveröff. 1990).**

Neumüller W.- Holter K., Kremsmünsterer Briefe aus der Zeit des Interregnums. FS HHStA I (Wien 1950).

Oberösterreichische Weistümer II (Graz 1956).

Schiffmann Konrad, Die mittelalterlichen Stiftsurbare von Oberösterreich II (Linz 1913).

Schroll Beda, Urkunden-Regesten zur Geschichte des Hospitals am Pyhrn in Oberösterreich 1190–1417. AÖG 72 (Wien 1888).

Urkundenbücher des Landes ob der Enns (Wien 1856–1956).

Literatur

Angerhofer Joseph, Das Stodertal. Hinterstoder und das Tote Gebirge (3.A. Linz 1906).

Angerhofer Joseph, Hinterstoder und seine Zukunft. Heimatland 16 (1924).

Angerhofer Robert, Hinterstoder und seine Berge (Linz 1949).

Arnberger Erik und Trimmel Hubert, Die wissenschaftliche Erforschung der Kreidelucke bei Hinterstoder im Toten Gebirge, I. Teil. JbOöMv 95 (1950).

Bachl Irmgard, Klaus-Steyrling-Kniewas. Meine Heimat, unsere Heimat (Steyrling 1996).

Bauer Kurt, Sozialgeschichtliche Aspekte des Juliputsches 1934 (Diss. Wien 2001).

Benesch Fritz, Aus dem Toten Gebirge. ZÖAv 43 (1912).

Binder Heike/Lutz Gerald, Indikatoren für die nachhaltige Entwicklung von Gemeinden am Beispiel der Gemeinden Hallstatt und Hinterstoder (Mag.A. Linz 2000).

Blöchl Arnold, Melodiarium zu Wilhelm Pailers Weihnachts- und Krippenliedersammlung (Wien-Köln-Weimar 2000).

Brandes Jürgen und Sibylle, Edward Theodore Compton, 1849 Stoke Newington/London – 1921 Feldafing. Maler und Bergsteiger. Mit e. Vorw. v. Reinhold Messner u. e. Beitr. v. Heinrich Schachinger (2007).

Brent Ernst (Hg.), E. T. Compton. Maler und Bergsteiger zwischen Fels und Firn (Innsbruck 1982).

Brieger Theodor, Pyhrnbahngebiet, Stoder und Steyrtal im Sommer und Winter (Wels 1949).

Die Chronik der Marktgemeinde Windischgarsten, Teil 1. Von den Anfängen bis zum 1. Weltkrieg, red. Rudolf Stanzel (2002).

Diesenreiter Angelika, Hg., Alpineum Hinterstoder (Hinterstoder 1998).

Diesenreiter Angelika und Roland Wallner, Europäischer Dorferneuerungspreis 2000: Ohne Zukunft keine Vergangenheit (Hinterstoder 2000).

Dirngraber Gertrud, Die Herrschaft Klaus 1512–1761 (Diss. Graz 1958).

Ehry Bernd, Hg., Wintersport im Pyhrn-Priel-Gebiet: vom ältesten Ski zur Olympia-Medaille (Kirchdorf an der Krems 1998).

Fessl Gerhart, Auswirkungen eines Seilbahnbaues auf den Fremdenverkehr eines Gebietes (Dipl. A. WU Wien 1978).

Franek Gertrude, Siedlungs- und wirtschaftsgeographische Darstellung des Gebietes zwischen Alm und Enns (Diss. Wien 1931).

Führer und Karte von Windischgarsten und Umgebung (Windischgarsten 1914).

Gantioler Walter, Marketing im Fremdenverkehr. Fallstudie Vorderstoder (Dipl. Arb. Linz 1979).

Gattermayer Fritz, Landwirtschaft und Tourismus, in: I. Dornhofer-C. Walla-H.K. Wytrzens (Hg.), Alternative Strategien für die Landwirtschaft (Wien 2006).

Geuter Karl P., Das Kremsthal, Klaus-Steyrling und Hinterstoder. Städtebilder und Landschaften aus aller Welt (Linz 1894).

Geuter Karl P., Windischgarsten, Spital am Pyhrn und das Stodergebiet. Städtebilder und Landschaften aus aller Welt 137a (Linz 1895).

Girkinger Willibald und Wolfgang Heitzmann (Hg.), Die Steyr. Landschaft und Menschen am Fluss (Linz 1990).

Girkinger Willibald und Franz Limberger (Hg.), Sagenhaftes Land Pyhrn-Eisenwurzen (Linz 2000).

Girtler Roland, Aschenlauge. Bergbauernleben im Wandel (Linz 1987).

Girtler Roland, „Holt's den Viechdoktor!". Die abenteuerliche Welt der alten Landtierärzte (Wien-Köln-Weimar 2009).

Girtler Roland, Sommergetreide. Vom Untergang der bäuerlichen Kultur (Wien 1996).

Girtler Roland, Wilderer. Soziale Rebellen im Konflikt mit den Jagdherren (Linz 1988).

Greiner Peter, Das Becken von Windischgarsten. Entwicklungschancen in räumlicher Sicht (Diss. Wien 1966).

Grüll Georg, Bauer, Herr und Landesfürst (Linz 1963).

Hauenschild Gottfried, Die Kreidelucke im kleinen Priel. JbÖAv Bd. 1 (1865).

Hauenschild Gottfried, Erinnerungen an das Warscheneck und seine Umgebung. JbÖAv 2 (1866).

Hauenschild Gottfried, Vom Priel auf die Spitzmauer. JböA-V (1868).

Hauenschild Gottfried, Weitere Beiträge zur Kenntnis der Kreidelucke im kleinen Priel. JböA-V, II. Bd. (1866).

Hinterberger Johann, Beiträge zur Charakteristik der oberösterreichischen Hoch-Gebirge. JbOöMv 18 (Linz 1858).

Husen Dirk van, Die quartäre Entwicklung des Steyrtales und seiner Nebentäler. JbOöMv 120 (1975).

Jenny Rudolph E. von, Handbuch für Reisende in dem österreichischen Kaiserstaate 1. Abt. (Wien 1822).

John H., Klimatologische Untersuchung im Raum Windischgarsten (Gg. HA, Innsbruck 1976) 84.

Keplinger Alexandra Maria, Kultur- und Naturtourismus in der Region Pyhrn-Priel (Dipl.A. Wien 1995).

Kranawetter Gerald, Persistenz und Strukturveränderung in einem alten Industriegebiet, Fallstudie Eisenwurzen (Dipl.A. Wien 1989).

Krawarik Hans, Althochdeutsche Leitformen am Prüfstand siedlungsgenetischer Forschung. Österreichische Namenforschung 27 (1999).

Krawarik Hans, Das Becken von Windischgarsten; länderkundliche Studie (HA Wien 1969).

Krawarik Hans, Das Windischgarstner Becken im Mittelalter. MOöLa 9 (1968).

Krawarik Hans, Der Stoder. Gedanken zum Namensinhalt und zur begrifflichen Anwendung aus historisch-geographischer Sicht. Blätter für oberdeutsche Namenforschung 11 (1970).

Krawarik Hans (Hg.), Dorf im Gebirge. Spital am Pyhrn 1190–1990 (Linz 1990).

Krawarik Hans, Frühe Almwirtschaft im Toten Gebirge. OöHbl 51 (1997).

Krawarik Hans, Häuserbuch Kirchdorf an der Krems. Beiträge zur Landeskunde I/17 (Linz 2008).

Krawarik Hans (gem. mit Christine Krawarik), Kirchen und Kapellen im südlichen Oberösterreich (Wien 1970).

Krawarik Hans, Poesie in Medien. Gesinnung und Orientierung am Beispiel provinzieller Presse-Lyrik (LIT-Mediengeschichte Bd. 1, Wien-Berlin 2008).

Krawarik Hans, St. Leopold im Stoder. OöHbl 29 (1975).

Krawarik Hans, Studien zur Orts- und Bevölkerungsgeschichte von Windischgarsten und dem Stodergebiet (Diss. Wien 1967).

Krawarik Hans, Villa Swente – die Anfänge von St. Pankraz. Oö Hbl 45 (1991).

Krawarik Hans (Hg.), Vorderstoder (Linz 1992).

Krawarik Hans, Zur Siedlungsgeschichte des Pyhrnpassraumes. JbOöMv 116 (1971).

Kriegel Carmen, Orts- und Siedlungsnamen der Gerichtsbezirke Windischgarsten, Weyer, Grünburg und Kirchdorf (Diss. Wien 1967).

Kronsteiner Otto, Die slawischen Ortsnamen in Oberösterreich. Österrreichische Namenforschung (1978).

Lechner A, Geomorphologie des östlichen Toten Gebirges (Prielgruppe). GgJbÖ 32 (Wien 1967–69).

Matejowsky Boris, Der Klimawandel – Auswirkungen und Zukunftsperspektiven für den Wintersport (Dipl. Arb. Rer. nat, Uni Wien 2008).

Mayböck Leopold Josef, Die Adelsfamilie Hoyos im Laufe der Geschichte, in: Windegger Geschehen. Mitteilungsblatt des Arbeitskreises Windegg im Schwertberger Kulturring 33 (Mai 2011).

Mayrhofer Erich, Der Fremdenverkehr im oberösterreichischen Pyhrn-Priel-Gebiet – Eignung der Landschaft für den Sommertourismus (Diss. Wien 1980).

Miglbauer Franz, Der sozialgeographische Strukturwandel der Gemeinde Hinterstoder (Diss. Salzburg 1987).

Mörth Ingo – Baum Doris – Hirtenlehner Helmut – Steckenbauer Christian, Familiengäste im Stodertal. Grundlagen- und Marktforschung 1997. Forschungsbericht, Linz 1998.

Mörth Ingo u. a., Reisen in die Konsumgesellschaft. Lokale Auswirkungen eines globalen Trends am Beispiel ausgewählter Wintertourismusgemeinden in Mittel- und Ostösterreich. Bd. I: Allgemeine Analysen; Bd. II: Gemeindeberichte. Forschungsbericht (Linz 1997–1999).

Neulinger Erika, Altes und neues Brauchtum im Stodertal (1998).

Nowak Johann Gottfried, Bevölkerung und Wirtschaft des Traunviertels. Wiener Geographische Studien 6 (1937).

Pichler Caroline, Reise von Kremsmünster nach Spital am Pyhrn 1821, in: Album aus Österreich ob der Enns (Linz 1843).

Pillwein Benedikt, Geschichte, Geographie und Statistik des Erzherzogthums Oesterreich ob der Enns und des Herzogthums Salzburg, 2. T.: Der Traunkreis (Linz 1828).

Prell Gerhart, Totes Gebirge. Die Alpen zwischen Traun und Steyr (Steyr 1989).

Prell Gerhart, Die bergsteigerische Erschließung des Toten Gebirges. Oberösterreich, Kulturzeitschrift 28 (1978).

Pretzsch Paul, Cosima Wagner und H. S. Chamberlain im Briefwechsel 1888–1908 (Leipzig 1934).

Pullirsch Ludwig, Hineingeboren, Band II. Nach den Tagebüchern meines Vaters 1919–1930 (Erlangen 2010).

Reitinger B., Beiträge zur Raumordnung in Hinterstoder aus landschaftsökologischer Sicht (Dipl.A. Wien 1981).

Ruthner Anton von, Der Stoder und der Grosse Priel. JböA-V, I. Bd. (1865).

Schachinger Heinrich, E. T. Compton und Hinterstoder, in: Jürgen und Sibylle Brandes, Edward Theodore Compton. Maler und Bergsteiger (München 2007).

Schachner Heinz, Das Stodertal – aus vergangenen Tagen (Hinterstoder 1988).

Schindler Alexander Julius (Julius von der Traun), Oberösterreich. Ein Skizzenbuch (Leipzig 1848).

Schober Hertha, Gipfelkreuze in Oberösterreich. OöHbl 29 (1975).

Schopf Oswald (Hg.), Edward Theodore Compton (1849–1921).Bergsteiger und Bergmaler (Linz 2006).

Schwarz-Messany Liselott, Tiden des Lebens (2004).

Schwarz-Messany Liselott, Was ich noch sagen möchte (2009).

Stadik St, Almwirtschaftliche Studien im Bereich des obersten Steyrtales (HA Salzburg 1981).

Steindl Franz, Das Stoderthal im Wintermondenpracht. Der Tourist III. Jg. (1871).

Strohmann Jörg, Professor Hans Hauenschild – Forscher und Erfinder, ein Sohn Windischgarstens. OöHbl 54 (2000).

Strohmann Jörg, Wie der Schisport ins Garstnertal kam. WIKU (Windischgarstner Kurier) Nr. 378, 11.

Strukturprogramm Pyhrn-Priel, hg. v. Kammer der gewerblichen Wirtschaft für Oberösterreich (Linz 1982).

Sulzbacher Markus, Prielkreuz und Prielhütte. Der Tourist IV. Jg. (1872).

Tilp Hilde, Beitrag zur Entwicklung der Kulturlandschaft in Oberösterreich, das obere Steyr- und Kremsgebiet (Diss. Graz 1933).

Trautwein Ferdinand, Alpingeschichte kurz und bündig. Grünau im Almtal (Innsbruck 2010).

Wallner Sepp, Das Stodertal und seine Berge. JböAv 81 (1956).

Wallner Sepp, E. T. Compton in Hinterstoder. Linzer Volksblatt 92 (1960) Nr. 42, Beilage Heimatland.

Weichart Peter, Bevölkerungsentwicklung und Siedlungsstruktur – Eine Typisierung der Bevölkerungsentwicklung von 1869–1971 im politischen Bezirk Kirchdorf an der Krems. OöHbl 33 (Linz 1979).

Weidmann F. C., Der Tourist auf der Westbahn von Wien bis Linz, nebst Ausflügen in den Wienerwald, das Oetschergebiet, das Ennsthal und an den grossen Priel (Wien 1859).

Weinbauer Kurt, Heimatkunde des politischen Bezirkes Kirchdorf an der Krems 3 Bde. (Linz 1937–1939).

Weinmeister B. Die besondere Schutzwürdigkeit des Stodertales ist auch aus seiner Flora abzulesen. Natur und Land 51 (Linz 1965).

Wolfsberger J., Das Tote Gebirge. Ein Beitrag zur Almgeographie der oberösterreichischen Kalkalpen (Diss. Innsbruck 1930).

Zauner Martin – Götting Wilhelm, Schmiedleithen – Geschichte und Beschreibung eines Haufenhofes im Stodertal. OöHbl 33 (1979).

Zeitungen und Gästezeitungen

Der Stodertaler (Gästezeitung).

Egoland news.

Gästezeitung Pyhrn-Priel 28 (2000/2001).

Kremsthal-Bote (Kirchdorf 1879ff).

Pyhrn- Priel Magazin.

Stodertal-Gästezeitung.

Urlaubsregion Pyhrn-Priel. Anzeigenreportage der Kremstaler Rundschau Nr. 50, Winter 2008/09 (Linz 2008).

Vorderstoder. Urlaubszeitung Sommer 1991.

WIKU = Windischgarstner Kurier (Windischgarsten 1970 ff.).

Statistik

Der Fremdenverkehr in Österreich im Jahre 1970. BzöSt 259 (Wien 1971).

Der Fremdenverkehr in Österreich im Jahre 1971. BzöSt 297 (Wien 1972).

Der Fremdenverkehr in Österreich im Jahre 1972. BzöSt 329 (Wien 1973).

Der Fremdenverkehr in Österreich im Jahre 1973. BzöSt 353 (Wien 1974).

Der Fremdenverkehr in Österreich im Jahre 1974. BzöSt 384 (Wien 1975).

Der Fremdenverkehr in Österreich im Jahre 1975. BzöSt 418 (Wien 1976).

Der Fremdenverkehr in Österreich im Jahre 1976. BzöSt 454 (Wien 1977).

Der Fremdenverkehr in Österreich im Jahre 1977. BzöSt 493 (Wien 1978).

Der Fremdenverkehr in Österreich im Jahre 1978. BzöSt 536 (Wien 1979).

Der Fremdenverkehr in Österreich im Jahre 1979. BzöSt 577 (Wien 1980).

Der Fremdenverkehr in Österreich im Jahre 1980. BzöSt 608 (Wien 1981).

Der Fremdenverkehr in Österreich im Jahre 1981. BzöSt 651 (Wien 1982).

Der Fremdenverkehr in Österreich im Jahre 1982. BzöSt 685 (Wien 1983).

Der Fremdenverkehr in Österreich im Jahre 1983. BzöSt 729 (Wien 1984).

Der Fremdenverkehr in Österreich im Jahre 1984. BzöSt 771 (Wien 1985).

Der Fremdenverkehr in Österreich im Jahre 1985. BzöSt 808 (Wien 1986).

Der Fremdenverkehr in Österreich im Jahre 1986. BzöSt 860 (Wien 1987).

Der Fremdenverkehr in Österreich im Jahre 1987. BzöSt 887 (Wien 1988).

Der Fremdenverkehr in Österreich im Jahre 1988. BzöSt 930 (Wien 1989).

Der Fremdenverkehr in Österreich im Jahre 1989. BzöSt 970 (Wien 1990).

Der Fremdenverkehr in Österreich im Jahre 1990. BzöSt 1011 (Wien 1991).

Der Fremdenverkehr in Österreich im Jahre 1991. BzöSt 1053 (Wien 1992).

Der Fremdenverkehr in Österreich im Jahre 1992. BzöSt 1091 (Wien 1993).

Der Fremdenverkehr in Österreich im Jahre 1993. BzöSt 1132 (Wien 1994).

Der Fremdenverkehr in Österreich im Jahre 1994. BzöSt 1166 (Wien 1995).

Der Fremdenverkehr in Österreich im Jahre 1995. BzöSt 1200 (Wien 1996).

Der Fremdenverkehr in Österreich im Jahre 1996. BzöSt 1236 (Wien 1997).

Der Fremdenverkehr in Österreich im Jahre 1997. BzöSt 1274 (Wien 1998).

Der Fremdenverkehr in Österreich im Jahre 1998. BzöSt 1301 (Wien 1999).

Der Fremdenverkehr in Österreich im Jahre 1999. BzöSt 1334 (Wien 2000).

Die Ergebnisse der österreichischen Volkszählung vom 22. März 1934, Oberösterreich (Wien 1935).

Die Ergebnisse der Volkszählung vom 21. März 1961 (Wien 1963).

Ergebnisse der Volkszählung vom 1. Juni 1951 nach Gemeinden (Wien 1952).

Ergebnisse der Häuser- und Wohnungszählung vom 12. Mai 1971, Oberösterreich. BzöSt 315/6 (Wien 1973).

Ergebnisse der Häuser- und Wohnungszählung vom 12. Mai 1981, Oberösterreich. BzöSt 640/4 (Wien 1984).

Ergebnisse der Häuser- und Wohnungszählung vom 1. Juni 1951 nach Gemeinden (Wien 1953).

Ergebnisse der Häuser- und Wohnungszählung vom 21. März 1961, Sammelband 1 (Wien 1963).

Ergebnisse der land- und forstwirtschaftliche Betriebszählung, 1. Juni 1960 (Wien 1962).

Ergebnisse der land- und forstwirtschaftlichen Betriebszählung 1951 nach Gemeinden, Oberösterreich. BzöSt 8 (Wien 1953).

Ergebnisse der land- und forstwirtschaftlichen Betriebszählung 1970. BzöSt 313/3 (Wien 1973).

Erhebungsbogen der Häuser- und Wohnungszählung 1961, Gemeinde Hinterstoder.

Erhebungsbogen der Häuser- und Wohnungszählung 1961, Gemeinde Vorderstoder.

Fremdenverkehr in Österreich 1952/53 (Wien 1954).

Fremdenverkehr in Österreich 1953/54 (Wien 1955).

Fremdenverkehr in Österreich 1954/55 (Wien 1956).

Fremdenverkehr in Österreich 1955/56 (Wien 1957).

Fremdenverkehr in Österreich 1956/57. BzöSt 27 (Wien 1958).

Fremdenverkehr in Österreich 1957/58. BzöSt 41 (Wien 1959).

Fremdenverkehr in Österreich 1958/59. BzöSt 53 (Wien 1960).

Fremdenverkehr in Österreich 1960. BzöSt 67 (Wien 1961).

Fremdenverkehr in Österreich 1961. BzöSt 81 (Wien 1962).

Fremdenverkehr in Österreich 1962. BzöSt 95 (Wien 1963).

Fremdenverkehr in Österreich 1963. BzöSt 103 (Wien 1964).

Fremdenverkehr in Österreich 1964. BzöSt 108 (Wien 1965).

Fremdenverkehr in Österreich 1965. BzöSt 123 (Wien 1966).

Fremdenverkehr in Österreich 1966. BzöSt 147 (Wien 1967).

Fremdenverkehr in Österreich 1967. BzöSt 180 (Wien 1968).

Fremdenverkehr in Österreich 1968. BzöSt 203 (Wien 1969).

Fremdenverkehr in Österreich 1969. BzöSt 227 (Wien 1970).

Gemeindelexikon der im Reichsrate vertretenen Königreiche und Länder, Volkszählung 31. Dezember 1900, II, Oberösterreich (Wien 1907).

Gemeindeverzeichnis von Österreich, Personenstandsaufnahme 10. Oktober 1948 (Wien 1949).

Gemeindeverzeichnis von Österreich. Auf Grund einer besonderen Erhebung aus dem Jahre 1946 (Wien 1948).

Hauptergebnisse für Oberösterreich. Ergebnisse der Volkszählung vom 12. Mai 1971. BzöSt 309/7 (Wien 1973).

Häuser und Wohnungszählung 1991, Oberösterreich. BzöSt 1040/4 (Wien 1992).

Land- und Forstwirtschaftliche Betriebszählung 1980, Oberösterreich. BzöSt 660/4 (Wien 1983).

Land- und Forstwirtschaftliche Betriebszählung 1990, Oberösterreich. BzöSt 1060/4 (Wien 1991).

Orts-Repertorium des Erzherzogthumes Oesterreich ob der Enns. Auf Grundlage der Volkszählung vom 31. Dezember 1869 bearbeitet von der k. k. Statistischen Central-Comission (Linz 1871).

Ortsverzeichnis 1971, Oberösterreich. Bearbeitet auf Grund der Ergebnisse der Volkszählung vom 12. Mai 1971 (Wien 1976).

Ortsverzeichnis 1981, Oberösterreich. Bearbeitet auf Grund der Ergebnisse der Volkszählung vom 12. Mai 1981 (Wien 1983).

Ortsverzeichnis von Österreich. Bearbeitet auf Grund der Ergebnisse der Volkszählung vom 1. Juni 1951 (Wien 1953).

Ortsverzeichnis von Österreich. Bearbeitet auf Grund der Ergebnisse der Volkszählung vom 7. März 1923 (Wien 1930).

Regionaldatenbank Oberösterreich, Ergebnisse 1981–2001 (www2.land-oberoesterreich.gv.at).

Spezial-Orts-Repertorium der im österreichischen Reichsrathe vertretenen Königreiche und Länder. 1880 II, Oberösterreich (Wien 1883).

Spezial-Orts-Repertorium der im österreichischen Reichsrathe vertretenen Königreiche und Länder. 1890 II, Oberösterreich 1890 (Wien 1894).

Spezialortsrepertorium der österreichischen Länder II, Oberösterreich (Wien 1916).

Volkszählung 1981 – Wohnbevölkerung nach Gemeinden mit der Bevölkerungsentwicklung seit 1869. BzöSt 630/1 (Wien 1983).

Volkszählung 1981, Hauptergebnisse II, Oberösterreich. BzöSt 630/5 (Wien 1985).

Volkszählung 1991, Hauptergebnisse II, Oberösterreich. BzöSt 1030/4 (Wien 1995).

Wohngemeinde-Arbeitsgemeinde der Beschäftigten in Österreich. BzöSt 309/12 (Wien 1974).

Wohnort-Arbeitsort der unselbständig Beschäftigten (Wien 1956).

Prospekte und Werbematerial für Tourismus

Bärenalm Wandergebiet.

Bergdorf Vorderstoder 1982/82 (Liezen 1982).

Bergdorf Vorderstoder Winter 1995/1996 (Tourismusverband Vorderstoder 1995).

Ferienwohnungen Oberösterreich (Linz 1986).

Gästeinformation von A bis Z 2003/2004 (Windischgarsten 2003).

Gästeinformation von A bis Z 2004/2005 (Windischgarsten 2004).

Gästeinformation von A bis Z 2005/2006 (Windischgarsten 2005).

Gästeinformation von A bis Z 2006/2007 (Windischgarsten 2006).

Gästeinformation von A bis Z 2007/2008 (Windischgarsten 2007).

Gästeinformation von A bis Z 2008/2009 (Windischgarsten 2008).

Gästeinformation von A bis Z 2009/2010 (Windischgarsten 2009).

Gästeinformation von A bis Z 2010/2011 (Windischgarsten 2010).

Gästeinformation von A bis Z 2011/2012 (Windischgarsten 2011).

Hinterstoder (1978).

Hinterstoder Feriendorf.

Landhotel Gressenbauer (2009).

Landhotel Stockerwirt (2009).

Oberösterreich, Land der individuellen Erholung (Linz 1978).

Östliches Salzkammergut. Hinterstoder, Vorderstoder, Windischgarsten, Spital am Pyhrn (1941).

Pyhrn Eisenwurzen. Das sagenhafte Land (1998).

Pyhrn Priel Information von A bis Z 2002/2003 (Windischgarsten 2002).

Pyhrn Priel Quartiere 2002/03 (Windischgarsten 2002).

Pyhrn Priel Quartiere 2003/04 (Windischgarsten 2003).

Pyhrn Priel Schnäppchen (Winter 2003).

Pyhrn-Priel Quartiere 2005/2006 (Windischgarsten 2005).

Pyhrn-Priel Quartiere 2006/2007 (Windischgarsten 2006).

Pyhrn-Priel Quartiere 2007/2008 (Windischgarsten 2007).

Pyhrn-Priel Quartiere 2008/2009 (Windischgarsten 2008).

Pyhrn-Priel Quartiere 2009/2010 (Windischgarsten 2009).

Rundwanderwelt Hinterstoder (hinterstoder pur 2008).

Skiregion Pyhrn-Priel (1978).

Skizentrum Hinterstoder (Hinterstoder 1984).

Sommer und Wintererholung im Bergdorf Vorderstoder 1982/82 (Liezen 1982).

Stockerwirt, Vorderstoder (Windischgarsten 1983).

Tourismus in Österreich 2000. Ergebnisse der Beherbergungsstatistik 13 (Wien 2001).

Tourismus in Österreich 2001. Ergebnisse der Beherbergungsstatistik 60 (Wien 2002).

Tourismus in Österreich 2002. Ergebnisse der Beherbergungsstatistik 150 (Wien 2003).

Tourismus in Österreich 2003. Ergebnisse der Beherbergungsstatistik 188 (Wien 2004).

Tourismus in Österreich 2004. Ergebnisse der Beherbergungsstatistik 220 (Wien 2005).

Tourismus in Österreich 2005. Ergebnisse der Beherbergungsstatistik 267 (Wien 2011).

Tourismus in Österreich 2006. Ergebnisse der Beherbergungsstatistik 306 (Wien 2007).

Tourismus in Österreich 2007. Ergebnisse der Beherbergungsstatistik 347 (Wien 2008).

Tourismus in Österreich 2008. Ergebnisse der Beherbergungsstatistik 395 (Wien 2009).

Tourismus in Österreich 2009. Ergebnisse der Beherbergungsstatistik 420 (Wien 2010).

Tourismus in Österreich 2010. Ergebnisse der Beherbergungsstatistik 464 (Wien 2011).

Traumtage (Pyhrn-Eisenwurzen, Kirchdorf 1998).

Urlaub am Bauernhof, Oberösterreich (2008).

Urlaub im Bergdorf Vorderstoder (Kirchdorf 1982).

Vorderstoder (1983).

Vorderstoder 1965/66 (Vorderstoder 1965).

Vorderstoder 1977/78 (Vorderstoder 1977).

Wander-Minigolfanlage Vorderstoder (o.D.).

Winter in Hinterstoder, der beste Ort für Wintersport (2000).

Zimmerverzeichnis Winter 2001/2002, Sommer 2002 (Pyhrn Priel 2001).

Farbbildteil

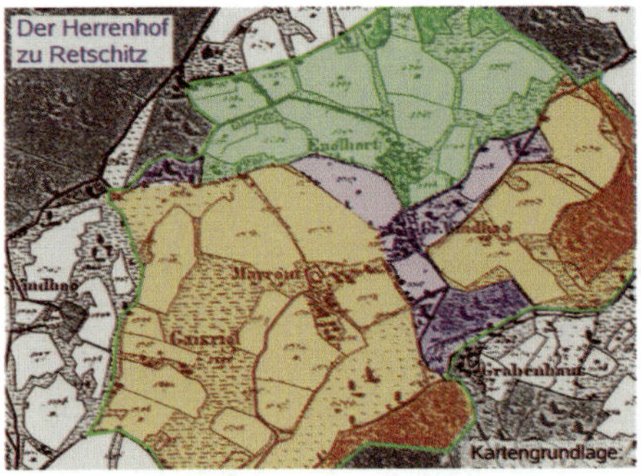

K 1: Teilung des Mayr zw. Retschitz bis in das 13. Jh.

K 2: Hangstufenrodung Prieler und Griesser (FK)

K 3: Schwaighöfe Stoders im Mittelalter

K 5: Die Situation Innerstoders um 1826 (Franziszeischer Kataster)

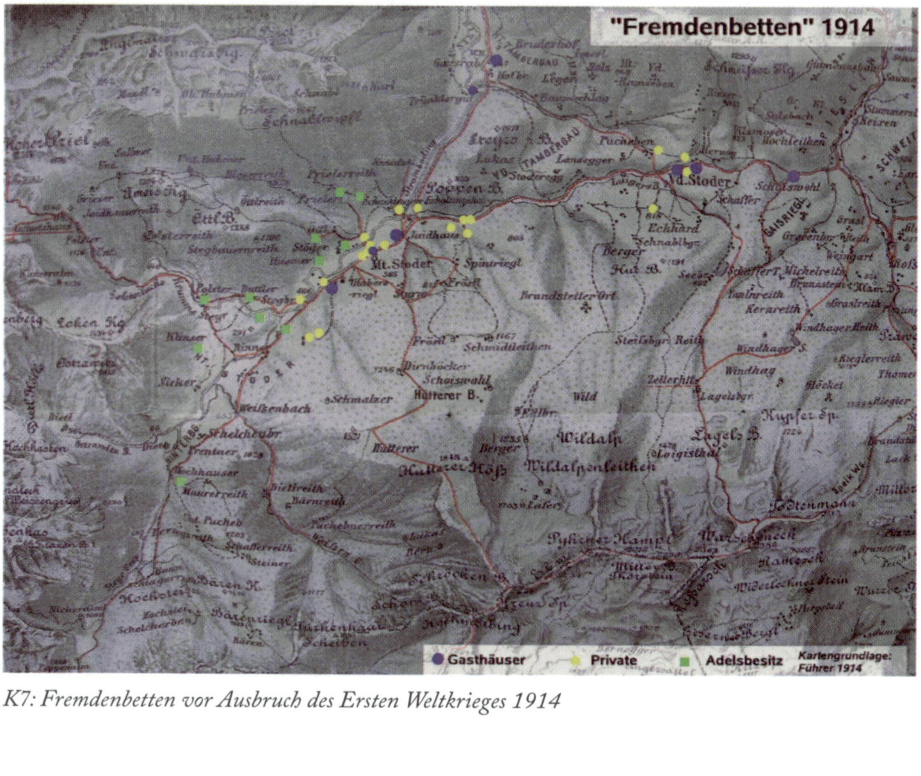

K7: Fremdenbetten vor Ausbruch des Ersten Weltkrieges 1914

K8: Aus dem Fremdenverkehrsprospekt Oberdonau 1941

K11: Fremdenverkehrsbetriebe in Vorderstoder im Jahre 1965

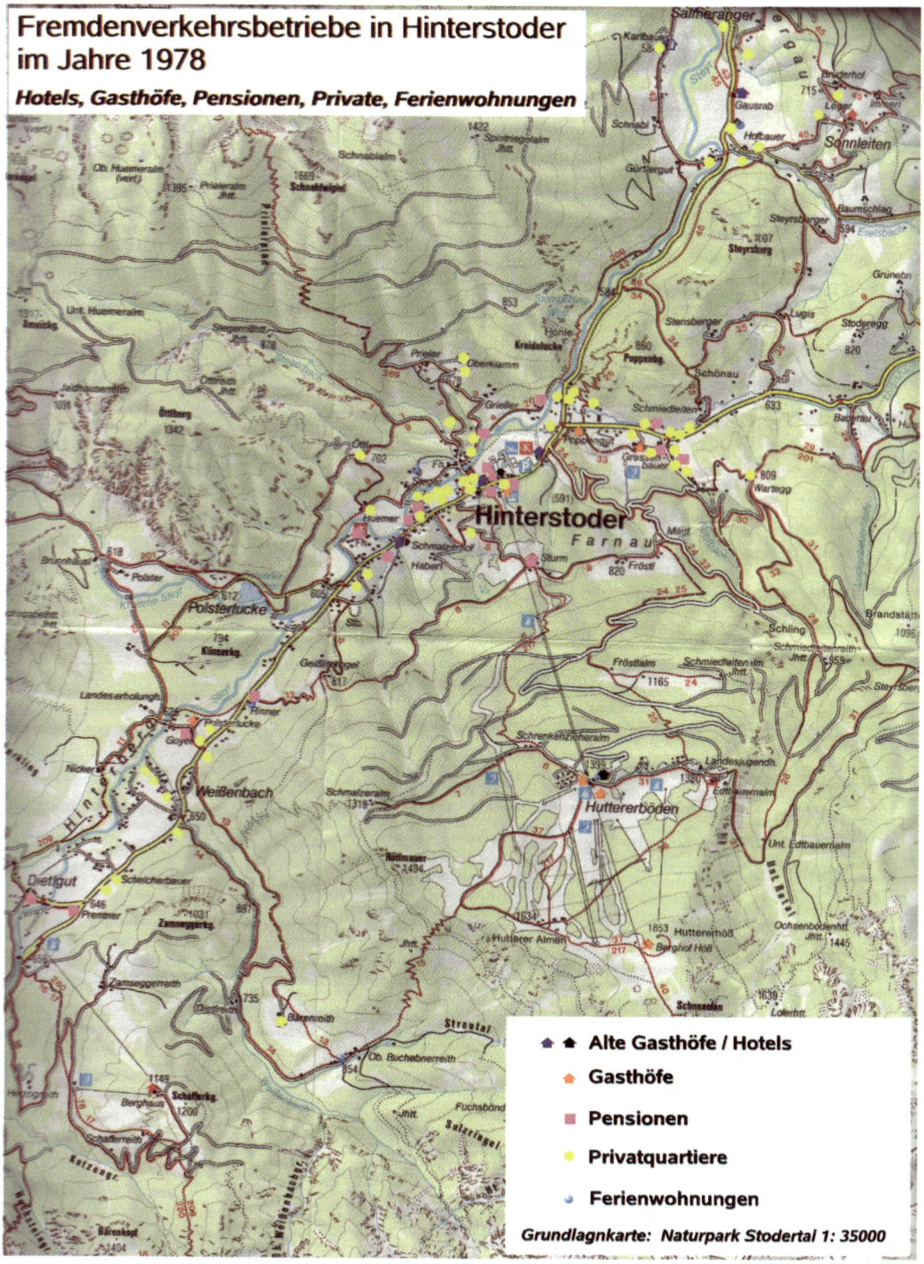

K12: Fremdenverkehrsbetriebe in Hinterstoder im Jahre 1978

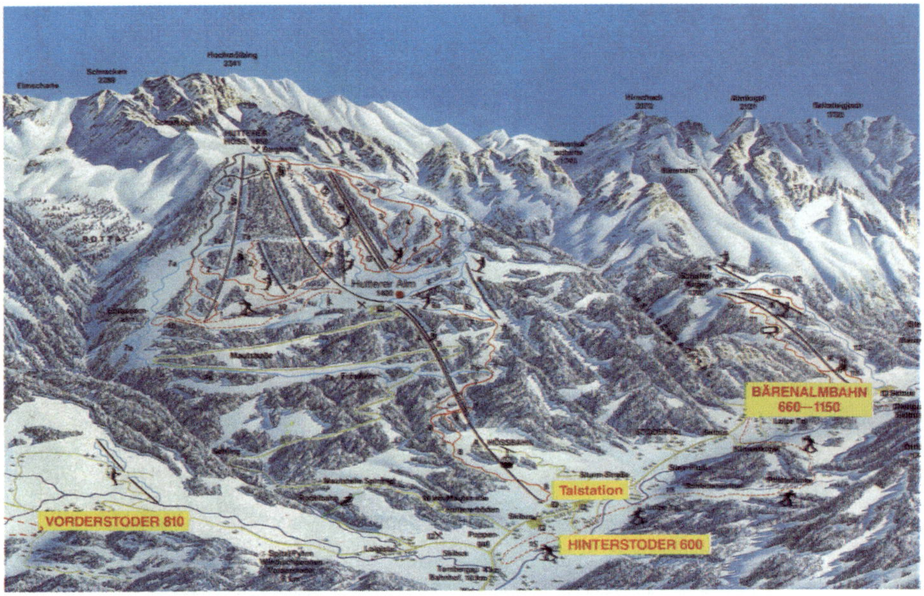

K15: Skipisten im Stoder um 2000

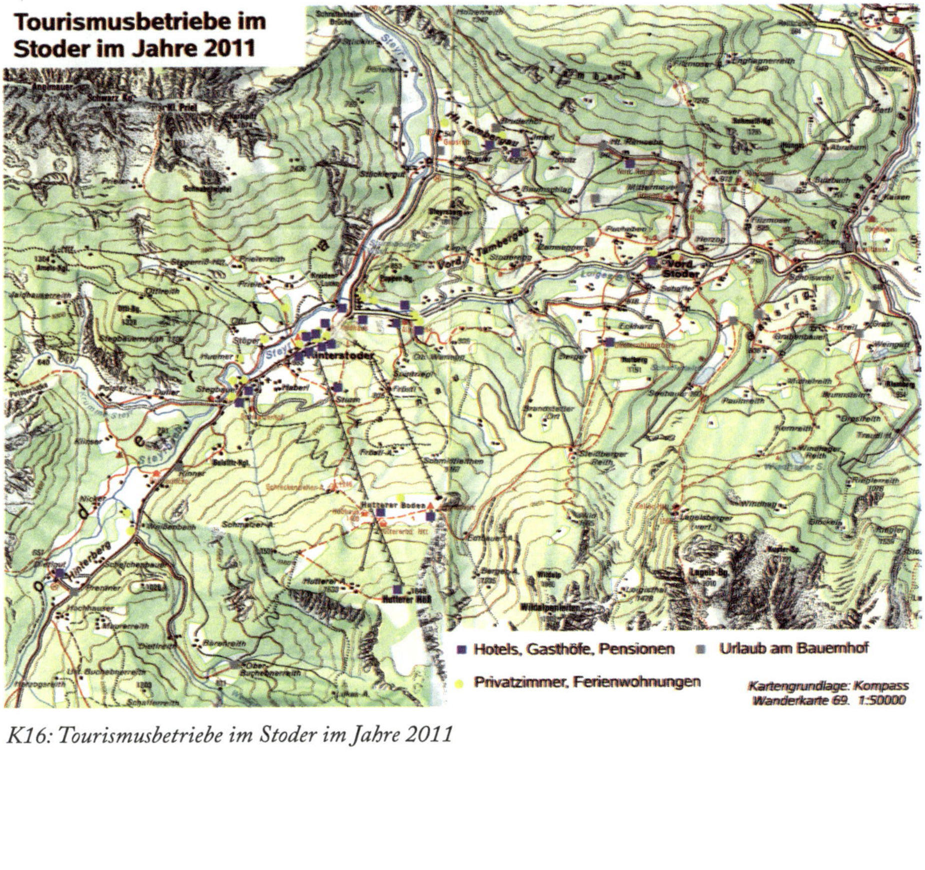

K16: Tourismusbetriebe im Stoder im Jahre 2011

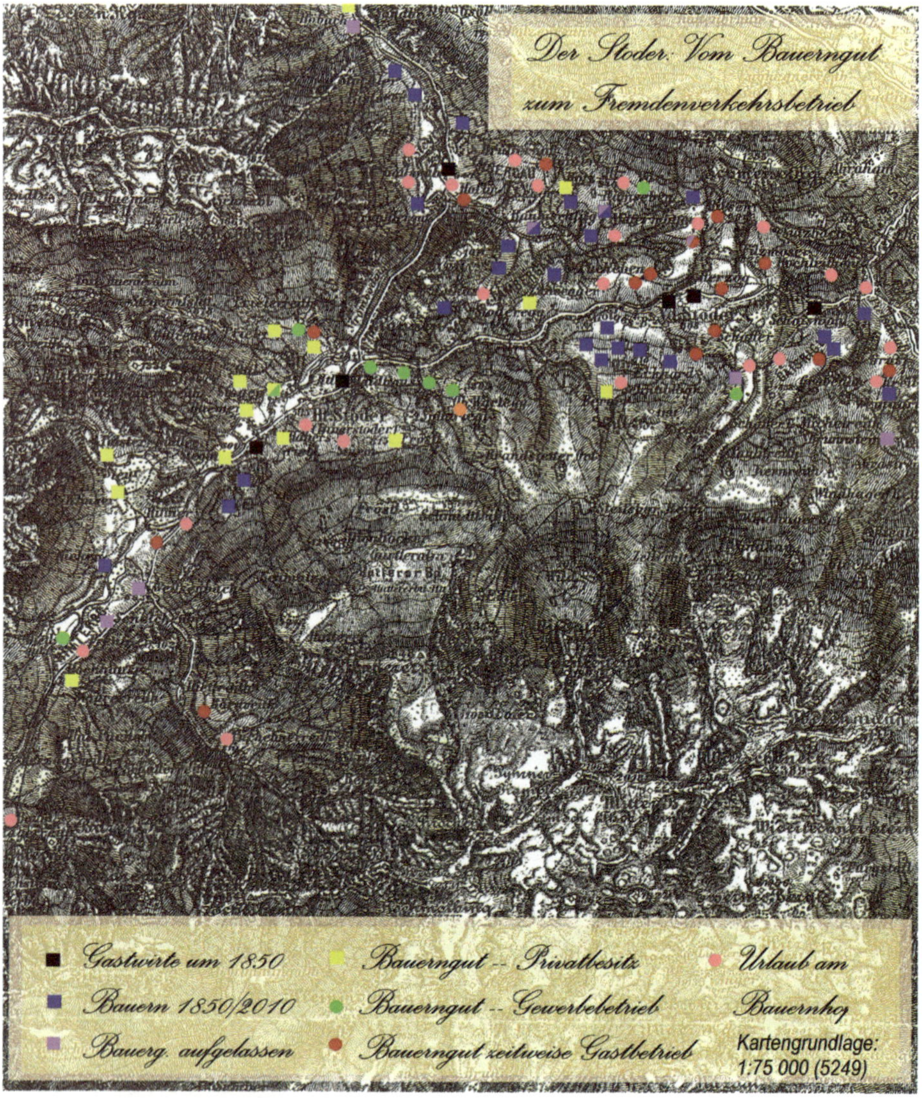

K17: Vom Bauerngut zum Tourismusbetrieb

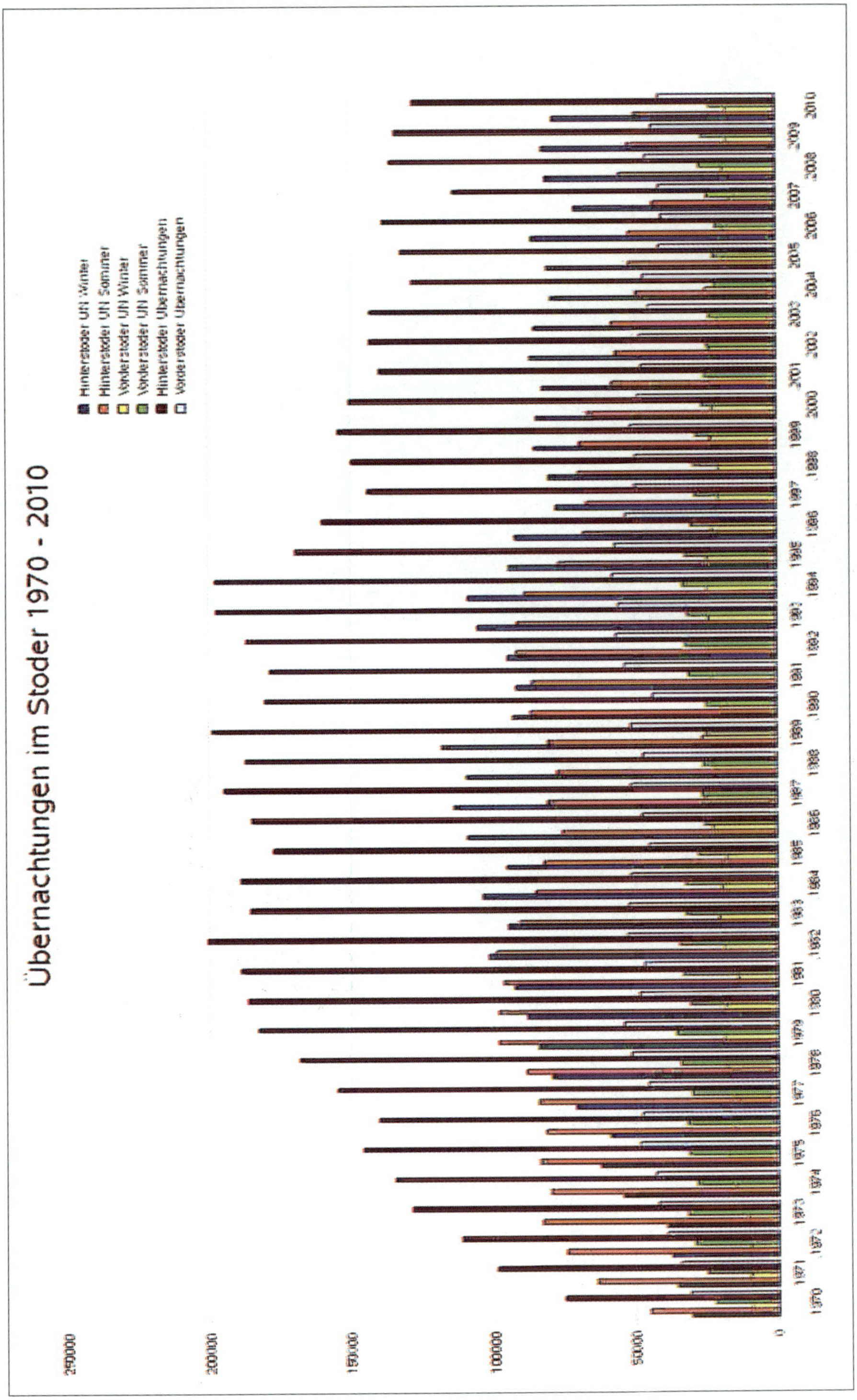

D10: Übernachtungen im Stoder 1970–2010

Abb. 11: Blick auf das Tote Gebirge vom Hößᵗ (Gemälde von E. Th. Compton)

Abb. 15a: Graf Camillo Starhemberg

Abb. 15b : Prielkreuz-Fahnenweihe 1914 (Compton)

Abb. 23a: Haus „Erika" (Compton)

Abb. 23b: Erholungsheim Schachingers (Prielkreuz)

Abb. 25 Dorf in Hinterstoder um 1907 (nach Aquarell von E. Th. Compton)

Abb. 48: Wintermärchen Vorderstoder

Abb. 50: Stegergut – Trend zu Ferienhäusern

LANDHOTEL
Stockerwirt***

Fam. Ramsebner
A-4574 Vorderstoder 2
Tel. 07564/82 14-0
Fax 07564/8214-5
http: www.tiscover.com/landhotel.stockerwirt
e-mail: stockerwirt@magnet.at

Eingerahmt von Bergen, inmitten von Wiesen und Weiden, steht unser kleines Ferienhotel. Ein Haus für die ganze Familie. Besonderes bieten wir für Kinder mit unserem netten Kinderspielplatz und dem Kinderzimmer. Kuscheltiere wie Kaninchen und Enten bewohnen den Garten.
Unsere gemütlich eingerichteten Zimmer und die rustikalen Gasträume sorgen für Ihre Behaglichkeit. Mit unseren Familienzimmern bieten wir Eltern mit Kindern einen idealen Urlaubsaufenthalt.
Die österreichische Küche und der Keller verwöhnen Ihren Gaumen. Ob Wintersport oder Wandern, bei uns sind Sie richtig.

Ausstattung: Hallenbad, Sauna, Solarium, Tischtennisraum, Tischfußball, Kinderspielplatz, Kinderspielzimmer.
Gemütlich eingerichtete Zimmer mit Dusche, WC, großteils mit Balkon, Familienzimmer mit 2 Schlafräumen, ausgestattet mit Telefon, Radio, Sat-TV. Rustikale Aufenthaltsräume, Bibliothek, Spiel-o-thek, gratis Skibus zum Wintersportgebiet Hinterstoder.

Freizeit: Mountainbikestrecke, Wintersport mit Langlauf, Ski alpin, Snowboard, Eisstockschießen; Wandern vom Spaziergang bis zum Gipfelsturm von der Haustür weg. Tennis-Freiplatz und SWUWIZ in 5 Gehminuten erreichbar. In naher Umgebung gratis Badebiotop, Sommerrodelbahn, Seilbahnen, Tennishallen, Badeseen und viele Kulturgüter.

Unsere Besonderheiten: Halbpension mit reichhaltigem Frühstücksbuffet und 4gängigem Menü, Märchenstunde mit Stoderer Sagen, geführte Wanderungen auf die Alm, Grill-Buffet oder Fondueabende.

Arrangements:
Zwergenurlaub – bis zu 3 Kinder Gratisübernachtung, Wintermärchen, Skipass

Kinderermäßigungen: 0–6 Jahre 50%, 6–12 Jahre 30%, ab 7 Tage Gratisübernachten
Einzelzimmerzuschlag: öS 50,-/€ 3,6 **Kurzzeitzuschlag:** öS 40,-/€ 2,9 **Wochenarrangements**

Lageplan Nr.	Bettenzahl	Zimmer		Verpflegeform	Wintersaison		Sommersaison	
		DU/WC	FLW		NS öS/€	HS öS/€	NS öS/€	HS öS/€
D4/19	38	20	–	ÜF	468/34,0	537/39,0	413/30,0	509/37,0
				HP	578/42,0	660/48,0	523/38,0	633/46,0

Abb. 54: Werbungsblatt Landhotel Stockerwirt um 2000

Abb. 55: Berghof Sturmgut

Abb. 59a: Gemeindehaus Vorderstoder

Abb. 59b: Gemeindehaus Hinterstoder

Abb. 67a: Poppengut Luftaufnahme

Abb 67b: „Wohlfühlsuiten"

Abb. 68a: Stockerwirt nach dem Umbau

Abb. 68b: Baumschlagerberg nach dem Umbau

Abb. 70a: Ortszentrum Vorderstoder

Abb. 70b: Ortszentrum Hinterstoder

Abb. 72a: Paragleiter

Abb. 72b: Märchenerzähler Ramsebner

Abb. 74: Wanderbarer Stoder